PRE-STEP
17

プレステップ

憲 法

〈第 3 版〉

駒村圭吾 / 編
渡辺利夫 / シリーズ監修

弘文堂

日本国憲法の将来は、
この本を手に取られたみなさまにかかっています

　ご好評をいただいている本書はここに版を重ね、このたび、第3版のまえがきを記す機会を得ることができました。ほんとうにありがとうございます。

　まえがきに書くべきことは、初版のころとまったく変わりません。本書を手に取り、お読みいただいたみなさんが、憲法を大切にし、それを武器にして、忍び寄る不正義と闘うために立ち上がっていただく、その助けに本書がなればと願っております。もちろん闘わなくてすむのが一番なのですが、最近はどうも安心できません。国民にルールを課す政治家たちが自分たちだけはルール無視の会食を行ったり、東京オリンピックの最高責任者が差別的発言を行い、ただでさえコロナ禍のために下火になりそうなオリンピックの灯にせっせと水をかけたり、目を外国に転じれば、言論統制の強化や軍事クーデターによる民主主義の破壊が横行しています。

　権利も自由も、それが人の心から消えてしまえば、もはや裁判所があっても救うことはできません。さまざまなことが加速度的に変化する未来がやってきそうですが、法と正義の精神だけは、周囲の変化に振り回されずに死守する必要があります。憲法を学ぶということは、法と正義の精神という「聖火」を先人からうけつぎ、しっかりと将来につないでいく、まさに人類規模のリレーのような営みなのです。

まだまだ油断はできません。
日本国憲法の将来は、依然として
この本を手に取られたみなさまにかかっています。

2021年2月

駒村　圭吾

第2版まえがき

日本国憲法の将来は、この本を手に取られたみなさまにかかっています

2017年、日本国憲法はその施行から70年を迎えます。人間でいえば70歳ということで赤いちゃんちゃんこを着たのがすでに10年前、今や老境にさしかかったということになりますが、憲法は、有限の人生を歩む生身の人間ではなく、「人類普遍の原理」（前文）、「現在及び将来の国民に対し、侵すことのできない永久の権利」（第98条）を保障する法典です。永遠に年齢を重ね続けるはずのものといえるでしょう。ですから、"70年もたったのだからそろそろ変えてもいいじゃないか"、"70年間一度も改正されていないのはおかしい"、という言い方が"おかしい"のはおわかりいただけると思います。

ここ数年、日本国憲法を改正しようとする動きが加速しつつあります。2017年9月、自由民主党憲法改正推進本部は、安倍晋三首相の9条改憲案をたたき台とした草案と、従来の党改憲草案の双方を並行して議論を深めていくことを決めました。安倍首相は2020年までに改憲を実現したいとの意向を持っているようです。

このように日本国憲法の改正が具体的な政治日程に上りつつある中、ちまたには、「憲法あるいは憲法学者は現実と遊離した夢物語を語っているだけだ」、「憲法なんかよりも、主権者国民の議論と参加による民主政治の方が国の運命をあずけるのにふさわしい」といった主張がたびたび聞かれるようになりました。ここで、あえて誤解をおそれずに言えば、憲法はそもそも現実と遊離した夢物語であります。法は現実から距離をおくからこそ、現実を誘導し、現実にしっかりとお灸をすえる役割を果たすことができるのです。そう、憲法を含む「法」と「現実」・「政治」とは本質的にそりの合わないものなのです。私たちは、両者の緊張関係の中で、社会の安定や自由の確保を追求してきました。「現実」や「民主政治」を重視するひとたちが、憲法なんて面倒くさいものは多数決の力で吹っ飛ばしていこうと考えるのであれば、私たちは社会の安定的な発展も自由な生活も失うことになるでしょう。

そうではなく、憲法と現実がそりが合わなくなった場合、まず考えるべきなのは、現実を憲法に合わせることです。法を政治や現実の上におく「法の支配（rule of law）」という思想は、権力の暴走や欺瞞に苦しんできた人類がようやく到達した、文明史上最大の発明と言っていいでしょう。

もちろん、現実と憲法の溝が決定的に広がった場合には、憲法改正を真剣に考えることになるでしょう。法と現実が完全に一致すれば、法は不要になりますが、他方で、法と現実が完全に乖離すれば、法は不可能になります。現実と法の折り合いをつける場面というのも究極的にはあるでしょう。とはいえ、憲法改正についてはあまりにも軽い発言が目につきすぎます。「とりあえずオリンピックの年を目標にしよう」などという人もいるようですが、憲法改正は国立競技場の建て替えではありません。主権者である国民が自ら議論し、いままでのマインドセットを根本から変えるような大きな運動をともなう必要があります。それほどのことをやってようやく変えられるものなのです。

冒頭の「**日本国憲法の将来は、この本を手に取られたみなさまにかかっています**」という言葉は、本書の初版のはしがきのトップに記したものです。おかげさまで本書も読者の支持を受け、ここに第2版を公刊するはこびとなりました。が、冒頭のこの言葉を変える必要はないと考えております。いや、むしろ次のように言い換えるべきでしょう。

日本国憲法の将来は、

今まで以上に、

この本を手に取られたみなさまにかかっています。

2018年1月

駒村　圭吾

初版まえがき

日本国憲法の将来は、この本を手に取られたみなさまにかかっています

　日本国憲法はまもなく生誕70年を迎えようとしています。この節目に合わせるかのように、新聞、テレビ、インターネットなどで、盛んに憲法が話題にのぼるようになりました。安倍首相と彼の率いる自民党は日本国憲法の改正を精力的に推進しています。また、集団的自衛権——これは従来から保有していることは認められてきたのですが——を行使することを可能にするための政府解釈の変更が行われました。さらに、表現の自由が保障されているにもかかわらず、「傷つく人がいる」「不適切である」という理由でCMが放送されなくなる一方、あからさまな憎しみや嫌悪に彩られた暴言やわめき散らしも、表現の自由の名の下に野放しにせざるを得ない状況が、ここ数年、目につくようになりました。

　他方で、グローバル化が進む中、多くの外国人が日本を訪れるようになり、また、多くの日本人が外国に旅発つようになりました。そうなると、日本のことを（できれば英語で）説明しなければならない立場に立たされる機会も増えるでしょう。日本という国の基本的な仕組みのうち独自の歴史を持つもの、つまり、憲法9条や天皇制についてくらいは、しっかりと基本をおさえておきたいものです。

　本書は、そういった話題を教員と学生・生徒が一緒に考える手がかりを提供するものです。議論の前提となる基本中の基本については素材を提供しましたから、あとは、教員の方が、これらにプラスアルファを施して、憲法上の問題をみんなで考えるための思索喚起的な授業を試みてください。

　果たして、日本国憲法がどのような70年目の誕生日を迎えることになるのか。それは本書を手にしたみなさんが、憲法をどのくらい身近に考えることができるのかにかかっています。

2014年8月15日

駒村　圭吾

プレステップ憲法〈第3版〉● 目次

日本国憲法の将来は、この本を手に取られたみなさまにかかっています　1

第1章 ● 立憲主義ってそんなに大事なの？——憲法の基礎　8

Ⅰ　憲法は法律じゃない？——憲法の基本的な考え方　9

Ⅱ　日本国憲法はどのようにして制定されたのだろうか？　12

Ⅲ　手続きに従えば、どのような内容の憲法改正でも可能なのか？　16

◆ 判例の調べ方　19

第2章 ● 政治に参加しよう！——選挙と参政権　20

Ⅰ　主権者である国民は、国政にどのように関わるのだろうか？　21

Ⅱ　日本の選挙制度はどのような仕組みなのか？　22

Ⅲ　議員定数不均衡とはどのような問題なのか？　25

Ⅳ　選挙運動に対する規制は憲法上許されるのか？　28

第3章 ● 法律はどうやって作られる？——国会の役割　30

Ⅰ　国会は、憲法上どのような位置づけが与えられているのだろうか？　31

Ⅱ　「唯一の」立法機関とはどういう意味だろうか？　34

Ⅲ　法律はどのように作られるのだろうか？　35

Ⅳ　国会議員にはどのような特権が認められているのだろうか？　37

第4章 ● 内閣は政治の主役か、脇役か？——行政権と議院内閣制　40

Ⅰ　内閣とはどういう組織なのだろう？　41

Ⅱ　行政組織はどのようになっている？　44

Ⅲ　議院内閣制とはどのようなしくみ？　45

第5章 ● 裁判所の役割を知ろう！——司法権と裁判制度　50

Ⅰ　裁判所は何をするところなのだろうか？　51

Ⅱ　裁判はどのように行われているのだろうか？　52

Ⅲ　「司法権の独立」とはどのような意味か？　56

Ⅳ　裁判所が法律を審査することで守るものは何だろう？　57

第6章 ● 天皇制とは何だろう？ —— 天皇制　60

　　Ⅰ　天皇とはどのような存在だろうか？　61

　　Ⅱ　天皇は何をしているのだろうか？　62

　　Ⅲ　皇室のルールはどのようになっているだろうか？　63

　　Ⅳ　象徴天皇制に関してはどのような問題があるだろうか？　65

第7章 ● 平和について考えてみよう！ —— 平和主義　70

　　Ⅰ　日本国憲法の平和主義はどのように成立したのだろうか？　71

　　Ⅱ　憲法9条を政府は現在どのように解釈しているだろうか？　75

　　Ⅲ　日本の安全保障と国際協力はどうなっている？　77

第8章 ● 人権ってどんな権利だろう？ —— 人権の理念・歴史・特質　82

　　Ⅰ　人権保障の根底にはどのような考え方が存在するのだろうか？　83

　　Ⅱ　時代とともに人権のあり方はどのように変化したのだろうか？　85

　　Ⅲ　人権はどのように分類され、体系を作っているのだろうか？　87

　　Ⅳ　人権保障を理解する上で重要な概念には他に何があるだろうか？　89

第9章 ● それって人権問題？ —— 人権総論　92

　　Ⅰ　人権という権利はどのような性質をもっているのだろうか？　93

　　Ⅱ　憲法上の権利は誰の権利なのだろうか？　95

　　Ⅲ　憲法上の権利は公権力以外に対しても使うことができるか？　98

第10章 ● さまざまな価値観を尊重するために —— 信教の自由と政教分離　102

　　Ⅰ　信教の自由は何のためにあるのだろうか？　103

　　Ⅱ　国と宗教とのあるべき関係とは？　107

第11章 ● スクープなら何を書いても許される？ —— 表現の自由　112

　　Ⅰ　なぜ表現の自由は大切なのか？　113

　　Ⅱ　表現の自由はどのような場合に制限されるのだろうか？　114

　　Ⅲ　マス・メディアの報道は私たちとどのような関係があるのだろうか？　117

　　Ⅳ　学問の自由を憲法が保障する意味は何だろう？　121

第12章● どこで何をして暮らしてもいいの？── 経済的自由　124

 Ⅰ　望めば、どのような職業にも就けるのだろうか？　125
 Ⅱ　望めば、どこにでも行けるのだろうか？　127
 Ⅲ　自分のものであれば、好きにできるのだろうか？　129

第13章● もしも逮捕されたら？── 人身の自由　134

 Ⅰ　どのような手続ならば「適正」といえるのだろうか？　135
 Ⅱ　被疑者段階ではどのような権利・自由が保障されているのか？　137
 Ⅲ　被告人段階ではどのような権利・自由が保障されているのか？　139

第14章● もっと支え合える社会へ── 社会権　144

 Ⅰ　経済的に困窮して生活できない状況に自由はあるだろうか？　145
 Ⅱ　「健康で文化的な最低限度の生活」とはどのような生活か？　146
 Ⅲ　どうすれば自立して生活していけるだろう？　149

第15章● 自由って、何をしてもいいってこと？── 幸福追求権と平等　154

 Ⅰ　幸せとは、いったい何だろうか？　155
 Ⅱ　人は、みな、平等なのだろうか？　160

プレステップ憲法 ゼミナール編　166

 テーマ1　自粛と補償はセットだろ？　166
 テーマ2　性の多様性を認めない制度は許される？　168
 テーマ3　芸術に援助しないと憲法違反？　170
 テーマ4　憲法解釈って変更していいの？　172

次のステップのための文献案内　174
索引　175
日本国憲法（全文）　180

この本に登場する人たち

ハルオ

ナツキ

アキ

フユヒコ先生

コラム・解説・発展

第1章 解説 憲法の分類論 9
発展 なぜマッカーサーは
憲法改正を急いだのか？ 15
コラム さまざまな憲法案 16
解説 押し付け憲法論 17

第2章 コラム タレント候補 23
解説 ドント式 24
解説 事情判決の法理 27
解説 公職選挙法上の選挙運動規制の概観 28

第3章 コラム 国立国会図書館 32
解説 浦和充子事件 33
解説 内閣提出法案と議員提出法案 36
コラム 本会議場の違い 37
コラム 国会議員の待遇 38

第4章 解説 文民とは 41
コラム 政治主導 46
コラム 国会のもうひとつの仕事 48

第5章 解説 最高裁判所裁判官国民審査 53
解説 陪審制度 55

第6章 発展 象徴天皇制が誕生した理由 62
コラム 皇室の財産 65
コラム 「日の丸」「君が代」の歴史 67
コラム 天皇の代替わり 68

第7章 解説 芦田修正とは 72
解説 普天間基地移設問題 73

第8章 発展 中間団体否認の法理 83
解説 社会契約説 84
コラム 蜂の寓話 86

第9章 コラム 人権の国際的保障 93
コラム 外国人の在留資格 96
発展 私人間効力に関する学説 100

第10章 コラム キャンパスに「ハラルフード」の食堂登場 104
解説 宗教法人に対する解散命令 106
発展 目的・効果基準 108

第11章 発展 「二重の基準」論 115
解説 「パブリック・フォーラム」論 116
解説 小説作品とプライバシー権 118
解説 特定秘密保護法 120
発展 取材源の秘匿の問題 121
コラム 「コピペ」はなぜダメなのか 122

第12章 コラム 何のために働くの？ 125
解説 市販薬のインターネット販売 127
解説 ハンセン病 128
解説 旅券（パスポート） 129
コラム 予防接種と報道 132

第13章 解説 行政手続と憲法31条 136
解説 準現行犯逮捕と緊急逮捕 137
発展 代用監獄 138
発展 死刑執行方法 142

第14章 発展 国の裁量の幅の適正化 147
コラム 「学びたい」多様な要請にこたえるために 150

第15章 発展 「自粛」と「自由」 155
解説 「個人の尊厳」とハンセン病患者家族訴訟 156
解説 昔ながらのプライバシーと
情報プライバシー権 158
発展 「更生を妨げられない利益」と
「忘れられる権利」 159
コラム どうしてギャンブルはいけないの？ 160
発展 実質的平等と「格差」 161
解説 最高裁と、税の公平かつ平等な負担 162
コラム LGBTQ＋と憲法 163

第1章 立憲主義ってそんなに大事なの？ 憲法の基礎

アキ、ナツキ、ハルオの3人は必修科目として憲法を履修しています。大学で憲法を学ぶ意義はどこにあるのでしょうか。

最近、憲法が新聞やニュースで取り上げられることが多いよね。だから私、憲法の授業は楽しみにしてるんだ。

アキ

「国民の三大義務」を覚えさせられたよ。勉強と勤労と… えーっとなんだっけ、忘れちゃった。なんか堅苦しいし、僕には関係なさそうだから居眠りしちゃうかも。

ナツキ

小学校から高校まで、ずっと憲法の勉強をさせられてきたのに、大学でもまだやるのか。中学では9条を暗記させられたけど、大学の試験では条文の穴埋め問題が出るのかな。必修だからしょうがないけど、暗記はめんどくさいな。

ハルオ

これまでも憲法について習ったことはあると思いますが、大学の講義科目としての憲法は、これまでとは違い、「法学」の一種としての憲法になります。全く新しい科目を勉強するつもりでこれからの講義に臨んでください。
さて、一般に学問は、その対象が何かを把握することから始まります。それでは「憲法」とはいったい何でしょうか。今回は、初回ということで、憲法に関する基本的な考え方や、概念、全体像を見ていくことにします。また、日本国憲法の制定の経緯や、そこで問題となる論点は何かということも説明していきます。
憲法の世界へようこそ！

フユヒコ先生

I 憲法は法律じゃない？── 憲法の基本的な考え方

1 憲法と法律の違い

　法と一口に言ってもたくさんの種類がある。その中でも基本中の基本となる6つの法を「六法」ということがある。「六法」とは、憲法、民法、商法、民事訴訟法、刑法、刑事訴訟法の6つを指し、いずれも司法試験の出題科目ともなっているほど重要な法典である[*1]。しかし、この6つのなかで他とは性格がまったく異なる法がある。それが憲法だ。

　まず、そもそも憲法は、ほかの5つとは異なり、「法律」ではない。法律とは、国会の議決により制定される法をいうが（➡3章Ⅱ）、他方、憲法を制定した主体は国民であるとされ（前文）、憲法を改正するためには、必ず国民投票にかけなければならない（96条）（➡Ⅲ）。関連して第2に、憲法は法律よりも上位の法である。憲法は**最高法規**であり、国家の法秩序のなかで最も強い効力を持ち、憲法に違反する法律やその他の法令は、憲法の名のもとにその効力を否定されると定められている（98条）。第3に憲法は、国会、内閣、裁判所などの国家機関の組織を定め（**組織規範**）、その組織が担うべき権限を配分する法である（**授権規範**）。第1に挙げた法律を制定する機関も手続も、憲法が決めているのである（41条、59条等）。この意味で、憲法以外の5つの法がなくても国家は一応成り立つが、憲法がなければ国家は成り立たない。国家は目に見えない存在であり、誰かの意思や行動を国家に帰属させるルールがなければ国家は存在できないからである。ルールがなければサッカーというスポーツが存在し得ないことと同じように、ルールがなければ国家は存在し得ないのであり、その国家のルールが憲法なのである[*2]。このこと

[*1] この「六法」が収録された法令集を「六法全書」とか単に「六法」と呼ぶことがある。もちろん、上記の6つの法以外の法令も収録されている。「六法」という言葉は、明治6年、ナポレオンが制定した5つの法典に加えて憲法を収録した『仏蘭西法律書』が出版された際に、そのはしがきで用いられたのが最初とされており、それが転じて、法令集という意味で用いられるようになったとされる。
　なお、司法試験（論文式）では、この6つの法に加えて行政法も出題科目になっている。

[*2] この意味での憲法を、**実質的意味の憲法**ということがある。この用法は、その内容にかかわらず憲法という名前のついた法典を指して「憲法」とする、**形式的意味の憲法**との対比での用法である。

日本国憲法は成文憲法で硬性憲法で民定憲法なのね。

解説　憲法の分類論

　国家が存在するところには、必ずそのルールである憲法が存在する（必ずしも「憲法」という名称の法典である必要はない）。が、その特徴や内容は時代や国によってさまざまである。

　たとえば、存在の仕方に着目する場合、多くの国では国家統治の基本原則やルールの大部分・重要部分が成文のかたちで存在しているが（**成文憲法**）、イギリスのようにそれが不文のかたち（慣習法、習律、判例法）で存在する国もある（**不文憲法**）。憲法改正の手続に着目する場合、法律を制定改廃する場合（➡3章Ⅲ）に比べて、改正の際により厳格な手続を要求する憲法（**硬性憲法**）もあれば、通常の法律と同じ手続により改正することができる憲法（**軟性憲法**）もある。憲法の制定主体に着目する場合、明治憲法のように君主によって制定されたという形式をとっている憲法（**欽定憲法**）、日本国憲法のように国民によって制定されたという形式をとっている憲法（**民定憲法**）のほかにも、アメリカ合衆国憲法のように国家間の同意である条約により制定された憲法（**条約憲法**）、フランス1830年憲法のように国民と君主との間の合意に基づいて成立した憲法（**協約憲法**）もある。

と関連して第4に、憲法は、国家が行使できる権限を授権することにより、同時に、それ以外の権限行使を認めないという役割も果たしている（制限規範）。こうして、憲法は、統治や政治が無原則でやりたい放題にならないようにするため、権力者に対して守らなければならない原則やルールを定めた基本法として存在している。統治や政治が憲法に基づいて行われなければならないという考え方を立憲主義という。

英語で憲法は constitution といいます。この単語には、「構成」「組織」という意味があり、憲法が国家を構成するルールであるということがよく示されています。

2 立憲主義

すでにみたように、立憲主義とは、広い意味では、憲法に立脚して政治が行われなければならないという考え方であるが、一般に立憲主義という言葉を用いるとき、人権の保障と権力分立という特定の内容を備えた憲法に基づく政治が念頭に置かれている。1789年のフランス人権宣言16条は、「権利保障が確保されず、権力分立が定められていない社会は、すべて憲法をもつものではない」と規定しているが、このような意味の「憲法」による統治を想定しているのである[*3]。この考え方は、近代に入って登場した立憲主義の考え方であるため、近代立憲主義と呼ばれる[*4]。

ここに言う「近代」を単なる形容詞と思ってはいけない。単なる立憲主義ではなく、近代立憲主義を強調するのは、その土台になっている近代思想が、18世紀の市民革命以来、人類にとっての未完の理想として今なおその重要性を失っていないからである。

近代思想とは、自然権思想、社会契約論、合理主義、等々を指すが、そのエッセンスをわかりやすく言えば次のようになる。まず、第1に、社会空間を「公」の領域と「私」の領域を区分するという、公私二分論があげられる。人は、公の領域では、全体の利益を考え、また、全体の利益の観点から制限を受け入れなければならないが、他方、私の領域では、自分の好きなように、つまり「自由」に、生きてかまわない。この後者の空間の設定は近代ならではのものである。以上のことは、また第2に、近代的なるものが、自由を大切にするものであることを物語っている（自由主義）。もちろん、自己の自由と他者の自由が衝突する場合は、それが他者に多大な危害を加える可能性がある場合には一定の制限を受けるが、逆に言えば、そうでない場合は、あくまでも自由を貫いても構わないということになる。さらに、関連して第3に、近代的なるものは、個人を尊重する（個人主義）。それは、家族や地域あるいは日本という共同体の言い分ではなく、個人の考え方や決定が大切にされることを意味し、また、自己の決定したことがらについてはその個人が責任を取らされることも同時に意味する（自己決定、自己責任）。

[*3] このような内容を備えた憲法のことを、立憲的意味の憲法または近代的意味の憲法という。

[*4] 立憲主義を世界に先駆けて実現させたのはイギリスである。イギリスでは、1215年のマグナ・カルタによって封建貴族の有する特権を国王に認めさせたり、1628年の権利請願、1689年の権利章典などにより、イギリス人が古来より有する権利・自由を国王に認めさせたりしてきた。これらは、国王の権限を制約し自由や権利を保障するものであるという意味で立憲主義に立脚している。しかし、身分制を前提にして、特定の身分（封建貴族やイギリス人）に対する特権を国王に認めさせたものであるという点で、人が人であるということだけを理由に「人権」が認められ、それを守るために国家権力を制限しようという近代立憲主義の考え方とは質的に異なっている。そこで、この時期の立憲主義を指して中世立憲主義ということがある。

第1章 ● 立憲主義ってそんなに大事なの？

フランス人権宣言
正式名称は「人間と市民の権利の宣言」で17条より成る。1789年に憲法制定国民議会によって採択された。

アクトン卿
（ジョン・アクトン）
1834-1902
イギリスの思想家、歴史家

* 5　19世紀ヨーロッパは、**議会の世紀**とも呼ばれ、議会が最高の権威を持ち、国民の信頼を得ていた時代であった。そこでは、民主的な基盤を欠く裁判所ではなく、自分たち国民が選んだ議員によって構成される議会こそが、国民の自由を守るのだと考えられていた。しかし、20世紀に入り、選挙で選ばれた国民代表の手によってファシズムやナチズムが採用されたことの反省として、法自体の内容の正しさを求め、正しい法による統治という「法の支配」が普及することになったのである。

* 6　ある実証研究によれば、1946年の時点で違憲審査制を導入している国は、世界全体の25％程度であったが、その後、右肩上がりで増えていき、現在では9割近くの国家で違憲審査制が採用されている。

　結局、近代立憲主義は、私的領域においてはもちろん、公的領域においても、個人が自由に行動することを尊重し、その自由な行動範囲をしっかり守ってくれるものとして基本的人権を樹立し、その保障を国家に義務付けているものである（➡8章）。基本的人権の保障に加えて、権力分立を近代立憲主義の二本柱であると宣言した前記のフランス人権宣言が、なぜ近代立憲主義の幕開けを告げる重要な文書とみなされてきたかが、以上から理解できるだろう。ここで挙げた近代立憲主義のキイワード（自由、個人、基本的人権、等）が日本国憲法にどのように反映されているのか、前文、11条、12条、13条、97条を手がかりに確認してみてほしい。

3　権力分立と法の支配

（1）権力分立と法の支配

　権利保障と並ぶ立憲主義の基本原理の1つが、権力分立である。権力分立とは、かつてイギリスのJ. アクトン卿が、「権力は腐敗する。絶対的な権力は絶対的に腐敗する」と述べた事態が生じないようにするために、権力を分割し、権力間の抑制と均衡を図るための仕組みである。

　一般に権力分立というとき、立法権、行政権、司法権に分けるのが通例であるが、それではなぜ、この3つに分けるのだろうか。その理由は、法の支配という考え方と密接に関連している。かつては、王様や君主といった支配者によって、場当たり的で恣意的な統治が行われてきた。そのような人の支配を否定し、あらかじめ定められた法に基づいた統治により、人々の自由を確保しようという考え方が法の支配である。

（2）法の支配の実現のための仕組み

　法の支配は、①正しい内容の法であること、そして、②正しい内容の法が忠実に執行されることを要求する。①に関しては、法によって統治されさえいればよい、という考え方もかつて見られたが（形式的法治国家観）、正当な手続を経て法が制定されたとしても、その内容が正義に反するものであれば、その法に基づく統治が悲惨なものとなってしまうことは明らかである[5]。そのため法の支配は、正しい法による統治を要請する（実質的法治国家観）。第二次世界大戦後、法令や国家行為が憲法に適合するか否かを裁判所が審査するという違憲審査制（➡5章Ⅳ）を導入する国家が急増したが[6]、その背景には、ファシズム、ナチズムの経験を経て、法の支配という考え方が世界中に広まったという事情がある。

　次に②であるが、いくら正しい法に基づく統治の重要性を強調しても、それを実現する仕組みが整えられていなければ、絵に描いた餅で終わって

11

シャルル＝ルイ・ド・
モンテスキュー
1689-1755
フランスの哲学者。「モンテスキュー」は男爵として治めた領地名である。

しまう。正式の手続きを経て定められた法が、公平に適用されるためにはどうすればよいか。それは、法を制定する機関（立法権）と、その法を執行する機関（行政権）、そして法をめぐる紛争を裁定する機関（裁判権）を分けることである。かつてモンテスキューが『法の精神』で述べたように、「もしも同一の人間、または貴族もしくは人民の有力者の同一の団体が、これら3つの権力、すなわち、法律を作る権力、公的な決定を執行する権力、犯罪や個人間の紛争を裁判する権力を行使するならば、すべては失われる」と考えられるからである。このように、法の支配と権力分立とは深く結びついていることを意識しておくことが重要である。

4 日本国憲法における統治の仕組み

日本国憲法は、立法権は国会（41条→3章）、行政権は内閣（65条→4章）、司法権は裁判所（76条→5章）に割り当てて分割するとともに、お互いに抑制と均衡を働かせるという権力分立（三権分立）の仕組みを導入している（図1-1）。

なお、日本国憲法が採用する議院内閣制（→4章Ⅲ）は、立法と行政を一応分離させつつ、両者の密接な関わり合いを認める制度である。

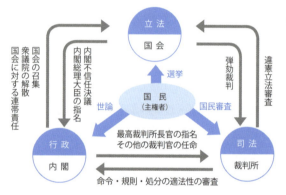

図1-1　日本における権力分立、抑制と均衡の仕組み

Ⅱ 日本国憲法はどのようにして制定されたのだろうか？

1 第二次世界大戦での敗戦

日本国憲法は、1946年11月3日に制定され、1947年5月3日から施行されている。その制定は、第二次世界大戦での敗戦によってもたらされた。

1945年7月26日、アメリカ、イギリス、中華民国の3か国は日本に対してポツダム宣言*7 を出し、降伏を迫った。当初日本政府はこれを無視したが、広島・長崎に原子力爆弾が投下され（8月6、9日）、日ソ中立条約を結んでいたソ連が条約を破って参戦（8月8日）するなど、もはや戦争の続行は不可能となった。8月10日、日本はポツダム宣言を受諾することにしたが、大日本帝国憲法（明治憲法）*8 における天皇の地位に変更を加えないこと、すなわち国体護持を条件にすることを求めた。これに対して連合国は、①降伏の時から統治権は連合国軍最高司令官に従うべき、②日本の最終的な政治形態は、ポツダム宣言に従い、日本国民の自由に表明する意思によって決せられるべきと回答した（バーンズ回答）。8月14日、日本政府はポツ

*7　ポツダムとはドイツのベルリン郊外の都市の名前であり、そこに集まった3国の首脳会談に基づいて出された宣言がポツダム宣言である。全13項から成り、6項以下で降伏に際しての条件が規定されている。

*8　1889（明治22）年2月11日に公布、翌年11月29日に施行された、日本で初めての成文憲法典。7章76か条から成る。以下、本書では明治憲法とする。

第1章●立憲主義ってそんなに大事なの？

ダム宣言を受諾。9月2日に東京湾に停泊したアメリカの戦艦ミズーリ号の上で降伏文書に調印し、第二次世界大戦が終結することとなった[*9]。

このようにして日本は降伏したわけであるが、ポツダム宣言では、「平和的傾向を有する責任ある政府の樹立」、「民主主義的傾向の復活強化」、「基本的人権の尊重の確立」などが要求されていた。これを受け入れるということは、必然的に明治憲法を抜本的に改正しなければならないことになる。こうして、日本国憲法制定に向けた動きが進んでいくのである。

*9　日ソ中立条約を破り参戦したソ連は、日本がポツダム宣言を受諾した後も攻撃をつづけ、8月28日から9月5日までの間に北方四島（択捉島、国後島、色丹島、歯舞群島）を占領した。これが現在まで続く北方領土問題の始まりである。

❷　連合国軍による憲法改正の示唆

敗戦とともに日本は連合国軍の支配下に置かれ、具体的にはアメリカ軍の占領がしかれることとなった。日本の占領管理を遂行する全権が与えられたダグラス・マッカーサー連合国最高司令官は、連合国軍総司令部（GHQ）を設置し、占領統治を開始する。

1945年10月、マッカーサーは、東久邇宮稔彦内閣、その後の幣原喜重郎内閣に対して憲法改正を示唆した。幣原内閣は1945年10月25日に、松本烝治国務大臣を委員長とする憲法問題調査委員会（通称、松本委員会）を設置して対処に当たることにした。松本委員長は議会で改正の四原則（松本四原則）を公表し、それをもとに具体的な改正作業に従事する。その四原則は、①天皇が統治権を総攬するという明治憲法の基本原則は変更しないこと、②議会の権限を拡大し、天皇の大権事項を減らすこと、③国務大臣の責任を国務全般に及ぼすこと、④臣民の自由・権利の保護を拡大し、その侵害に対する救済を完全なものとすること、の4つであり、要するに、明治憲法の微修正、マイナーチェンジで済ませようとするものであった（➡6章Ⅰ）。

幣原喜重郎
1872-1951
帝国大学で法学を修めた。外交官出身で親米派。

松本烝治
1877-1954
商法学者。満州鉄道副社長や法制局長官など多くの役職を務め、多数の立法に関与した。

そうしたなか、1946年2月1日付の毎日新聞が松本委員会の改正案をスクープし、その検討内容を大きく報じた。この報道を受けたGHQは、松本委員会の改正案の保守性に驚き、これではポツダム宣言の日本政府による自主的な履行は難しいと判断。マッカーサーは2月3日にこれまでの方針を転換して、自ら改正案を作成することを決定した。

❸　マッカーサー・ノート

マッカーサーは、憲法草案の作成を総司令部民政局のコートニー・ホイットニー局長に指示したのであるが、その作業の基礎となる3つの原則を示した。これがいわゆるマッカーサー・ノートである（マッカーサー三原則ともいわれる）。

民政局は、マッカーサー・ノートに基づいて不眠不休で草案作成作業に

マッカーサー（中央）とホイットニー（左）
ホイットニーは陸軍入隊後、ロースクールの夜間部に通って法学博士号を取得した。
〔写真は1950年、朝鮮戦争〕

13

マッカーサー・ノート（マッカーサー三原則）

①天皇は、国家の元首の地位にある。皇位は世襲である。天皇の職務および権能は、憲法に基づき行使され、憲法に定めるところにより、国民の基本的意思に応えるものとする。

②国権の発動たる戦争は、廃止する。日本は、紛争解決のための手段としての戦争、さらに自己の安全を保持するための手段としての戦争をも、放棄する。日本はその防衛と保護を、今や世界を動かしつつある崇高な理想に委ねる。日本が陸海空軍を持つ権能は、将来も与えられることはなく交戦権が日本軍に与えられることもない。

③日本の封建制度は廃止される。貴族の権利は、皇族を除き、現在生存する者1代以上には及ばない。華族の地位は、今後どのような国民的または市民的な政治権力も伴うものではない。予算の型は、イギリスの制度にならうこと。

---

*10 天皇からの意見の求め（諮詢（しじゅん）という）に応じて、重要な国務に関する事項を審議することを主な職務とする国家機関（明治憲法56条）。枢密院は天皇の顧問のような役割を果たしていた。

*11 明治憲法73条が定める改正手続は、次の通りである。1項「将来此ノ憲法ノ条項ヲ改正スルノ必要アルトキハ勅命ヲ以テ議案ヲ帝国議会ノ議ニ付スヘシ」、2項「此ノ場合ニ於テ両議院ハ各々其ノ総員三分ノニ以上出席スルニ非サレハ議事ヲ開クコトヲ得ス出席議員三分ノニ以上ノ多数ヲ得ルニ非サレハ改正ノ議決ヲ為スコトヲ得ス」。

*12 第90回帝国議会での憲法論議をほぼ一手に引き受けたのが憲法担当の国務大臣に任命された**金森徳次郎**である。その答弁回数は1365回、最長の答弁時間は1時間半にも及んだという。晩年は初代の国立国会図書館長に就任している。

*13 憲法の施行に先立ち、日本国憲法のもとでの初の国会を組織するため、1947年4月20日に参議院議員通常選挙、1947年4月25日に衆議院議員総選挙が行われた。この選挙は、満20歳以上の男女に選挙権が認められた、初の男女普通選挙であった。そして5月24日に、吉田内閣にかわり社会党委員長の片山哲内閣が成立した。

当たり、2月13日、GHQ側は松本委員会が作成した「憲法改正要綱」を拒否した上で、「天皇のperson」を守るただ1つの道であると称して、GHQ草案を日本側に渡し、それに基づいて憲法改正に当たるように要求した。日本政府は2月22日にGHQ草案に沿う憲法改正をするという方針を閣議決定。入江俊郎法制局次長、佐藤達夫法制局第一部長を中心にGHQ草案に沿った日本政府案をまとめ、3月4日にGHQに提出した。それをもとにGHQと折衝しながら、3月4日からほぼ不眠不休で作業にあたり、3月6日、政府案は閣議決定を経て「憲法改正草案要綱」として発表されるのである。

④ 帝国議会での審議

1946年4月10日、「帝国憲法改正案」の審議のため、女性に選挙権を認めた新選挙法のもとで衆議院議員総選挙が行われ、第1次吉田茂内閣が成立する。4月22日から枢密院 ***10** で憲法改正案の審議が開始され、6月8日に賛成多数で可決。その後は、明治憲法73条 ***11** の改正手続に従って憲法改正手続が進められることになる（第90回帝国議会。ポツダム宣言の内容に基づいた新たな憲法案が明治憲法とは内容的にまったく別物であるにもかかわらず、新憲法の制定は明治憲法の「改正」として実行された点に注意しておきたい）。

まず改正案は衆議院で先議され、芦田均を委員長とする帝国憲法改正案委員会に付託される。8月24日、委員会審議を経た憲法改正案は、衆議院本会議において賛成421票、反対8票で可決され、同日に貴族院に送られる。貴族院での審議の結果、いくつかの修正が加えられたうえで、10月6日に貴族院本会議において賛成多数で可決。同日に衆議院に回付され、翌7日、衆議院本会議において圧倒的多数で可決された（**表1-1**）***12**。

こうして帝国議会の審議を経た憲法改正案は、枢密院に再諮詢され、全会一致（2名の欠席者あり）で可決される。「帝国憲法改正案」は天皇の裁可を経て、11月3日に日本国憲法として公布され、1947年5月3日に施行された ***13**。以上の経緯を整理したのが、表1-1である。

第1章●立憲主義ってそんなに大事なの？

昭和天皇とマッカーサー
〔1945年9月27日〕
マッカーサーはこの面談時、天皇の誠実さに感銘を受けたと語っている。

吉田茂
1878-1967
日本国憲法と日米安全保障条約の成立、すなわち日本の平和と再軍備の両方に関わった。

表1-1　日本国憲法制定に関する年表

西暦	月日	出来事
1945年	7月26日	米英中の3か国、ポツダム宣言発表
	8月14日	ポツダム宣言受諾
	8月15日	終戦の詔書を放送（玉音放送）
	9月 2日	アメリカの戦艦ミズーリ号の甲板上で降伏文書調印
	10月 9日	幣原喜重郎内閣成立
	10月11日	マッカーサーから憲法の自由主義化の示唆および人権確保の五大改革指令
	10月25日	松本烝治を委員長とする憲法問題調査委員会（通称、松本委員会）を設置
	12月26日	憲法研究会、「憲法草案要綱」発表（→16頁コラム）
1946年	1月 1日	天皇、神格否定の詔書（人間宣言）
	2月 1日	毎日新聞、「憲法問題調査委員会試案」（松本試案）をスクープ
	2月 3日	マッカーサー、三原則を提示、民政局に憲法改正案（GHQ草案）の作成を指示
	2月 8日	政府、「憲法改正要綱」と「説明書」を総司令部に提出
	2月13日	総司令部、「憲法改正要綱」の受取りを拒否、GHQ草案を政府に手交
	2月22日	政府、GHQ草案を受け入れ決定
	3月 6日	政府、「憲法改正草案要綱」発表
	4月17日	政府、ひらがな口語体の「憲法改正草案」発表、枢密院に諮詢
	5月22日	吉田茂内閣成立
	6月 8日	枢密院本会議、「憲法改正草案」を可決
	6月20日	「帝国憲法改正案」として帝国議会に提出
	6月25日	「帝国憲法改正案」を衆議院本会議に上程
	7月29日	衆議院小委員会、「芦田修正」を提示（→72頁7章解説）
	8月24日	衆議院本会議、「帝国憲法改正案」を修正可決
	10月 6日	貴族院本会議、「帝国憲法改正案」を修正可決、衆議院に回付
	10月 7日	衆議院、貴族院回付案を可決
	10月29日	枢密院、「修正帝国憲法改正案」を全会一致で可決、天皇による裁可
	11月 3日	日本国憲法公布
1947年	5月 3日	日本国憲法施行

発展　なぜマッカーサーは憲法改正を急いだのか？

> マッカーサーは日本人をよく理解していたんだな。

　マッカーサーがこれまでの方針を転換して、憲法改正案をGHQ自らが作成することにした背景事情はこうである。

　1945年12月16日からモスクワで始まった米英ソ3国の外相会議で、GHQの上部組織として極東委員会を設置することが決まり、翌年2月26日から活動することとなった。マッカーサーは、日本の占領統治を進めていくなかで、天皇制に手を付けてしまうと占領統治が失敗してしまうと考えるようになっていたが、極東委員会に権限が移れば、天皇制の廃止と天皇の戦争責任を問う国際世論に抗しきれなくなることが予想された。そこで極東委員会に権限が移り、憲法改正に関する政策決定をする前に、GHQ主導で憲法改正の既成事実を作ってしまおうと考えたのである。非常に短い期間で草案を作成したのは、このためである。

　もちろん、ただでは国際世論を納得させることはできない。そのためには、マッカーサー・ノートの第一原則と第二原則で示しているように、天皇から政治権力の一切を奪い、かつ、戦争を放棄させるなどして、国際世論を納得させられるような内容の憲法の制定をする必要があった。しかし、松本委員会の案では不十分であったため、GHQ自らが草案作成に当たったのである。このように、日本国憲法に独特の天皇制と憲法9条は、ある意味でセットであったともいえるのである（→6章、7章）。

Ⅲ 手続きに従えば、どのような内容の憲法改正でも可能なのか？

1 憲法の改正

　96条が憲法改正手続を定めていることから明らかなように、憲法自体が将来の改正を想定している。しかし、改正が頻繁に行われるとなると、国家の基本法が不安定な状態に置かれてしまう。96条は、①各議院の総議員の3分の2以上の賛成によって国会が国民に対して改正案を提案（発議）し、②国民は国民投票によりその賛否の意見表明を行い、過半数の賛成があったときに改正が成立する、という手続を定めているが[*14]、これは通常の法律の制定改廃よりも高いハードルを設け（硬性憲法）、可変性と安定性との調和を図ろうとするものであるといえる[*15]。

*14　憲法改正の具体的手続の詳細は、2007年に制定された「日本国憲法の改正手続に関する法律」によって定められている。

*15　ちなみに、現在も有効な憲法典のなかで最古のものは、1787年に制定され、翌年から施行されたアメリカ合衆国憲法である。もっとも日本では、戦後一度も憲法が改正されたことがなく、改正をせずにオリジナルなままで効力を有している憲法典としては、世界最古のものとなっている。

憲法に署名する昭和天皇〔1946年11月3日〕

2 憲法改正の限界の有無

　それでは、この憲法改正の手続に従ったものであれば、どのような内容の改正でも可能であるのか、それとも、憲法改正手続に従ったとしても、変えられないものがあるのだろうか。日本では憲法改正には限界があるとする立場が多数を占めている。その理由は、次のように説明される。すなわち、国民は憲法を制定する力（憲法制定権）を持っており、その力を使って日本国憲法を制定した。その憲法を改正する力（憲法改正権）は、憲法制定権によって与えられた権力であるから、自らに力の根拠である憲法制定権力を否定するような改正、具体的には、主権者を国民以外の者にする改正などは、改正手続によって正当化できない、というわけである。あるいは、現行憲法がポツダム宣言の要求する諸原則（平和主義、国民主権、基本的人権の尊重）を実現するために制定された点にかんがみると、当時の憲法制定者たちもこの諸原則を実現するという条件付きで憲法を定めたと理解できるから、上記の諸原則を否定するような改正もまた、改正の限界を超えるも

日本人も憲法に高い理想をもっていたのね。

コラム　さまざまな憲法案

　松本委員会による公式の憲法案の検討と並行して、民間有識者や各政党によっても憲法改正草案が作成され、1945年末から翌春にかけて次々と公表された。その代表例が、1945年12月26日に発表された、高野岩三郎、鈴木安蔵らによって組織された憲法研究会の憲法草案要綱である。これは、天皇の権限を国家的儀礼のみに限定し、主権在民、生存権、男女平等など、後の日本国憲法の根幹となる基本原則を先取りするものであった。その内容には、GHQ内部で憲法改正の予備的研究を進めていたスタッフも強い関心を寄せ、参考にしたといわれる。

のと考えることができる。改正の限界を超えた憲法を定めることはもはや現行法が認める憲法の「改正」ではない。それは現行憲法を無視した、まったく新しい憲法の新たな「制定」と理解すべきである。つまり、現行憲法と新たな憲法の間には連続性がないことになるだろう。日本という国はそこでいったん根本からリセットされることになり、国家の連続性に大きな断絶が生まれることになるであろう。

3　日本国憲法の正当性

憲法改正には限界があるという立場を採用した場合、日本国憲法の正当性が問題として浮上する。Ⅱで日本国憲法の制定過程について概観したが、日本国憲法の上諭(じょうゆ)[*16] で述べられているように[*17]、日本国憲法は、天皇主権の国家から国民主権の国家へと転換させるという、内容的にまったく新しい憲法の「制定」を、形式的には明治憲法73条の「改正」という手続により行ったものだからである。

そのため、明治憲法の根本である天皇主権を国民主権に変更することは、改正の限界を超えるものであり、日本国憲法には正当性の根拠がなく無効であるとする考え方もあり得るが、だからといって、いまだに明治憲法が正当で有効な憲法であるとするのは現実離れしている。必要なのは、現行憲法の正当性をいかに説明するかという実践的な議論である。

そうした議論として、八月革命説と呼ばれる考え方が多くの支持を得ている。この説は、ポツダム宣言が明治憲法の根本的な改正を求める内容を含んでいたことに着目し（→Ⅱ1）、それを受諾した時点で、法的には革命が生じたと見るべきであるとする。その時点で明治憲法の根本的前提が変質してしまったと見るこの立場からすると、新憲法は革命の光を受けて（文

[*16]　上諭とは、明治憲法下の日本において、天皇が法令を公布する際に、その冒頭（頭書）に天皇の言葉として付された文章のことを指す。

[*17]　「朕は、日本国民の総意に基いて、新日本建設の礎が、定めるに至つたことを、深くよろこび、枢密顧問の諮詢及び帝国憲法第73条による帝国議会の議決を経た帝国憲法の改正を裁可し、ここにこれを公布せしめる。」

日本国憲法上諭
（国立公文書館蔵）

解　説	押し付け憲法論

憲法改正に正当な理由はあるの？

　憲法改正に関して、日本国憲法の制定過程でアメリカによる「押し付け」があったことを問題視して、日本国民が自分たちの手で憲法制定すべきだと主張されることがある。たしかにアメリカによる「押し付け」があったことは、――その程度については議論の余地があるものの――否定できない。しかし、そこから直接に自主憲法制定という主張に結びつかないはずである。なぜならば、国民主権の原理もま たアメリカに押し付けられたものであるにも関わらず、「押し付け」を問題視して憲法改正を主張するというのは一貫した態度とはいえないからである。言い方を変えれば、押し付けられたもののうち、都合のいいものだけを受け入れ、その他は「押し付けだから変更すべきだ」と主張しているようなものであるため、論理を重視する学者からの支持はほとんどないといってよい主張である。

字面は同一であっても）根本的前提を変えてしまった明治憲法の「改正」であるのだから、新憲法と明治憲法の間には内容的な矛盾はないことになる。また、日本国憲法が明治憲法の改正手続に従って制定されたのは、平穏のうちに革命を成し遂げるための便宜上のものにすぎない、と説明するのである。

戦後の日本社会は憲法を中心にできあがってきたのね。それが立憲主義っていうことで、憲法が変われば社会も変わっちゃうわけだから、憲法改正についても真面目に考えなくちゃ。これからの授業もちゃんと聞こうっと！

僕は憲法制定の経緯が面白かったよ。日本史を、憲法の観点から整理できて勉強になったな。大河ドラマにすれば視聴率20％超え確実のテーマだな！

明治憲法のもとで過ごしてきた人たちは、まったく違った考え方の日本国憲法ができたときにどう思ったのかな？ 日本国憲法は、今日ではすっかり定着しているけど、その定着していった経緯に興味があるな。

課題

❶ 2012年、自民党が『日本国憲法改正草案』とその公式解説書ともいえる『日本国憲法改正草案Q&A』を公表した。この改正草案に対して、多くの憲法学者が近代立憲主義の観点から批判しているが、それはどのような批判なのだろうか、調べてみよう。

❷ 憲法制定の過程で、日本側の提案によって規定されることになった条文や文言にはどのようなものがあるだろうか、調べてみよう。

❸ 憲法公布後、2000万部も刷られ、全国の各世帯に配布された『新しい憲法　明るい生活』や、中学校1年生用の社会科教科書として文部省が作成した『新しい憲法のはなし』を読んで、どのように憲法が紹介されているのか確認してみよう。

憲法普及会編『新しい憲法　明るい生活』表紙
（国立国会図書館蔵）
「大切に保存して多くの人々で回読して下さい」とある。

判例の調べ方

憲法の学習では、「最大判昭和35年6月8日民集14巻7号1406頁」とか、「東京地判平成25年3月14日判時2178号3頁」など、裁判所の判断（判例）が登場します。先生の話を聞いたり、学習を進めたりしていくうちに、「自分で読んでみたい！」「事実関係を詳しく知りたい！」と思うこともあるでしょう。そのような読者のために、ここで判例の引用方法とその探し方を説明しておきます。

判例の引用は、順に、①裁判所名、②裁判の種類、③裁判の年月日、④出典、を示すというルールになっており、本書もそれに従っています。ただ、これだけではまだわかりにくいところもありますので、もう少し詳しく見ていきましょう。

①裁判所名

最高裁判所による判断の場合、15名の裁判官全員で判断する大法廷と、5人の裁判官により構成される3つの小法廷（第1、第2、第3小法廷）のうち、どの法廷で裁判が行われたかを区別して記載します。大法廷の場合は「最大」、小法廷の場合には「最1小」「最2小」「最3小」というように略記します（単に「最」とする場合もあり）。下級審裁判所の場合、その裁判所の所在地を記すとともに、地方裁判所の場合は「地」、高等裁判所の場合は「高」と略記します。たとえば、鹿児島地方裁判所の場合は「鹿児島地」、福岡高等裁判所宮崎支部の場合は「福岡高宮崎支」と記します。裁判については5章で詳しく説明します。

②裁判の種類

判決、命令、決定の3種類があり、それぞれ、「判」「命」「決」と略記します。

③裁判の年月日

元号で記載するのが通例ですが、近年では西暦表記する場合もあります。

④出典

裁判所の判断が掲載されている刊行物（媒体）を示します。代表的なものを紹介しますと、公式の判例集としては、『最高裁判所民事判例集』、『最高裁判所刑事判例集』が重要であり、それぞれ「民集」「刑集」と略記します。民間が発行している判例雑誌では、『判例時報』と『判例タイムズ』が有名です。ともに、全裁判所の全分野の判例が対象で、とくに下級裁判所の裁判例を調べるのに便利です。それぞれ「判時」「判タ」と略記します。

以上が判例の引用ルールです。これでもう、どこを調べればよいかわかりますね。これ以外にも判例を探すのに便利な方法があります。いちばん手軽なのは、裁判所のウェブサイトです。そこから「裁判例情報」を検索することができます。すべてではないですが、新しい裁判例や重要な裁判例を閲覧できますので、積極的に利用してみてください。また、多くの大学図書館は、裁判例を多数収録したオンラインデータベースと契約しています。「LEX/DB」、「Lexis/Nexis jp」、「D-1 Law」などが有名です。自分の大学図書館で使えるものはどれか、調べてみましょう。

なるほど。興味のある裁判があれば、いつでも調べることができるわけだ。法律の文章ってむずかしそうだけど、がんばって読んでみようかな。

政治に参加しよう!
選挙と参政権

授業前の休み時間。大学の近くで大声を張り上げる声が聞こえてきました。衆議院議員総選挙の期日が近づいているためです。

また選挙か。うるさいなあ。厳しく取り締まってくれないかな。それにしても、都合のいいことばかり言ってるよ。誰に投票しても同じだろ、結局。

ハルオ

でも、私たちが政治に直接関わる機会って選挙くらいしかないんだから、ちゃんと投票に行かないとダメだよ。若者の投票率が低いって言われちゃってるし。

アキ

たしか一票の較差が問題になってるんだよね。憲法に違反している状態のまま選挙するなんて、おかしいんじゃないの?

ナツキ

憲法上、国会は「全国民の代表」である議員によって構成される機関です。それでは、「全国民の代表」とはどのような意味なのでしょうか。その代表を選任する行為が「選挙」ですが、どのような選挙によって選ぶべきなのでしょうか。今回のテーマは「選挙と参政権」です。

フユヒコ先生

第2章●政治に参加しよう！

I　主権者である国民は、国政にどのように関わるのだろうか？

1　国民主権と間接民主制

　日本国憲法は、国民主権の原理*1を採用する（前文第1段落・1条）。憲法前文によると、主権者である国民は、「正当に選挙された国会における代表者を通じて行動」するのであり、「国政は、国民の厳粛な信託によるものであつて、その権威は国民に由来し、その権力は国民の代表者がこれを行使し、その福利は国民がこれを享受する」。

　このように、国民の中から代表者を選び、その代表者が国民に代わり国政を担当するという仕組みを、間接民主制（代表民主制）という*2。

2　全国民の代表としての国会

　「全国民を代表する選挙された議員」（43条）から構成される機関が国会である。「全国民の代表」とは、選挙によって選ばれた議員は、特定の選挙区や選挙母体の思惑や指示（命令委任）に拘束されずに全国民のためと考える行動をとることができる、という意味である*3。この考え方を、純粋代表説（自由委任説）というが、これをベースにしつつ、近年では、選ばれた代表は、できるだけ忠実に選挙人の意思を反映すべきである（法的な要請ではない点に注意）とする政治的代表説（社会学的代表説）が支持されている。この考え方によると、国民の多様な意思をできる限り公正かつ忠実に国会に反映させるような選挙制度が求められることになる。

3　近代選挙の原則

　このように、間接民主制を採用し、「全国民の代表」の意味について政治的代表説を採用するとなると、国民の代表者をどのように選ぶかが極めて重要となる。この点について憲法は、国民の選挙権（15条1項）を保障する一方、具体的な選挙制度については、「法律でこれを定める」（47条）と規定するにとどまっている（選挙事項法定主義）。しかし選挙制度は、憲法の各所に反映されている近代選挙の原則に基づいて創設されなければならない。

　近代選挙の原則を整理すれば、次頁の表2-1のようになる。

4　参政権と選挙権

　公権力の行使のあり方を決定する過程に参加する権利を参政権*4というが、そのうち、最も重要な権利が、憲法15条1項により国民に保障される選挙権である。選挙権の性質をめぐって、国家の運営に関与することの「公

*1　国民主権とは、国家権力が正統であることの根拠は、神や国王ではなく国民にあるということと、政治のあり方を決める最高の権威は国民にあるということを意味するとされる。この両者の関係をどのように把握するかで学説は分かれている。

*2　間接民主制の対概念が、直接民主制である。直接民主制とは、重要な政治的決定を、代表を通じてではなく国民自らが行う民主制である。完全な意味での直接民主制を採用することは、現代においては難しい。そのため、多くの国では、直接民主制的要素を組み込んだ間接民主制を採用するのが通例となっている（これを半直接民主制と呼ぶ場合がある）。

*3　身分制議会のもとでは、議員は選出母体の命令に拘束され、それを守らないとクビにされていた。フランス革命後に制定された1791年憲法は、そのような拘束を受けずに議員が活動できるようにするため、議員は「全国民の代表」であると規定した。その後、各国の憲法で同様の規定を置く例が見られるようになった。

*4　広義の参政権には、公務員になる権利（公務就任権）、立候補の自由（被選挙権）、請願権（16条）、政治的な表現の自由（21条1項）なども含まれる。

21

*5 1998年の公職選挙法の改正まで、外国に居住している日本人（在外邦人）は国政選挙で投票することが一切できず、改正後も衆議院と参議院の比例代表選挙のみしか投票が認められなかったことの合憲性が争われた事案。最高裁は、本文で引用した判断枠組みを用いて、①1996年の衆議院議員選挙時に在外邦人に投票をまったく認めていなかったことが違憲であり、②遅くとも本判決以降に行われる選挙時点で在外邦人に一部しか投票を認めないことは違憲であると判断した〔最大判平成17年9月14日民集59巻7号2087頁〕。この判決を受けた国会は法改正を行い、国政選挙全体について在外投票が可能となった。

*6 下級審において、成年被後見人は選挙権を有しないと規定する公職選挙法11条1項1号の規定は、憲法15条1項及び3項、憲法43条1項、憲法44条ただし書に違反するとしたものもある〔東京地判平成25年3月14日判時2178号3頁〕。同判決を受けた国会は、法改正を行い、成年被後見人も選挙権の行使が可能となった。

務」の側面を強調する立場と、「権利」の側面を強調する立場があるが、両側面を備えていると理解すべきであろう（二元説）。

国民主権のもとでは、選挙権はきわめて重要である。したがって、その制限は例外的にしか認められない。最高裁も**在外国民選挙権剥奪違憲判決**[*5]において、「国民の選挙権又はその行使を制限することは原則として許されず、国民の選挙権又はその行使を制限するためには、そのような制限をすることがやむを得ないと認められる事由がなければならないというべきである。そして、そのような制限をすることなしには選挙の公正を確保しつつ選挙権の行使を認めることが事実上不能ないし著しく困難であると認められる場合でない限り、上記のやむを得ない事由があるとはいえず、このような事由なしに国民の選挙権の行使を制限することは、憲法15条1項及び3項、43条1項並びに44条ただし書に違反する」としている[*6]。

表2-1　近代選挙の原則

原　則	内　容	憲法上の根拠
普通選挙	国籍と年齢以外に有権者資格に制限を設けないことを要請。身分、教育、性別などによる「制限選挙」を否定。	15条3項
平等選挙	一人一票の原則と、一票の価値の平等を要請（→Ⅲ）。高額納税者の一票の価値を大きくする「等級選挙」などを否定。	44条、14条など
秘密選挙	誰がどの候補者・政党に投票したのかわからないようにすることで、自由意思に基づいた投票を可能とさせることを要請。	15条4項前段
自由選挙	外部からの干渉をうけることなく投票権を行使する・しないを自分で判断しうることを要請。	15条4項後段
直接選挙	有権者が直接代表を選ぶことを要請。投票を行う者を選挙で選ぶような「間接選挙」を否定。	15条1項

Ⅱ　日本の選挙制度はどのような仕組みなのか？

1　衆議院議員の選挙制度

衆議院議員の選挙は、議員定数465を、小選挙区に定数289、比例代表に定数176を配分したうえで、小選挙区選挙と比例代表選挙の2本立てで実施する（小選挙区比例代表並立制）。有権者は、それぞれ1票ずつ、合計2票を投票する。

(1) 小選挙区選挙

小選挙区選挙とは、1つの選挙区から1人の議員を選出する選挙制度である。衆議院の小選挙区選挙では、全国を289の選挙区に分け、有権者に**候補者名を記載して投票**させ、選挙区ごとに得票数の一番多い候補者1名を当選させる。小選挙区制は、大政党に有利で、政局が安定する二大政党

衆議院議員総選挙の際には、最高裁判所裁判官の国民審査も一緒に行われます。53頁の「解説」を参照してください。

制に近づきやすいというメリットがあるが、少数派が議会に代表を送りにくくなる、死票が増える、などのデメリットがあると指摘される。

（2）比例代表選挙

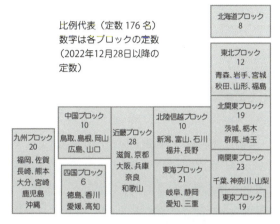

図2-1　比例代表選挙の全国ブロック

比例代表選挙とは、各党が獲得した得票率に応じて議席を配分する選挙制度である。衆議院の比例代表選挙では、全国を11ブロックに分け、ブロックごとに各政党があらかじめ候補者に順位をつけた比例名簿を作成して選挙に臨む（名簿の順で当選者が決まるため、拘束名簿式といわれる）。有権者は、候補者ではなく政党名を記載して投票する。そして、ブロックごとの得票率に応じて各政党に議席を配分し（ドント式 ➡ 24頁解説）、名簿の順位が上位の者から当選者となる（拘束名簿式比例代表制）。比例代表選挙は、政党を通じて国民の意思を比較的正確に議会に反映できる、死票が少なくなるといったメリットがある一方で、小党乱立により政局の不安定が生じるといったデメリットがあると指摘される。

なお、政党の候補者に限り、小選挙区と比例区の両方に立候補することができる（重複立候補）。重複立候補者は、各党の比例名簿に同一順位で並べることができる。その際、小選挙区選挙の落選者のうち、惜敗率[*7]の高い者から当選者となる。

[*7] 惜敗率とは、最多投票者の得票数に対する当該落選者の得票数の割合である。要するに、「どれだけ惜しく負けたか」を数値化したのが惜敗率である。

2　参議院議員の選挙制度

参議院議員の選挙は、議員定数248を、選挙区選挙に定数148、比例代表選挙に定数100に分けたうえで、選挙区選挙と比例代表選挙の2本立てで実施する。有権者は、それぞれ1票ずつ、合計2票を投票する。

（1）選挙区選挙

選挙区選挙は、原則的には都道府県を単位として選挙区を設置し（鳥取県と島根県、徳島県と高知県は合区）、各選挙区の定数として、2～12人（偶

選挙って人気投票とは違いますよね？

コラム　タレント候補

参議院の比例代表選挙では、有権者が個人名を記載して投票しても、その票はまず政党の議席配分数を決める票としてカウントされる。そのため各政党は票を多く集めるために、全国的に知名度のあるタレントを候補者に立て選挙に臨む場合が少なくない。「著名人を出馬させれば票が集まる」という態度は、有権者が甘く見られている証拠である。貴重な1票を有効に使うように心がけたい。

*8 公選法14条別表第三を参照。偶数で配分するのは、3年に1度選挙権を行使することができる選挙区と、6年に1度しか選挙権の行使ができない選挙区が発生することを防ぐとともに、3年ごとの参議院議員選挙の選挙区選挙においての選出議員が毎回同じになるようにするためである。

*9 1947年から1994年まで、衆議院議員選挙において、各選挙区から2〜5名選出する**中選挙区制**と称される制度を採用していたが、これは政治学上の分類では大選挙区に位置付けられる。

数*[8]）を配分する選挙制度である。有権者は候補者名を記載して投票し、得票数の多い候補者から順に改選定数までの順位の者が当選する。参議院議員の選挙区選挙は、1つの選挙区から1人のみ当選させる小選挙区制になる場合（定数2の場合）と、2人以上の議員を当選させる大選挙区制に分類される選挙制度*[9]になる場合がある。大選挙区制は、小選挙区制と比べて死票が少なくなる、小規模政党にも当選の機会が増えるといったメリットがあるが、同一政党の候補者同士が争うことによる派閥化・共倒れの可能性といったデメリットがあると指摘される。

（2）比例代表選挙

参議院の比例代表選挙は、全都道府県を1つの選挙区として実施する。各政党は候補者の名簿を作成するが、順位をつけない（そのため、非拘束名簿式といわれる）。有権者は、政党名か個人名のいずれかを記載して投票する。個人への投票数と政党への投票数を合計した数に基づいて、まず各政党に

表2−2　日本の選挙制度

国会の院	衆議院		参議院	
選挙権	満18歳以上の日本国民			
被選挙権	満25歳以上の日本国民		満30歳以上の日本国民	
議員定数	465人		248人	
選挙方法	小選挙区	全国289の小選挙区から289人選出	選挙区	都道府県を原則的単位として148人選出
	比例代表区	全国11ブロックから176人選出（拘束名簿式、重複立候補可能）	比例代表区	全国から100人選出（非拘束名簿式、重複立候補不可能）
投票方法	有権者は1人2票持ち、1票は小選挙区で候補者名1名を、1票は比例代表区で政党名を自著する。		有権者は1人2票持ち、1票は選挙区で候補者名1名を、1票は比例代表区で候補者名または政党名を自著する。	
任期	4年（解散あり。全部改選）		6年（解散なし。3年ごとの半数改選）	

解説　ドント式

ドント式ってなんのこと？

比例代表選挙における議席配分には多様な方法がありうるが、日本では、「ドント式」と呼ばれる方法が採用されている。ベルギーの法学者、ビクトル・ドントが考案した方法であり、①各政党の得票数を1, 2, 3…の整数で割っていき、②その商（答え）の大きい順に、定数を満たすまで、議席配分していくという方式である。

たとえば、比例代表区（定数6）で、左の表のとおり得票した場合、番号の順に当選となる。同数の場合は、くじにより決定する（公選法95条3項2号）。

なお、配分された議席数が候補者名簿に記載された候補者数を上回った場合、ドント式の結果に基づき、他の党に議席が配分される。

政党	A党		B党		C党	
得票数	120万		90万		30万	
÷1	120万	①	90万	②	30万	⑥
÷2	60万	③	45万	④	15万	
÷3	40万	⑤	30万	⑥	10万	
÷4	30万	⑥	22.5万		7.5万	

第2章 ● 政治に参加しよう！

議席を配分したうえで（ドント式）、個人として最も票を集めた候補者から順に当選としていく。このように、衆議院の比例代表選挙とは異なっているので注意が必要である。

日本の選挙制度を整理すれば、前頁の**表2-2**のとおりである。

Ⅲ　議員定数不均衡とはどのような問題なのか？

> 議員定数不均衡の場合、「格差」ではなく「較差」という字を使うのが一般的ですが、それはなぜでしょうか。国語辞典で調べてみてください。

1　平等選挙と議員定数不均衡問題

議員定数不均衡の問題は、**表2-1**でみた近代選挙の原則のうち、「平等選挙」と関係する。平等選挙の意味について、当初は、単に数的に1人に1票与えればよいという <u>1人1票の原則</u> のみを意味するという立場もあったが、今日では、投票価値の平等、すなわち、<u>1票の価値の平等</u> もまた憲法上の要請であると理解されている。最高裁は当初、投票価値の平等は憲法上の要請ではないという立場をとっていたが〔**表2-5**の**⑫**判決〕、昭和51年の大法廷判決〔**表2-4**の**❶**判決〕で、「選挙権の内容、すなわち、各選挙人の投票の価値の平等もまた、憲法の要求するところである」という立場を採用した^{*10}。

それでは、どのような場合に1票の価値に較差が生じるのだろうか。それは、選挙区ごとに選出される議員の数が人口に比例していない場合である。1票の較差の問題が、議員定数不均衡といわれるのはそのためである。これを図式化すれば、次の**表2-3**のとおりである。

*10　議員定数不均衡訴訟は、公職選挙法204条に基づく選挙無効訴訟として提起される。この訴訟は、選挙管理委員会の選挙管理上の瑕疵の是正を目的としたものであるが、議員定数の不均衡配分の是正は国会の役割であり、選挙管理委員会ではどうすることもできない。そのため、公選法204条による訴訟は認められないという見解もかつてあった。しかし、昭和51年の❶判決は、これが「現行法上選挙人が選挙の可否を争うことのできる唯一の訴訟」であるとして、この訴訟によって議員定数不均衡を争うことを容認した。以降、議員定数不均衡訴訟は、公職選挙法204条に基づいて提起されるのが通例となっている。

表2-3　議員定数不均衡の問題の構造

選挙区	1人の票数	人口	議員定数	1票あたりの価値	不均衡の状態
X	1票	1万人	1名	1	XとY選挙区間で投票価値の較差は1対3
Y		3万人	1名	1/3	

2　定数訴訟と裁判所の考え方

議員定数不均衡に関する裁判例は多い。以下では、次頁の**表2-4**、**表2-5**を適宜参照しながら、この問題に対する最高裁大法廷の考え方を確認しよう。

（1）投票価値の平等の位置づけ

最高裁は、「投票価値の平等は憲法上の要請」としつつも、「選挙制度の決定について国会が考慮すべき唯一絶対の基準」ではなく、「原則として、国会が正当に考慮することのできる他の政策的目的ないしは理由との関連において調和的に実現されるべきもの」と述べ、人口比例以外の政策的・技術的要素^{*11}を考慮することを容認している。

*11　具体的には、都道府県、従来の選挙の実績、選挙区としてのまとまり具合、市町村その他の行政区画、面積の大小、人口密度、住民構成、交通事情、地理的状況などの「諸般の要素」を挙げている。

25

（2）許容される最大較差と最近の動向

投票価値の平等を完全に1対1にしなくてもよいとしたとき、どこまでの不平等ならば憲法上許容されるのかが問題となる。この点につき最高裁は、衆議院については、最大較差1対3.18を違憲状態とした〔❹〕一方で、最大較差1対2.82を合憲とした〔❺〕ことから、較差1対3をひとつの基準としているのではないかと考えられた。参議院の場合、最大較差1対6.59を違憲とした〔⓮〕一方で、最大較差1対5.85を合憲とした[*12]ことから、較差1対6を1つの基準としていると考えられた。しかし近年の最高裁は、衆議院では2.13倍の較差〔❿〕を、参議院では4.77倍以下の較差を違憲状態と判断しており〔㉑〕、数字に拘泥せず、厳しい判断を示している。

*12　最2小判昭和63年10月21日判時1321号123頁。

*13　平成8年実施の選挙から、小選挙区選挙に変更されている。

表2-4　衆議院の定数訴訟をめぐる最高裁判所大法廷判決[*13]

番号	判決日	選挙日	最大較差	結果
❶	昭和51年4月14日	昭和47年12月10日	4.98	違憲（事情判決）
❷	昭和58年11月7日	昭和55年6月22日	3.94	違憲状態
❸	昭和60年7月17日	昭和58年12月18日	4.40	違憲（事情判決）
❹	平成5年1月20日	平成2年2月18日	3.18	違憲状態
❺	平成7年6月8日	平成5年7月18日	2.82	合憲
❻	平成11年11月10日	平成8年10月20日	2.31	合憲
❼	平成19年6月13日	平成17年9月11日	2.17	合憲
❽	平成23年3月23日	平成21年8月30日	2.30	違憲状態
❾	平成25年11月20日	平成24年12月16日	2.43	違憲状態
❿	平成27年11月25日	平成26年12月14日	2.13	違憲状態
⓫	平成30年12月19日	平成29年10月22日	1.98	合憲

表2-5　参議院の定数訴訟をめぐる最高裁判所大法廷判決

番号	判決日	選挙日	最大較差	結果
⓬	昭和39年2月5日	昭和37年7月1日	4.09	合憲
⓭	昭和58年4月27日	昭和52年7月10日	5.26	合憲
⓮	平成8年9月11日	平成4年7月26日	6.59	違憲状態
⓯	平成10年9月2日	平成7年7月23日	4.81	合憲
⓰	平成12年9月6日	平成10年7月12日	4.98	合憲
⓱	平成16年1月14日	平成13年7月29日	5.06	合憲
⓲	平成18年10月4日	平成16年7月11日	5.13	合憲
⓳	平成21年9月30日	平成19年7月29日	4.86	合憲
⓴	平成24年10月17日	平成22年7月11日	5.00	違憲状態
㉑	平成26年11月26日	平成25年7月21日	4.77	違憲状態
㉒	平成29年9月27日	平成28年7月10日	3.08	合憲
㉓	令和2年11月18日	令和元年7月21日	3.00	合憲

公選法204条の議員定数不均衡訴訟は、第一審が高等裁判所となっています。日本の裁判の仕組みについては、5章Ⅱをご覧ください。

第 2 章 ● 政治に参加しよう！

*14　その結果、2016年の参議院議員選挙から合区が導入されることになったが、地方を中心に合区の解消を求める声が強い。そのためには、参議院を「地方代表の府」として明確に位置付ける憲法改正が必要だという主張もある（→3章Ⅰ2）。

*15　人口が少ない県に配慮し、小選挙区の定数300（当時）を、まず都道府県それぞれに1ずつ配分（合計47）した上、残った議席を人口に比例して配分するという議席配分方法。衆議院議員選挙区画定審議会設置法3条2項で定められていたが、❽の最高裁判決を受けて、同項は廃止された。

NPO法人「一人一票実現国民会議」のマスコット「0.6票君」（一人一票実現国民会議提供）

（3）最近の動向

　議員定数不均衡に対して厳しい姿勢を示した近年の事例を見てみよう。参議院の平成24年判決〔❷〕は、選挙区選挙を都道府県単位で行わなければならない憲法上の要請はないと述べ、投票価値の平等が行政区画の維持に優先するとした*14。また衆議院でも、平成23年判決〔❽〕は、小選挙区の議席配分に際しての1人別枠方式*15について、選挙制度の変更によって生じる激変緩和措置として認められたにすぎず、「その合理性に時間的な限界」があり、「新しい選挙制度が定着し、安定した運用がされるようになった段階においては、その合理性は失われる」として違憲としている。このような傾向は、投票価値の平等に重きを置いて選挙区割に関する国会の裁量を限定しようとする姿勢の表れであるといえよう。

（4）合理的期間論

　なお、1票の較差が「投票価値の平等」を損なわせる程度にまで達していたとしても、その時点で直ちに違憲となるわけではない。「合理的期間内における是正がなされなかったとき」にはじめて違憲となるのであり、その期間が過ぎるまでは、「違憲状態」であるが、合憲と判断される〔❷、❹、❽、❾、❿、⓮、⓴、㉑〕。人口は絶えず流動しており、それに合わせて頻繁に選挙区割を変えることは現実的ではないことなどから、この合理的期間論が認められるとされる。

3　違憲判決と選挙の効力

（1）違憲だが無効ではない？

　以上のとおり、議員定数不均衡が憲法違反とされるのは、それが投票価値の平等を損なわせる程度にまで達しており、かつ、その状態を是正するために必要な合理的期間を経過してもなお放置されている場合である。

　しかし、仮に議員定数不均衡により選挙制度を違憲とした場合、国政は

「違憲であるが無効ではない」は大人の事情？

解説　事情判決の法理

　事情判決とは、違法な処分であっても、現実に処分を取り消すと公の利益に著しい障害が発生する場合に、判決の主文で処分等が違憲であると宣言するが、結論として請求を棄却する判決をいう（行政事件訴訟法31条）。しかし、議員定数不均衡訴訟では、この事情判決を出すことができない（公職選挙法219条）。そのため最高裁は、「高次の法的見地から」、行訴法31条に含まれる「法の基本原則」を適用することで、定数配分規定が違憲であるが「無効」ではないという論理構成をした。事情判決の法理とされるのはそのためである。

27

*16 ただし、このような事態が生じるのは、議員定数配分規定全体が違憲であるとする場合である。投票価値の不平等が著しい選挙区のみを違憲とする方法を取る場合、小さな「混乱」は起きても「大混乱」は起こらない。

*17 広島高岡山支判平成25年3月26日判例集未登載。

大混乱をきたしてしまう***16**。そうした事態を避けるために最高裁が採用しているのが、「違憲」ではあるが「無効」ではないという、いわゆる**事情判決の法理**である〔**❶**、**❸**〕（➡ 27頁解説）。

（2）違憲「無効」判決に踏み切る裁判所

　議員定数不均衡の問題は真剣に国会で議論されず、対応もその場しのぎに留まることが多かった。そのため、もはや国会による自浄作用は機能しないから、違憲無効判決を出すべきだとする意見を述べる最高裁裁判官も現れており、近年では、下級審ではあるが、実際に違憲無効判決を出した裁判所も現れ***17**、大きな注目を集めている。

Ⅳ　選挙運動に対する規制は憲法上許されるのか？

*18 公選法の規制対象となる選挙運動とは、「特定の公職の選挙につき、特定の立候補者又は立候補予定者に当選を得させるため投票を得若しくは得させる目的をもって、直接又は間接に必要かつ有利な周旋、勧誘その他諸般の行為をすること」である〔最1小判昭和52年2月24日刑集31巻1号1頁〕。

*19 たとえば、戸別訪問禁止規定（公職選挙法138条1項）を合憲とした、最2判昭和56年6月15日刑集35巻4号205頁など。

❶　どのような制約があるのか？

　日本では、公職選挙法を中心に、選挙運動***18** に対して多くの規制が設けられている。選挙の公正と適正のための規制であると説明されるが、「**べからず選挙法**」、「**一律に不自由**」であるといった批判も強い。最高裁は、選挙権またはその行使に対する制限に対して厳しい姿勢を示しているが（➡ Ⅰ 4）、選挙運動規制についてはこれを広く容認する傾向がある***19**。

　さらに公職選挙法上は許される政治的な活動であっても、他の法律の規制が及ぶ場合がある。国家公務員の場合、人事院規則が定める「政治的行為」を禁止され（国家公務員法102条1項、人事院規則14-7）、違反には罰則（国家公務員法110条1項19号）もある。地方公務員の場合、地方公務員法により、一定の「政治的行為」が同様に禁止され（地方公務員法36条、教育公務員特例法18条）、条例による制約も認められている。教員については、義務教育諸学校における教育の政治的中立の確保に関する臨時措置法により、「政治的中立」の確保のために一定の行動が禁止される（3条）。教育基本法14条2項も、学

公職選挙法　138条

1項　何人も、選挙に関し、投票を得若しくは得しめ又は得しめない目的をもって戸別訪問をすることができない。

> 法律違反する立候補者には投票しないぞ！

解説　公職選挙法上の選挙運動規制の概観

　公職選挙法上の選挙運動規制は、①期間、②主体、③方法、④費用に対する規制に大別できる。

　①選挙運動ができる期間は、立候補の届出をしてから投票日の前日までであり、立候補届出前は禁止される。②選挙運動の期間中であっても、選挙事務関係者、特定の公務員、未成年、選挙権・被選挙権を有しない者による選挙運動や、公務員等、教育者

の地位利用による選挙運動は禁止される。③戸別訪問、署名運動、飲食物の提供、夜間の街頭演説等が禁止され、文書図画の頒布やポスター等の掲示に対しても細かな制限規定が設けられている。④国や地方公共団体が一部を負担する選挙公費負担制度がある一方、選挙区ごとに法定選挙運動費用が定められ、これを超える支出は禁止される。

校による「政治的活動」を禁止するなどしている。

2　公務員の政治的行為の制約の合憲性

　国家公務員による「政治的行為」の規制の合憲性については、近年大きな動きがみられる。かつて最高裁は、猿払事件[20]において、公務員の全体の奉仕者性（15条1項）と政治的中立の必要性を強調し、公務員の政治的行為を一律に全面的に禁止しても憲法に違反しないとした。しかし近年、社会保険庁職員による政党機関誌配布に関する堀越事件[21]において最高裁は、表現の自由の重要性を指摘して、国家公務員法で禁止される政治的行為とは、公務の職務の遂行の政治的中立性が損なわれる恐れが実質的に認められるものに限られると解釈し、その場合に該当するかは、その公務員の地位や職務内容、行為の性質、態様、目的などの諸般の事情を総合的に考慮する必要があるとした[22]。これにより、実質的に猿払事件の射程が限定されたと解されている。

[20]　最大判昭和49年11月6日刑集28巻9号393頁。

[21]　最2小判平成24年12月7日刑集66巻12号1337頁。

[22]　堀越事件では被告人は無罪となったが、同日に判決が下された類似の事案である世田谷事件〔最2小判平成24年12月7日刑集66巻12号1722頁〕は、被告人が管理職的地位にあったことを重視して「実質的なおそれ」を認め、罰則規定の適用は憲法に違反しないと判断した。

投票日に予定が入ってたから期日前投票制度を利用してみたんだけど意外と簡単だったな。投票所に行けない人のために不在者投票制度っていうのもあるんだって。これだけ便利な仕組みがあるんだから棄権しちゃもったいないよね。

でも若者の投票率は相変わらず低かったみたいね。議員は「全国民の代表」とはいいながら、やっぱり投票に来てくれる世代に顔が向いちゃうのかな。そうならないように、もっと私たちが政治に関心を持たなきゃね。

この選挙も、すぐに議員定数不均衡訴訟を起こされるはずだよ。そろそろ最高裁も我慢の限界に近いから、無効判決が出るかもね。いずれにしても、ようやく静かな日々に戻れるよ。

課題

❶ 投票率はどの程度で、どのように推移しているのか統計を調べてみよう。
❷ 選挙権に関する活動に対して課されているさまざまな規制の合憲性を考えてみよう。
❸ 期日前投票制度と不在者投票制度の違いを調べてみよう。
❹ 2022年から導入される、衆議院議員の小選挙区の議席配分の方法であるアダムス方式について調べてみよう。

第3章 法律はどうやって作られる?
国会の役割

フユヒコ先生の引率で国会議事堂見学に来ました。扇型に並んだ本会議場の議席を傍聴席から眺めています。

おー、すげー、これが国会か。この風景はテレビで見たことあるぞ。

ナツキ

必要以上に豪華で庶民の血税を無駄に使っている感じだな。議員は高い給料もらって会議中も居眠りしているだけなんだからいい身分だよ。今どきオンラインでも会議はできるんだし、こんな建物なくてもいいんじゃないか?

ハルオ

国会は私たちの生活を左右する法律を作っている重要な場所でしょ。選挙で選ばれた代表がどんなふうに仕事をしているのか興味あるな。

アキ

憲法上、国会は「唯一の立法機関」と位置づけられ、法律を作る役割が与えられています。法律はどのような手順で作られて、私たちの生活に影響してくるのでしょうか。今回のテーマは「国会の役割」です。

フユヒコ先生

第3章 ● 法律はどうやって作られる？

I 国会は、憲法上どのような位置づけが与えられているのだろうか？

1 国権の最高機関性

　国会は「国権の最高機関」（41条）であると位置づけられている。ここでいう国権とは、国家権力または国家の統治権[*1]を意味するが、それを文字通りとらえると裁判所や内閣をさしおいて国会が最高の地位にあるということになってしまう。しかし、これは、権力分立原理（41条・65条・76条）（➡1章 I 3）に反しないだろうか。というのも、三権が分立するためには立法・行政・司法の各機関が対等で独立した存在でなければならないからである。

　これについては、「最高」との呼称に法的な意味はなく、単なる美称、つまりおせじであると解する政治的美称説が通説となっている[*2]。これは、国会が主権者である私たち国民により選挙で直接選ばれた代表者で構成される機関であり（➡2章）、立法権等の重要な権能を憲法上与えられ、国政の中心的役割を占める機関であるということを政治的に強調したものであり、法的な意味はないとする立場である。

2 両院制

　国会は衆議院と参議院の両院で構成されている（42条）[*3]。これを両院制（二院制）と呼ぶ。1つの機関の中に2つの独立した機関を置いているのであるが、これも国会が独善的に暴走しないよう、両院が抑制と均衡をはかるようにする権力分立の仕組みの1つである。

　衆議院と参議院は、ほぼ対等の権限を持ち、両者の意思が揃わないと国会の意思にならないのが原則である[*4]。ただし、これでは国政の重要事項が決められず、国民の生活に深刻な影響を及ぼす危険がある。そこで、次の表3-1に掲げる4つの場合は、衆議院の意思が国会の意思として扱われる。これを衆議院の優越という[*5]。

---

*1　立法権や行政権、司法権など、国家がもっている権力をすべて合わせて「統治権」という。

*2　政治的美称説のほかに、国会は法的に最高の決定権ないし国政全般を統括する権能を持った機関であるとする立場（統括機関説）や、国会は、一番高い地位から国政全般の動きに絶えず注意しつつ、その円滑な運営をはかる機関であるという立場（総合調整機関説）などがある。

*3　両院制は上院と下院から構成される。議員の任期が短かったり、解散制度が置かれていたりして、より国民の意思を反映しやすい方の議院のことを下院と呼ぶのが通例となっている。そのため、日本における上院は参議院、下院は衆議院である。

*4　両院の選挙制度の違いについては、第2章の表2-2を参照。

*5　国会法上、会期の決定・延長についての議決にも衆議院の優越の規定が置かれている（13条）。

表3-1　衆議院の優越

	法律案	予算案	条約	内閣総理大臣の指名
条文	59条	60条	61条	67条
衆議院による再議決	出席議員の3分の2以上	なし（衆議院の議決が国会の議決になる）		
両院協議会の開催	任意（衆議院から開催要求可）	必ず開催		
参議院が議決をしない場合（休会中を除く）	衆議院の可決した法律案を受け取った後60日以内に議決をしないと否決したとみなされる	衆議院の可決した予算案を受け取った後30日以内に議決しないと、衆議院の議決が国会の議決となる	衆議院が指名の議決をした後10日以内に指名の議決をしないと、衆議院の議決が国会の議決となる	

31

*6 複数の国家が連合して形成された国家のことをいう。アメリカ合衆国の場合は50の州（国家）の集合体である。日本の場合は単一国家と呼ばれる。

*7 3年ごとに定数の半数にあたる議員を改選する。衆議院とは異なり、1回の選挙で構成員が大幅に変わることがないので、組織構成の安定性を保ちやすい。

*8 参議院の独自性をいかすために、近時、中長期的な観点から国政の課題について審議する調査会を設置したり、決算審議を重視して次年度予算に反映させる方針を立てたりといった改革を進めているが、さほど効果は上がっていない。

*9 最大判平成24年10月17日民集66巻10号3357頁。

*10 予算は法律とは異なるが、単なる見積書とも違う、一定の法的拘束力を持った国法形式の1つとされる。一会計年度における財政行為の準則であり、主として歳入歳出の予定準則を内容とする。

*11 条約とは、国家と国家（および国際機関）の間で締結される文書による合意をいう。

諸外国で、貴族制（例：イギリス）か連邦制*6（例：アメリカ、ドイツ）を前提にして両院制を採用している国の場合は、選出母体や方法に大きな差があり、上院と下院の役割や位置づけが明確に異なるのが特徴である。これに対して日本の場合は、選挙制度に多少の違いはあるが（→2章Ⅱ）、衆参両院ともに「全国民の代表」(43条) として選挙される議員で構成されており、とくに上院である参議院の独自性を見出すことが難しい。

憲法上は、議員の任期が4年で、解散制度(45条)もある衆議院が短期的な民意を反映するのに対し、任期が6年で、解散制度はなく半数改選制(45条)*7を設けている参議院が中長期的な民意を反映するといった役割分担が期待されているようにみえる*8。なお、選挙制度に着目して、「参議院は都道府県代表的性格を有する」といった説明がなされることがあるが、最高裁は近時の裁判でこの点について否定的見解を示している*9。

3 国会・議院の権限

国会の権限としては、立法権(41条)のほかに、憲法改正発議権(96条)、予算議決権(86条)などの財政統制権(83-91条)*10、条約承認権(73条3号)*11、内閣総理大臣指名権(67条)、弾劾裁判所設置権(64条)などがある。これらは、国会の権限であるので、衆議院の優越の場合を除いて、衆参両院の議決が必要になる。

議院の権限としては、各議院が他の国家機関や他の議院から監督や干渉を受けることなく、その内部組織および運営に関し自主的に決定できる権能(議院自律権)が認められている。具体的には、議長や副議長などの議院の役員選任権(58条1項)や議院規則制定権(58条2項)、所属議員に対する懲罰権(同)などである。この自律権に属する問題については、裁判所による法的な判断が可能な場合であっても、司法審査の対象から除外される（→5章Ⅰ4）。

| コラム | **国立国会図書館** |

図書館って寝に行く場所じゃないのか！

国会の補佐機関である国立国会図書館は、帝国議会が自ら情報調査能力を持たなかったことの反省として、アメリカの連邦議会図書館を参考に1948年に設立された。図書館といっても単なる書庫ではなく、国政に関する独自の調査機関を有している。

国立国会図書館法の前文には「真理がわれらを自由にする」との記述があり、戦前の行政機関や軍部のような情報統制を許さず、国会が国権の最高機関としてあらゆる情報にアクセスできるようにとの思いが込められている。国会を通じて国民に情報が行き渡り、知る権利を充足することが強く期待されていたのである。近年、政府の公文書管理のずさんさが問題となっているが、それが「われらを不自由にする」ということを自覚しなければならない。

国政調査権（62条）は、立法活動など議院の権能の行使にあたり必要な情報収集を行うために認められた補助的な権限である[*12]。補助的な権限とはいえ、議院の権限は、財政、外交、行政一般等広範囲に及ぶので、純粋な私的事項を除く国政全般に及ぶとされる。ただし、**浦和充子事件**（→解説）を契機として司法権の独立を侵害しないような配慮が必要となると理解されており[*13]、また、準司法的な作用を有する検察権や個人の人権保障との関係でも一定の限界が存在する。これに対して、内閣をはじめとする行政機関に対しては一定の監督権（行政監督権）が及ぶので（63条、66条3項、72条など）、その一環として国政調査権を行使することは許容される。

このような衆参の各議院が各々単独で行使しうる権限と国会の権限とは区別しなければならない。次の表3-2のようにまとめるとわかりやすい。

*12 こうした理解を補助的権能説とよぶ。これに対して、41条の最高機関の意味を国政の統括機関であることを前提に、国政調査権は司法府に対する監督権としても行使可能な独立した権能であるとする説（独立権能説）が存在する。

*13 この点、政治家の収賄事件について刑事裁判が進行中であっても、政治資金の適正化や政治改革など裁判とは異なる目的で議院が国政調査権を行使すること（並行調査）は、相当な範囲で許されると解されている。

表3-2　国会の権限と議院の権限

国会の権限	議院の権限
立法権（41条） 予算議決権（86条） 条約承認権（73条3号） 内閣総理大臣指名権（67条） 弾劾裁判所設置権（64条）など	会期前逮捕議員の釈放要求権（50条） 議員の資格争訟裁判権（55条） 役員選任権（58条1項） 議院規則制定権（58条2項） 国政調査権（62条）など

4　会期制

国会が権限を行使できるのは、<u>会期</u>という期間に限られる。国会の活動は会期ごとに独立しているので、会期が終了（閉会）してしまうと、その会期中に提出された法律案などは、次の会期に持ち越さず、廃案にするのが原則である（会期不継続の原則）[*14]。会期の設定される国会の種類として、次の表3-3のように<u>常会</u>、<u>臨時会</u>[*15] および<u>特別会</u>がある。

*14 ただし、閉会中に委員会での審査ができるよう、とくに議院が議決した法律案などは、次の会期に持ち越すことができる（国会法47条2項、68条）。

*15 議員から臨時会召集の要求がされた場合、内閣は合理的な期間内に召集の決定をしなければならないが、2017年6月から約3か月召集を決定しなかった事件について、内閣の裁量は極めて乏しいとして違憲と判断する余地があるとした裁判例がある〔那覇地判令和2年6月10日判例集未登載〕。

国会と最高裁が真正面から対立した事件だって！

解説	**浦和充子事件**

親子心中を図り子どもを殺したが、自分は死にきれず自首した母親（浦和充子）に対して、浦和地裁が懲役3年・執行猶予3年の判決を下した事件について、昭和24年に参議院法務委員会がこれを取り上げ、量刑が軽すぎ不当であるという決議を行った。

最高裁は、法務委員会の措置が、「司法権の独立を侵害し、まさに憲法上国会に許された国政に関する調査の範囲を逸脱する」ものとして強く抗議した。これに対し、法務委員会は、国権の最高機関性の規定に基づいて行使される国政調査権は司法権に対しても監督権を有すると反論したが、学説は最高裁を支持した。これにより、司法権に対する国政調査権行使の限界を示した画期的事件となった（→5章Ⅲ2）。

*16 これまでに緊急集会は2回開催されている。いずれも吉田内閣のときで、いわゆる「抜き打ち解散」（1952年）と「バカヤロー解散」（1953年）の後に開催され、次の国会で衆議院の同意を得ている。

衆議院解散中に国会の機能を代行するものとして参議院の緊急集会（54条2項）があるが、国会の種類には数えない。緊急集会の開催は内閣のみが求めることができ、緊急集会中の措置は、次の国会開会後10日以内に衆議院の同意を得ないと将来に向かって効力を失う*16。

表3-3 国会の種類

日本国憲法施行後の1947年5月20日に召集された第1回国会（特別会）以降、国会の種類を問わず、開催順に通し番号がつけられています。

	常　会	臨時会	特別会
種　類	年1回定期に召集される会	臨時の必要に応じて召集される会	衆議院が解散され、総選挙が行われた後に召集される会
条　文	52条	53条	54条1項
召　集	毎年1月中（国会法2条）	・議員の4分の1以上の要求（53条） ・内閣が必要と判断した場合（53条） ・解散による総選挙以外の選挙後（国会法2条の3）	総選挙の日から30日以内（54条1項）
会　期	150日（国会法10条）	両議院一致の議決（国会法11条）	
会期延長	1回まで（国会法12条）	2回まで（国会法12条）	
会期の議決	一致しない場合、衆議院の議決が優越する（国会法13条）		

Ⅱ 「唯一の」立法機関とはどういう意味だろうか？

1 国会中心立法の原則

国会の唯一の立法機関性（41条）とは、①国会中心立法の原則と、②国会単独立法の原則という2つの原則を意味している。国会中心立法の原則とは、国会による立法以外の実質的意味の立法*17は、憲法上の例外を除き、許されないことをいう。国会が立法権を独占する原則といってもよい。いくつかの例外が憲法により定められており、表3-4にまとめた通り、立法権を行使する国家機関に対応して法規範名が定められている*18。

*17 従来は「国民の権利・義務関係に変動を及ぼす法規範」（法規）の定立の意味で理解されていたが、今日の学説ではそれにとどまらず「一般的抽象的法規範の定立作用」を意味するものとされる。なお、立法機関（国会）により制定された「法律」という形式の法規範を、実質的意味の立法に対し、形式的意味の立法という。

*18 政令や条例の効力は法律に劣後する。これに対して、議院規則や最高裁規則が法律と矛盾する場合にどちらを優先させるのかについては理解に争いがある。

表3-4 国会中心立法の原則とその例外

	国家機関	権限	法規範名	条　文
原　則	国　会	立法権	法　律	41条
例　外	衆議院		衆議院規則	58条
	参議院		参議院規則	58条
	最高裁判所		最高裁判所規則	77条
	内　閣		政　令	73条
	地方公共団体		条　例	94条

34

第3章●法律はどうやって作られる？

*19 地方公共団体の運営が、住民の意思を反映したものであること（住民自治）と、独立した地位と自主的な権限により行われるべきこと（団体自治）という地方自治の理念をいう。

*20 具体的には、広島平和記念都市建設法や熱海国際観光温泉文化都市建設法など15本の法律があり、そのうち14本は現在も効力がある。ただ、1952年を最後に憲法95条に基づく住民投票は実施されていない。

*21 行政機関が制定する立法を命令といい、法律を実施するための命令（執行命令）およびとくに法律の委任のある場合の命令（委任命令）に限られる。法律と無関係に制定される命令（独立命令）は国会中心立法の原則に反し、憲法上許されていない。

2 国会単独立法の原則

国会単独立法の原則とは、国会による立法は、国会以外の機関の参与を必要としないで成立することをいう。法律が成立するためには、両議院の可決のみで足りるが（59条1項）、例外的に、特定の地方公共団体を狙い撃ちにした法律を制定する場合には、地方自治の本旨[*19]（92条）を侵害しないよう、当該地方公共団体の住民投票により過半数の賛成を得なければならない（95条）。これによって成立した法律を地方自治特別法[*20]と呼ぶ。

3 委任立法

現代国家において、行政は専門技術的な課題に柔軟かつ迅速に応じなければならず、すべてを法律事項とすることは実際的ではない。そこで、ある程度法律で定めるべき規範の定立を国会から行政機関に委任することが必要となる。これにより制定される立法を委任立法[*21]と呼ぶ。ただし、これを無制限に認めると、国会の唯一の立法機関性が損なわれることになるので、一般的包括的な白紙委任は禁止され、罰則の委任は、罪刑法定主義（31条）から、厳格性が要求される。

III 法律はどのように作られるのだろうか？

国会議事堂
正面右側の参議院入口。衆議院の入口は反対側にある。

国会法　56条
1項　議員が議案を発議するには、衆議院においては議員20人以上、参議院においては議員10人以上の賛成を要する。但し、予算を伴う法律案を発議するには、衆議院においては議員50人以上、参議院においては議員20人以上の賛成を要する。

1 立法過程

法律が作られ、実施されるまでの手続としては、①法案の作成→②国会へ提出→③衆参両院での審議・採決→④成立→⑤公布→⑥施行（効力発生）という図3-1のような流れになる。

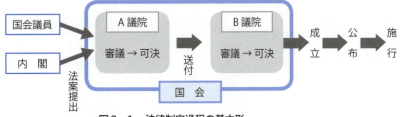

図3-1　法律制定過程の基本形

まず、法案を作成し、国会に提出ができるのは国会議員（国会法56条）か内閣（72条、内閣法5条）に限られる。衆参両院での審議は、まず法案提出の窓口となった議院から審議し、可決されれば他の議院に送付し審議を行うことになる。両院で可決された法律案は、法律として成立する。

35

2 委員会中心主義

各議院での法案審議は、一定事項を所管する委員会に付託され、その審査結果をもとに本会議で審議・採決がなされる。国会法で規定する常任委員会と（国会法41条）、会期ごとに必要に応じて設置される特別委員会とがあり（国会法45条）、国会議員は少なくとも1つの常任委員会に所属することになる（国会法42条2項）。積極国家化[*22]により、法案の内容も専門的技術的な見地からの審査と十分な調査が必要になるため、各議院における法案審議の中心は、委員会審査によって行われる（<u>委員会中心主義</u>）。

委員会審査は、①法案提出者による趣旨説明→②質疑→③討論[*23]→④採

*22 国家の役割が増加していくこと。これに伴い、本来は手足として法律の執行を担う行政機関が、頭として国家の意思形成に関与するようになる「行政国家現象」が生じてくる。

*23 ここでいう討論とは、議案に対する賛否を明らかにして行う演説のこと。省略されることも多い。

解説　内閣提出法案と議員提出法案

国会議員の作る法案はあまり成立しないらしいぞ。能力がないんだろうか？

1回の国会で多いときには100本以上の法律が成立することもあるが、その多くは内閣提出法案である。最近の状況は**表3-5**に示した通り（継続審査の法案を含まず）であるが、内閣の法案がかなりの割合で成立するのに対して、議員の法案は半数以下である。これはどうしてだろう。

表3-5　最近の主な国会における法案提出・成立数

会　期	内閣提出法案 提出数	内閣提出法案 成立数（率）	議員提出法案 提出数	議員提出法案 成立数（率）
第204回（常会）2021.1.18〜6.16	63	61（96.8%）	82	21（25.6%）
第201回（常会）2020.1.20〜6.17	59	55（93.2%）	57	8（14.0%）
第200回（臨時会）2019.10.4〜12.9	15	14（93.3%）	26	8（30.8%）
第198回（常会）2019.1.28〜6.26	57	54（94.7%）	70	14（20.0%）

法案を作成する明確なルールが存在するわけではないが、国会での成立を確実にするためには、①国会の多数を占める政党内部での調整と、②法律を執行する行政機関内部での調整、さらに③法律案として相応しい立法技術水準を充足することの3点が不可欠である。

内閣提出法案の場合は、行政内部での調整を行いつつ、政権与党があらかじめ法案の内容を審議する（与党審査）。さらに、内閣法制局によって一字一句厳しいチェックが行われ、他の法律との整合性などがはかられる。このように、①〜③をすべてクリアした法案が閣議決定され、国会に提出される。したがって、国会提出段階で成立する可能性がかなり高まっているのである。

議員提出法案については、各議院に議院法制局が置かれているので、③の点に問題はないが、野党議員が与党に対抗するためだけに法案を提出したり、有権者へのアピールとして成立しないことを承知で法案を提出したりと、①・②の要素を欠いたままの法案が多く、国会の多数議席を占める与党の賛同を得られずに廃案になってしまうことが多い。逆に、超党派の議員連盟が作成する法案などで、①・②の事前の根回しが済んでいると国会での審査をほとんどせずに成立してしまうこともある。

こうしたことを背景に、国会の審議が形骸化しているという問題が生じており、国会での審議を活性化させるため、近年、議員の立法スタッフを拡充して、議員提出法案や修正案の提出を増やそうとしているが、その多くは実質的審議もなされないまま廃案・否決にされるなど根本的な改善には至っていない。

第3章 ●法律はどうやって作られる？

*24 最大判昭和32年12月28日刑集11巻14号3461頁。

*25 施行日は法律で定めることができ、緊急性を要する法律の場合は、成立した日に公布と施行をすることもある（法の適用に関する通則法2条）。

法の適用に関する通則法2条

法律は、公布の日から起算して20日を経過した日から施行する。ただし、法律でこれと異なる施行期日を定めたときは、その定めによる。

決の順で進められる。審査の中心となるのが質疑である。質疑とは、議題となっている事項について不明な点を質すことであるが、法案審査だけでなく、国政全般の調査や証人喚問などにおいても質疑の形式がとられる。

❸ 法律の公布と施行

国会で成立した法律は、すぐに効力をもつようになるわけではない。国会から内閣を通じて天皇に奏上され、国事行為として公布される（7条1号）。公布とは、成立した法令を一般に周知させる目的で公示する行為をいう。その方式については、明治以来の慣例で官報に掲載することとされている[24]。その後、施行により法律は効力をもつようになるが、一定期間を置いて施行されるのが原則である[25]。

Ⅳ 国会議員にはどのような特権が認められているのだろうか？

❶ 歳費を受ける権利（49条）

中世身分制議会では、議員は選出母体から報酬を受けていた。また、近代初頭の制限選挙のもとでは、議員の多くは社会的地位や名声の高い者（名望家）であり、名誉職として議員に就任するという色彩が強く、無報酬が通例であった。ところが、普通選挙導入後、財力にかかわらず政治参加の機会を保障すべく議員歳費の国庫支出が各国で広く認められるようになる。このように近代立憲主義のもとでの歳費には、議員の全国民の代表（➡2章Ⅰ2）としての位置づけを実質的に保障する意義がある。

*26 そもそも歳費とは、1年単位で支払われる報酬（年俸）を意味する言葉であるが、法律には月額で規定されている。これは年俸制だった帝国議会時代の名残であり、言葉を形だけ引き継いでいるのである。

わが国における歳費の具体的な額は、「国会議員の歳費、旅費及び手当等に関する法律」の定めるところによる[26]。

コラム　本会議場の違い

衆議院と参議院で本会議場の作りが微妙に違うのね。

1936年に建設された国会議事堂は、正面中央塔に向かって左が衆議院・右が参議院である。それぞれに2階・3階部分を吹き抜けにした本会議場が置かれており、議席が扇形に配置されている様子はテレビでもよく見るだろう。基本的に同じ構造であるが、衆参両院で若干の違いが見られる。面白いのは、発言者が演壇に上がるための階段が、参議院は扇形で広く作られているのに対し、衆議院は手すりが置かれ狭くなっていることである。これについては、帝国議会当時、貴族院の会議は穏やかに行われたのに対し、衆議院の議場は荒れることが多く、関係ない議員が大挙して演壇に駆け上がろうとするのを防ぐ役割があったなどとする説がある。イギリスの首相であったウィンストン・チャーチル（1874-1965）は、「我々が議院を作り、議院が我々を作る」と言ったが、イギリス下院の議場は面と向かって討論をするのに適した構造になっており、党首討論が盛り上がる一因になっている。会議場の構造が、議会の運営にどう影響を与えるかという観点から国会見学をしてみるのも面白いかもしれない。

37

❷ 不逮捕特権（50条）

国会議員は、会期中であれば、所属する議院の許諾なしに逮捕されない。ただし、議院の外での現行犯の場合は除かれる（国会法33条）。また、会期前に逮捕された議員について、所属する議院から要求があれば、会期中、釈放しなければならない。こうした議員の身柄を保障する仕組みを**不逮捕特権**という。これは、立憲主義の進展に伴い、君主の政府が国民代表的な性格をもつ議会を自己の権力支配のもとにおこうとすることに対する防壁として、各国の憲法で保障されるようになった歴史の産物である。

❸ 免責特権（51条）

免責特権は、議院における議員の自由な言動を保障するため、その演説・表決[*27]などに対する刑事責任や民事責任といった院外での法的責任を免除する制度である。ただし、議院内での懲罰（58条2項）の対象にはなりうる。また、私的結社である政党が党員としての議員に懲戒責任を問うことは可能である。ちなみに、政党には結社の自由（21条1項）が保障されているので、原則としてその自主的な判断が尊重されるが、裁判所によってその是非

> **国会法 33条**
> 各議院の議員は、院外における現行犯罪の場合を除いては、会期中その院の許諾がなければ逮捕されない。

*27 表決は、審議の終わった議案に対して議員が賛否を示して、議院としての意思を決定する行為をいう。通常は出席議員の過半数で決する（56条2項）。起立により行う方法が原則であるが、参議院は押しボタンによる方法を導入している。この他に厳格な方法として記名投票が、簡易な方法として異議の有無を諮るものがある。

コラム　国会議員の待遇

歳費以外の手当がかなり多いみたいだね。

　国会議員には、月約130万円の歳費のほか、ボーナスにあたる期末手当が年間2回、約300万円支給され、年収はおよそ2000万円である。この他に使途に関係なく使うことができる文書通信交通滞在費が月額100万円、国費による秘書が3名、議員事務室、宿舎の用意まである。公用車が付くのは、議長や副議長などの役職者に限られるが、選出地域によりJRに自由に乗れるパス・航空券の引換券が支給される。議院内の医務室ならば無料で診察してもらえる。委員会の理事懇談会で出される昼食は寿司やうな重など。これだけ聞くと厚遇過ぎると思うかもしれないが、歳費からは所得税や住民税が差し引かれるし、議員連盟の会費などさまざまな費用が控除され、手取りとしては半分程度になることも多い。しかも残業代はないし、次の選挙で当選する保証はなく、落選しても失業給付ももらえない。ちゃんと仕事をするには、秘書3人では全く足りないので、私設秘書やアルバイトを雇わざるを得ない。地元事務所の維持費もかなりの額になる。選挙用の資金も確保しなければならない。

　さて、あなたならこの待遇でも議員になってみたいと思うだろうか。

表3-6　法律で定められた歳費等の金額　（2022年1月1日現在）

費　目	金　額	備　考
歳費（月額）	議長　　2,170,000円 副議長　1,584,000円 議員　　1,294,000円	内閣総理大臣俸給月額相当 国務大臣俸給月額相当 大臣政務官俸給月額相当
文書通信交通滞在費（月額）	1,000,000円	非課税
議会雑費（日額）	上限6,000円	開会中、議院の役員等に支給

38

審査されて覆される場合もある（➡5章Ⅰ4）。

免責特権は、古典的な権力分立観を背景に、国王や議会多数派からの干渉を排除し、議会内少数派の発言権を保障しようとする意図のもと、歴史的に生成されてきたものである。

ただ、きわめて例外的であるが、議員が職務と無関係に違法または不当な目的をもって事実を示し、または、あえて虚偽の事実を示して、国民の名誉を毀損したと認められる特別の事情があるときには、国家賠償法1条1項に基づいて、国の賠償を求めることができる場合もあるとされる[*28]。もっとも、この場合も議員個人に対する責任は生じないとされている。

*28　衆議院社会労働委員会の質疑において問題のある病院として議員から名指しされた病院長が委員会の翌日に自殺し、その妻が議員と国を相手取って賠償請求をした訴訟。最高裁は議員については免責特権を認め、国への賠償についてもこれを認める「特別の事情」は存在しないとして、妻の訴えを退けた〔最3小判平成9年9月9日民集51巻8号3850頁〕。

国会見学は面白かったね。今度は実際に国会議員が活動しているところを見てみたいな。たまにテレビ中継をしているけれど、インターネットなら、ほかにもたくさんの会議が見られるらしいよ。

1回の国会で100以上の法律案が成立することもあるなんて驚いたよ。国会議員って国会では居眠りしていても、見えないところでは仕事しているってことかね。地元の国会議員が具体的にどう国会の動きに関わっているのか調べてみるのもいいかもね。

せっかく作った法案がたくさん廃案になっているっていうのはなんだかもったいない気がしたなあ。国権の最高機関なんだから、政党同士のパフォーマンスみたいなことはやめて、真剣に法案の討議をしてほしいな。

課題

❶ 最近の国会の審議中継や録画をインターネットで見てみよう。また、衆議院のホームページに掲載された「議案」から、国会に提出された法案の数や成立状況を調べ、1つの法案を取り上げて実際にどういったことが規定されているのか見てみよう。
❷ 自分の住んでいる選挙区から選出されている国会議員の氏名や経歴を調べてみよう。その議員が委員会でどのような質疑をしているのか、会議録を調べてみよう。
❸ 図3-1を参考に、A議院で否決された場合、B議院で否決された場合、B議院で修正されA議院に回付された場合、それぞれ法案はどういう扱いになるのか考えてみよう。また、予算の議決や条約の承認、内閣総理大臣の指名の場合はどうなるのか、図を作ってみよう。
❹ 国会での法案審議が形骸化している原因をまとめ、これを改善するために必要なことは何かを考えてみよう。

第4章 内閣は政治の主役か、脇役か？　行政権と議院内閣制

新しい首相が任命されました。新たに組閣された内閣の閣僚たちで記念撮影を行っています。

女性活躍社会って言っておきながら、今回もあいかわらず男性ばかりの内閣ね。政治家は女性の社会進出なんて本気で考えてないってことよね。いつになったら新しい風が吹くのかな。

アキ

新しい風ならいいけど、政治の世界ではときどき変な風が吹くらしいよ。「解散風」とか、「〇〇おろし」とか、いつどこから吹くかわからない。
権謀術数、魑魅魍魎、汚い世界だぜ、まったく。

ハルオ

それって、また首相が変わるかもってこと？　じゃあ、その次はもしかしたら僕の出番がｷﾀ──(ﾟ∀ﾟ)──とかになったりして！
でもどうやったら首相になれるんだろう？

ナツキ

フユヒコ先生

今回は内閣について学びます。ポイントは、内閣のしくみ・役割と、内閣と国会との関係です。
国会を扱った前章とあわせつつ、国の政治のダイナミックな動きと、それに対するブレーキがどのように絡み合っているのか、確認しましょう。

I 内閣とはどういう組織なのだろう？

1 内閣のしくみ

（1）内閣の構成員と内閣の成立

内閣は、ニュースなどでは首相の名前をとって「〇〇政権」と呼ばれることもあるが、憲法では、内閣は「内閣総理大臣」（以下「首相」と呼ぶ）と「その他の国務大臣」とが一体となって構成される組織である[*1]。首相は国会議員の中から国会により指名され、天皇から任命される（67条、6条1項）。「その他の国務大臣」は首相により任命され、天皇から認証される（68条、7条5号）。これら国務大臣の過半数は国会議員から選ばれなければならない（68条）。なお、内閣の構成員は文民でなければならない（66条2項➡解説）。内閣の人数は、内閣法2条2項で14名（最大で17名）とされている。

*1 複数人で意思決定する機関を**合議機関**という。これに対して、大統領や日本の都道府県知事のように1人で意思決定する機関を独任機関という。

内閣法 2条2項
前項の国務大臣の数は、14人以内とする。ただし、特別に必要がある場合においては、3人を限度にその数を増加し、17人以内とすることができる。

※2020年11月現在、復興大臣、オリ・パラ担当大臣、万博担当大臣が加わり、国務大臣は暫定的に、17人（20人）となっている。

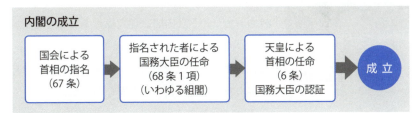

図4-1　内閣の成立まで

（2）内閣の活動

内閣法によれば、内閣は閣議を通じて、組織としての意思決定（閣議決定）を行う（内閣法4条1項）。閣議での意思決定は、慣例上、全会一致によっている。閣議の様子は公開されないが、2014年4月から、閣議の議事録が取られ、その内容が首相官邸HPで公開されている。閣議は首相が主宰し、首相はそこで案件の発議を行うことができる（内閣法4条2項）。

（3）内閣の総辞職

内閣の総辞職までの流れは、次頁の**図4-2**のようになっている。

内閣法 4条
1項　内閣がその職務を行うのは、閣議によるものとする。
2項　閣議は、内閣総理大臣がこれを主宰する。この場合において、内閣総理大臣は、内閣の重要政策に関する基本的な方針その他の案件を発議することができる。

解説　文民とは

文民って聞いたことのない言葉だなあ。

文民とはcivilianの訳語である。国務大臣が文民でなければならないとする文民規定（66条2項）の趣旨は、民主政治による軍事の統制（文民統制、シヴィリアン・コントロール）を実現することにある。

しかし、日本国憲法には軍隊はもはや存在しない。ただ（政府によれば）軍隊ではない自衛隊なら存在する（➡7章Ⅱ）。そこで文民をどのように解釈するかが問題となる。政府の解釈は、①明治憲法の下で職業軍人の経歴を持ち、かつ軍国主義思想を持つ者、または②現役の自衛官、は文民ではないとしている。

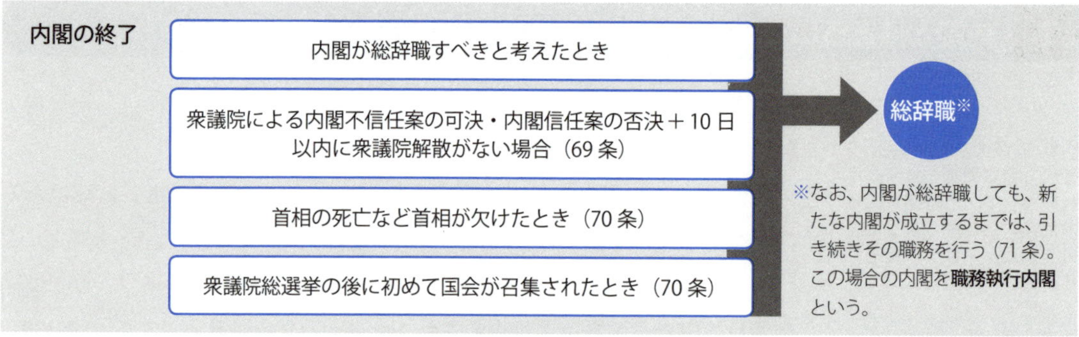

```
内閣の終了
┌─────────────────────────────┐
│ 内閣が総辞職すべきと考えたとき │
├─────────────────────────────┤
│ 衆議院による内閣不信任案の可決・内閣信任案の否決＋10日 │──→ 総辞職※
│ 以内に衆議院解散がない場合（69条） │
├─────────────────────────────┤
│ 首相の死亡など首相が欠けたとき（70条） │
├─────────────────────────────┤
│ 衆議院総選挙の後に初めて国会が召集されたとき（70条） │
└─────────────────────────────┘
```

※なお、内閣が総辞職しても、新たな内閣が成立するまでは、引き続きその職務を行う（71条）。この場合の内閣を**職務執行内閣**という。

図4-2　内閣の総辞職までの流れ

2　内閣総理大臣の地位

次に、首相が憲法でどのように位置づけられているか確認しよう。

（1）同輩中の首席から首長へ

閣議の様子（首相官邸ウェブサイトより）

*2　1885年の内閣職権という法令による。その後、明治憲法の公布の年1889年に内閣官制という勅令が制定された。

明治憲法には内閣の規定は置かれず、憲法外の制度として内閣制度が設けられていた*2。内閣総理大臣はあくまで他の大臣と同等だった（**首班、同輩中の首席**）。このような内閣制度の下では、各大臣は内閣全体に対しいわば拒否権をもつことになる。実際に旧陸海軍は、それぞれの大臣を通して内閣の政策決定に大きな影響を与えた。

これに対し日本国憲法は、内閣の基本的な仕組みを憲法で定めると同時に、首相に**首長**としての地位を与えた（66条1項）。憲法は首相によるリーダーシップを期待しているといえる。というのも、憲法は首相に様々な権限を与えているからである。国務大臣の任免権（68条）、議案の国会提出（→3章Ⅲ）、一般国務・外交の国会報告（72条）、法律・政令への署名・連署（74条）、国務大臣への訴追の同意（75条）などの権限である。

また内閣法では、首相は閣議の主宰・案件の発議（内閣法4条2項）のほか、国務大臣間の権限疑義の裁定（内閣法7条）、行政各部による処分や命令の中止（内閣法8条）ができるとされている。

> **内閣法　7条**
> 主任の大臣の間における権限についての疑義は、内閣総理大臣が、閣議にかけて、これを裁定する。

> **内閣法　8条**
> 内閣総理大臣は、行政各部の処分又は命令を中止せしめ、内閣の処置を待つことができる。

> **内閣法　6条**
> 内閣総理大臣は、閣議にかけて決定した方針に基いて、行政各部を指揮監督する。

（2）行政各部の指揮監督

首相の首長としての性格と、内閣の合議体としての性格は、相互に衝突することもある。たとえば、憲法72条における首相の権限である「行政各部の指揮監督」とは、首相が内閣全体の意思決定と無関係に行政各部を指揮監督できることを意味するのか、それとも内閣全体の意思決定に拘束された上で行政各部を指揮監督することを意味するのか。これは、内閣法6条の理解にも関わってくる。

*3　最大判平成7年2月22日刑集49巻2号1頁。

これについては最高裁の判例がある。**ロッキード事件丸紅ルート***3では、田中角栄首相（当時）が運輸大臣（当時）に対し、全日空にロッキード社の

第4章 ● 内閣は政治の主役か、脇役か？

*4 田中角栄首相は、その見返りとして5億円の供与を受けたとされ、それが刑法197、198条の収賄罪・贈賄罪に問われた。この罪が成立するには、「その職務に際し」て、収賄、贈賄が行われたことが求められる。そのため裁判において、首相の行為がその職務権限の範囲に属するか否かが争点となったのである。なお、被告人が上告中に死亡したため、この検討は、贈賄側の贈賄罪の成立に関連して行われている。

*5 さらに現在では、行政権を「法律の執行」に限定する見解（**法律執行説**）と、内閣の権限は法律の執行にとどまらず国政全般の指導も含むとする見解（**執政権説**）の対立もみられる。この問題は国会の「国権の最高機関」性をどのように理解するかとも関わる（➡3章Ⅰ）。

旅客機の購入を指導するよう指示したことが、首相の職務権限として行われたか否かが問題となった*4。最高裁は、首相は内閣の閣議決定に明示的に反しない限り行政各部に指示を与えることができると示し、この事件での首相の働きかけを首相としての行為と認めた。結果的に、この判決は、行政機関や他の国務大臣に対する首相の強い指導力を認めることになった。

③ 内閣の権限・役割

（1）行政権

内閣には行政権が割り当てられているが（65条、73条柱書）、そもそも行政権とは何か。通説の控除説は、行政権を定義できないとして、国家権力から立法権と司法権を差し引いた（控除した）ものを行政権とする。しかしこれでは内閣の活動範囲が広すぎるということで、積極説は行政権を「法に基づいて一定の目的を積極的に実現すること」と定義するが、これでは行政のすべてを説明できていないとの批判もある*5。

（2）憲法73条

行政権のほか、憲法73条は内閣に**表4-1**のような権限を与えている。

表4-1　憲法73条が付与する内閣の権限

1号	法律の誠実な執行と国務の総理	きわめて例外的な場合以外は、法律の執行拒否は許されない。
2号	外交関係の処理	外交交渉など、条約締結以外のすべての外交事務。
3号	条約の締結	条約締結に先立ち（場合によっては事後に）国会の承認が必要。（➡3章Ⅰ3）
4号	官吏に関する事務の掌理	行政機関の国家公務員の人事。国家公務員法に基づき、内閣の「所轄」の下にある人事院と、内閣官房に置かれた内閣人事局が行う。
5号	予算の作成・提出	内閣は次の会計年度の歳入・歳出の計画（ルール）を立てる。なお、予算執行には国会の議決が必要（86条）。（➡3章Ⅰ3）
6号	政令の制定	法律を執行するための政令（執行命令）や、法律の委任に基づく政令（委任命令）を制定できる。（➡3章Ⅱ3注21）「独立命令」は禁止。
7号	恩赦の決定	「大赦、特赦、減刑、刑の執行の免除及び復権」を恩赦と呼ぶ。その手続は恩赦法による。

（3）その他の権限

その他、内閣が他の機関との関係で持つ権限は、**表4-2**のとおり。

表4-2　内閣の73条以外の権限

天皇との関係（➡6章）	天皇の国事行為への「助言と承認」（3条ほか）
国会との関係（➡3章）	国会の召集（7条2号、53条）、衆議院の解散（7条3号、69条）、議院への出席・発言（63条）、議案・予算の提出（72条）、国会の議決に基づく予備費の支出（87条）、決算の提出（91条）
裁判所との関係（➡5章）	最高裁判所長官の指名（天皇によるその任命につき助言と承認）（6条2項）、その他の最高裁判所裁判官の任命（79条）、下級裁判所裁判官の（最高裁の指名した名簿に基づく）任命（80条）

43

＊6 国会は、個々の大臣の責任（失言や違法行為、失政など）についても、特定の大臣に対する不信任決議（衆議院）、問責決議（参議院）などを通じて責任追及できる。もっとも、辞職する法的義務はなく、あくまで政治的な義務を負うにすぎないとされる。

（4）内閣の責任（66条3項）

内閣は、その担当するすべての事務に関して、国会に政治的な責任を負う。具体的には、内閣は一体となって（**連帯責任**＊6）、国会の行政監督権の行使に対して（➡3章Ⅰ3）、議院への出席義務（63条）、財政の国会報告義務（91条）などを通して、説明責任や応答責任を負う。究極的な責任のとり方は総辞職である（図4−2）。

Ⅱ　行政組織はどのようになっている？

1　行政機関の組織

＊7 行政組織の編成は、明治憲法では天皇の**官制大権**に属したので政府が独自に行うことができたが、日本国憲法ではこれは**法律事項**であると考えられている。現に国家行政組織法などが制定されている。ただ行政組織の内部部局については内閣が政令で編成することができる。

＊8 なお、首相は内閣府や復興庁などの主任の大臣でもある。

行政権が内閣に属するといっても、内閣があらゆる行政作用を行うわけではなく、直接には行政機関が行う＊7。内閣はこれらの行政機関の指揮監督を行う。なお、内閣の構成員である国務大臣は、一定の行政機関の長としての役割（主任の大臣、行政大臣ともいう）を同時に担うというしくみ（**分担管理**）が採用されている（内閣法3条1項、国家行政組織法5条）。これにより、閣僚としての国務大臣は、たとえば財務省の長「財務大臣」となる＊8。とはいえ、すべての国務大臣が必ずしも行政事務を分担管理するわけではない。内閣法3条2項は無任所大臣を置いてよいとしているほか、内閣府の中で首相を助ける特命担当大臣（○○担当大臣）が国務大臣から選ばれる。

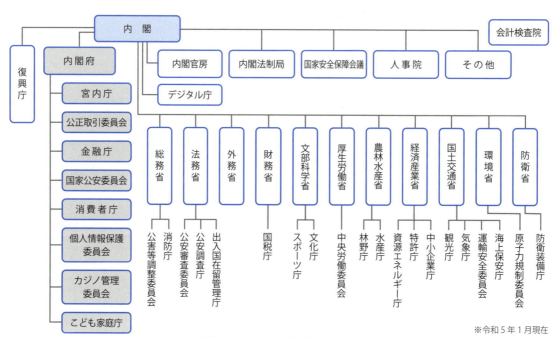

※令和5年1月現在

図4-3　国家行政組織のしくみ

第4章 ● 内閣は政治の主役か、脇役か？

2 内閣の補助機関

内閣の補助機関として、内閣官房、内閣法制局、内閣府などが置かれている。このうち、内閣官房は内閣の事務を補助する機関であり、主任の大臣は首相であるほか、内閣官房長官にも国務大臣が充てられる組織である。

3 独立行政委員会

憲法65条は「行政権は内閣に属する」とするが、これは行政機関が内閣の指揮監督を受けるべきことを意味する。しかし行政機関の中には、内閣からある程度独立して職務を行う独立行政委員会という合議機関がある。独立行政委員会の特徴として、①担当する分野が非政治性や専門性が要求されるものであること、②委員の身分保障が手厚いこと、③委員会の権限に準立法権や準司法権が含まれること、が挙げられる[*9]。

この独立行政委員会の存在が違憲であるかどうかが争われてきた。通説は合憲説であるが、その理由として、①独立行政委員会がいくら独立とはいえ、内閣からの統制はある程度は受けること、②そもそも憲法は内閣に行政が専属すると規定していないのであり、法律で新たな権力分立を行政内部に作ることは許されること、が挙げられている。さらには、内閣による「法律の誠実な執行」（73条1号）が困難または期待できない場合には内閣から一定の行政作用を分離することも可能だ、との考え方も示されている。

> **内閣法3条1項**
> 各大臣は、別に法律の定めるところにより、主任の大臣として、行政事務を分担管理する。

> **国家行政組織法5条1項**
> 各省の長は、それぞれ各省大臣とし、内閣法（昭和22年法律第5号）にいう主任の大臣として、それぞれ行政事務を分担管理する。

[*9] 国家行政組織における独立行政委員会は、図4-3の中の人事院と各委員会である。なお、会計検査院は憲法上の独立行政委員会である。

Ⅲ 議院内閣制とはどのようなしくみ？

1 議院内閣制とは

議院内閣制とは、行政府が立法府の信任を得る限りで活動できるという仕組みをいう。議院内閣制の下であっても、権力分立原則に基づき、立法府と行政府は一応区別される。しかし、行政府は立法府から選任され、行政府は立法府に責任を負うため、両者は協調したり反発したりして、密接な関係にある[*10]。この点で、立法府と行政府とが厳格に分離される大統領制（アメリカや韓国など）とは性質を異にする。

[*10] 行政府が立法府に責任を負うことを重視する考え方を責任本質説という。これに対して、立法府と行政府との反発（とくに行政府による立法府の解散の余地）を重視する考え方を均衡本質説という。

2 議院内閣制の沿革
(1) 議院内閣制の歴史

議院内閣制はイギリス史の偶然から生まれたとされる。1689年の名誉革命により国王に対する議会の優位が基本原則となったものの、それでもまだ国王には議会を操縦する余地が残されていた。国王は国会議員の有力者

イギリス初代首相とされる、サー・ロバート・ウォルポール（1676-1745）

45

を大臣（内閣）にして味方に引き付けておくことで、内閣を通して議会への事実上の影響力を残そうとした[*11]。このとき、議会と国王の対立の中間地点に内閣が位置することになり、内閣は国王にも議会にも責任を負った（二元的議院内閣制）。

その後、国王の権限が名目化すると、内閣のメンバーがもっぱら議会から選ばれるようになり、内閣は議会に対してのみ責任を負うようになっていった（一元的議院内閣制）。こうして、イギリス憲法史の中から議院内閣制の慣行が次第に形作られてきたのである。

なお、大統領制を採用しつつ議院内閣制を採用する政治制度もある。大統領が実質的権限を有しつつ、大統領の下に置かれる内閣が議会の信任にも依拠するとき、これは半大統領制と呼ばれる（フランスなど）[*12]。

（2）戦前日本における議院内閣制

戦前日本の内閣制度は、明治憲法の制定や帝国議会の設置の前から開始していた[*13]。しかし他方で、明治憲法に内閣は規定されていなかった。つまり、内閣はそもそも議会から隔絶された「官」の世界の組織であり、行政府が立法府に連帯して責任を負うというしくみは存在しなかった（超然内閣制）。

しかし、明治憲法の下で政党政治が発展した大正デモクラシーの時代、国民の意思（≒議会の与党）に基づいて内閣が組閣されるという慣行が生まれた。これにより、民選議院（衆議院）に依拠する内閣という制度、すなわち議院内閣制が登場した（憲政の常道）。しかしその後ほどなく、軍部の台頭などにより、この慣行も崩壊することとなった。

③ 日本国憲法における議院内閣制

日本国憲法は、明示的に述べてはいないが議院内閣制を採用していると

[*11] 国王は集めた大臣と国王の控室（cabinet）で会議を行った。これが内閣（cabinet）という言葉の由来であるという。

[*12] フランスのような半大統領制では、国民から直接選挙される大統領と、議会選挙を通じて選出される首相とが、異なる政党に所属する場合がある。これをコアビタシオンという。ただし近年フランスでは、任期や選挙日程の調整などにより、対立を回避するようなしくみが採られている。

[*13] 前掲注2を参照。ちなみに憲法上の位置付けの相違にかかわらず、政府では歴代内閣を旧憲法以前の内閣制度の成立（1885年）から数えている。たとえば、「初代」は第1次伊藤博文内閣で、2020年9月に発足した菅義偉内閣は「第99代」とされている。

官僚主導を改めようという改革が進められたのね。

| コラム | **政治主導** |

1990年代後半は統治機構改革の時代であった。これは「政治主導」を掲げる、実質的な憲法改革であった。行政組織改革に関して意識されたのが「官僚主導」の構造である。経済発展で富・所得が拡大していくという時代が終わったとき、国民自身による本当の民主政治が必要になってくる。民主主義的な「政治主導」が必要だと痛感されたのであった。

行政制度改革は、中央省庁等改革基本法（1998年）を足がかりにして、首相のリーダーシップの強化、内閣機能の強化、省庁再編などを柱にして実施された。経済財政諮問会議の設置も含まれる。

近年はさらに進み、政府＝与党幹部が与党議員にも行政組織にも優位に立つ「官邸主導」の状況に至っている。「決められる政治」を目指して、首相とその周辺が与党議員を引き締め、かつ内閣人事局の設置などにより行政組織を掌握できるようになったが、強くなった政府の統制方法や政官のあるべき関係について、議論がある。

第4章 ● 内閣は政治の主役か、脇役か？

考えられる。内閣が国会の信任に基づいて成立・活動するという議院内閣制のしくみは、**表4-3**のような条文から見出すことができる。

表4-3　議院内閣制を示す条文

権限の配分	・立法権と行政権はそれぞれ別々の機関（国会と内閣）が担当（41条、65条）
内閣の成立	・首相は国会議員の中から[*14]、国会の議決で指名される（67条1項、6条1号） ・首相は国務大臣の過半数を国会議員の中から選出する（68条1項、7条5号）
内閣の活動	・閣僚の議院への出席、発言・答弁（63条） ・内閣による国会への議案・予算等の提出（72条、73条3号・5号、83条、91条） ・内閣の国会に対する連帯責任（66条3項） ・内閣による衆議院解散権（7条3号）※均衡本質説の場合 ・衆議院の内閣不信任決議権（69条、7条3号）と解散権の行使
内閣の終了	・衆議院の内閣不信任決議による総辞職（69条） ・総選挙後初めて国会が召集されたときの総辞職（70条）

*14　なお、これまで首相はすべて衆議院議員から選出されている。内閣総理大臣の指名に関する衆議院の優越については3章**表3-1**も参照。

4　内閣不信任決議と衆議院解散

(1) 内閣不信任決議

議院内閣制では内閣が国会に対して責任（説明責任と応答責任）を負いながら両者の協働が図られるが、究極的には両者が対立することもある。

憲法69条は、衆議院による内閣不信任決議の可決（または内閣信任決議案の否決）という、内閣への責任追及の究極的な場面を規定している。この場合内閣は、自ら総辞職を選ぶか、あるいは逆に衆議院を解散するかを選択しなければならない[*15]。

(2) 衆議院の解散

憲法69条の場面になったとき、内閣は衆議院に対し解散権を行使することができる。それでは、解散権の行使は、憲法69条の場面に限定されるのだろうか。この点については憲法に明文の規定がないので、これまで議論の対象とされてきた。

そもそも議会の解散は、歴史的には、君主による議会への懲罰であった。現在の日本国憲法における解散も、国民の代表機関たる国会の一議院を消滅させるものであり、国政を大きく左右するものである。したがって、仮に解散権の行使が憲法69条の場面に限定されないとすれば、内閣は国会に対しても、民主政治のあり方に対しても、大きな指導力を持つこととなる。

これについては、内閣による解散権行使は憲法69条の場合に限る、とする考え方（**69条説**）と、内閣は必要なときにいつでも解散権を行使できるとする考え方（**7条説**）が対立していた[*16]。

この点、現実の運用・慣行では、内閣の解散権の行使は憲法69条の場合に限定されず、憲法7条3号に基づきいつでも行使できるものとされてい

*15　なお、憲法上の規定はないが、参議院も内閣総理大臣問責決議を可決することがある。ただし参議院の問責決議に法的効果はない。

衆議院の解散〔2012年11月16日〕（民主党提供）
議長が「日本国憲法第7条により衆議院を解散する」と解散詔書を読みあげ、議員たちが慣習上「万歳」を叫ぶ様子。

*16　7条説は、天皇の国事行為に対する内閣の助言と承認（➡6章Ⅱ）の中に、解散についての内閣の実質的判断を読み込む解釈に依拠する。

47

*17 日本国憲法下での衆議院の解散は 24 回なされてきたが、このうち 69 条に基づく解散は 4 回であり、その他はすべて 7 条解散である（2020 年 11 月現在）。

*18 最大判昭和 35 年 6 月 8 日民集 14 巻 7 号 1406 頁。事件の詳細は 5 章注 4 参照。

る[*17]。苫米地事件[*18]でもこの問題が争われたが、最高裁は、衆議院の解散には裁判所の審査権が及ばないと判断している（統治行為論➡5章Ⅰ4）。

もっとも、解散は内閣が国民の審判を仰ぐという性質のものである以上、解散権は、正当な理由で行使されなければならないという政治的規範（憲法習律）に服するとされている。この点、近年の解散権行使は恣意的ではないかと批判されている。

5　議院内閣制の運用

議院内閣制の使い方がどのようなものであれば望ましいかといえば、それはやはり国民主権の理念にかなったものであることだろう。解散・総選挙も、まさに「国民の審判」の機会をもたらすものとしての意義をもっている。そして、そもそも政党政治が進展した現代において、内閣と国会との対立は与党と野党との対立に他ならないので、解散・総選挙は与党と野党のこれまでの働きに対する国民の判断を仰ぐという機能を持っている。

さらに進んで、内閣を実質的に国民が選ぶという議院内閣制の運用をするべきではないか、という議論も登場している。これは、衆議院議員総選挙で小選挙区制（➡2章Ⅱ1）を導入することなどにより二大政党制を生みだして、総選挙における国民の判断を、実質的にどちらが次の政権を担うべきかの判断にさせ、その結果として成立する内閣の民主的正統性を強化しよう、とする議論である。これは国民内閣制論とも呼ばれる。政党制をはしごにすることで、いわば「国会までの民主主義」ではなくさらに進んで「行政までの民主主義」を実現し、民主的に責任ある政治主導が実現できる、というのである。この場合、反面として政府・与党へのコントロールがおろそかとなりがちであるため、改めて国会（とくに野党議員や与党の平議員）の審議活性化やコントロール機能の強化を再検討する必要があるだろう。

> いわゆる「首相公選制」も、首相の選出過程に国民を関与させようとする試みの 1 つでした。2002 年 8 月 7 日に、小泉純一郎首相（当時）の私的懇談会「首相公選制を考える懇談会」の報告書が出されましたが、そこでは憲法改正を必要とする案と、憲法の枠内での改革案が提示されています。

コラム　国会のもうひとつの仕事

私たちの代表として頑張ってくださいね！

内閣の政治的リーダーシップを強調するしくみ（国民内閣制論）を採る場合にはなおさらであるが、国会中心の政策調整のしくみを採る場合であっても、国会の内閣・行政統制機能は議院内閣制にとって不可欠である。現実政治では野党の役割に期待すべきところが大きいが、それだけではなく与党の一般議員にも本来は役割がある。この点、従来は政府が国会に法律案などの議案を提出する前に与党内で事前審査を行うという慣行があり、これが国会審議の形骸化をもたらす一因であった。また議院による国政調査権（特に少数会派も使える予備的調査）や委員会制度による政策調査の機能も十分に活用されていなかった。法律案の「審査」、行政監督などの国政の「調査」、この両者の強化が課題である。臨時会の召集や衆議院の解散の問題も、この観点からの見直しが必要である。

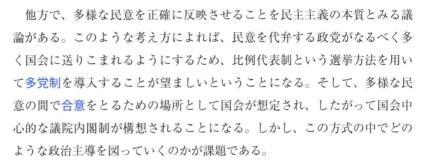

1990年代以降の選挙制度改革・行政制度改革の1つのモデルとなったのは、イギリス政治を原型とするウェストミンスター・モデルです。多数決型民主主義ともいわれ、小選挙区制・二大政党制・与党による議会支配・政府のリーダーシップが特徴です。国民内閣制論はこれに近いと言えます。ただし、近年のイギリスでは政治状況に変化が生じています。

他方で、多様な民意を正確に反映させることを民主主義の本質とみる議論がある。このような考え方によれば、民意を代弁する政党がなるべく多く国会に送りこまれるようにするため、比例代表制という選挙方法を用いて多党制を導入することが望ましいということになる。そして、多様な民意の間で合意をとるための場所として国会が想定され、したがって国会中心的な議院内閣制が構想されることになる。しかし、この方式の中でどのような政治主導を図っていくのかが課題である。

日本では1994年の公職選挙法改正により、衆議院議員総選挙に小選挙区比例代表並立制が導入されたことで（→2章Ⅱ1）、国民内閣制的な運用に近付いた。そうであるだけに、国会による行政監督機能の強化（議員の頭数ではなく、審議や調査報告書の質による統制）がますます求められている。

結局、内閣の役割ってなんだろう？　みんなの人気を集める生徒会長と取り巻き連中が、体育祭とか文化祭を勝手に決めてくれる、みたいなものかな。

生徒会？　選挙で選ばれたからってでかいツラしやがって。あんなやつら信用できるかよ。優等生的な体育祭なんてまっぴらごめんだ。生徒総会があるんだからそっちで決めなきゃヘンなことになっちゃうぜ。

そうね、内閣にまかせることも大切だけど、ちゃんと説明させることも重要ね。

課題

❶ 衆議院と内閣との関係については、憲法では、内閣不信任決議と解散権の行使という場面が規定されている。それでは、参議院と内閣との関係はどのようになっているだろうか。条文を調べよう。また、郵政解散（2005年）から、参議院と内閣との関係を考えてみよう。

❷ これまで国会審議の活性化のために、どのような改革が行われてきただろうか。今後どのような改革をすべきだろうか。調べて考えてみよう。

❸ 政治運営の「アクセル」と「ブレーキ」には、どのようなものがあるだろうか。そして、それらはどのようなバランスであるべきだろうか。

第5章

裁判所の役割を知ろう！
司法権と裁判制度

授業の合間のお昼休み。学食でナツキがアキたちに嬉しそうに話しています。

ナツキ：ねえ、みんな「裁判員」って知ってる？　昨日うちの母さんに「裁判員」の候補に選ばれたから裁判所に来るようにという通知が来たんだ。宝くじには当たらないのに、こういうのは当たるなんて！

ハルオ：その情報って守秘義務違反じゃないのか？　たしか刑罰もあったはずだぞ。安心しろ、だまっててやるよ。そのかわり昼メシおごってもらうからな！

※裁判員候補者になったことを不特定多数の人が知ることができる状態にすることは禁止されますが（裁判員法101条1項）、家族や親しい人に話すことは禁止されていません。

アキ：なにバカなこといってるの。それにしても、どうして裁判員制度が始まったんだろう？　もしかしたら死刑の判決も出さなきゃいけないかもしれないんでしょ。裁判のことにも詳しくないし、私だったら裁判員を引き受ける自信ないなあ。

フユヒコ先生：憲法上、司法権は裁判所に属するとされ、裁判所が司法権を独占的に行使することが明らかにされています。ここでいう司法権とは、「法律上の争訟」を解決したり、罪を犯した疑いのある人が有罪か無罪かを判断したりすることを指しています。また、裁判所の仕事には国会が作った法律が憲法に適合しているかどうかを審査するというものもあります。今回は、ふだん皆さんがあまり意識することのない「裁判」について学習しましょう。そのうえで裁判員制度について考えてみてください。

第5章●裁判所の役割を知ろう！

Ⅰ　裁判所は何をするところなのだろうか？

1　司法権と裁判所

　日本国憲法は、「すべて司法権は、最高裁判所及び法律の定めるところにより設置する下級裁判所に属する」(76条1項)と規定し、裁判所が司法権を独占することを明記している。明治憲法では「司法権ハ天皇ノ名ニ於テ法律ニ依リ裁判所之ヲ行フ」(57条)とされ、司法権はあくまで天皇に属し、裁判所は「天皇ノ名ニ於テ」司法権を行使するものとされていたが、日本国憲法において司法権は名実ともに裁判所に属することとなったのである。

> **明治憲法　57条**
>
> 司法権ハ天皇ノ名ニ於テ法律ニ依リ裁判所之ヲ行フ

2　司法権の意味とその範囲

（1）司法権の意味

　そもそも司法権とは司法を行う権限のことであり、その意味を理解するためにはまず「司法」とは何かということを理解する必要がある。司法とは、**具体的争訟** **1 について事実を認定し、それに法を適用して裁定を下すことであると考えられている。つまり、当事者間の具体的な権利や義務に関する争いについて、当事者からの訴えの提起を前提としつつ、判断の前提となる事実（どのような事件であったのか）を認定し、それに適用するべき法を選択した上で認定事実に当てはめ紛争を解決に導くことを指す。

> *1　「具体的争訟」とは、①当事者間の具体的な権利義務関係や法律関係の存否に関する争いで、②法律を当てはめることで最終的な結論を得ることができるものを意味する。①を事件性の要件、②を終局性の要件ということがある。

（2）司法権の範囲

　司法の範囲については2つの考え方が存在しており、明治憲法の時代においては、ヨーロッパ大陸諸国の体系にならい、司法権の範囲について民事訴訟と刑事訴訟のみを「司法権」に属する裁判として通常の裁判所に行わせ、行政事件に関する訴訟については通常の裁判所とは異なる**行政裁判所** **2 に属するとした（明治憲法61条）。これに対して日本国憲法は、英米の体系にならい、行政事件も含む全ての裁判が「司法権」に属し通常の裁判所が担当するものとした。

> *2　行政裁判所は、戦前の特別裁判所の1つである。長官1名および行政裁判所評定官14名から構成され、ほとんどが行政官出身であった。さらに一審制の裁判所であることから判決に不服があっても大審院に上訴することは許されなかった。

3　法律上の争訟

　裁判所法3条1項は、裁判所は「一切の法律上の争訟を裁判」すると定めている。これによれば裁判所が扱う事件は**法律上の争訟**でなければならないことになる。「法律上の争訟」とは、前述の司法権の意味における「具体的争訟」と同じ意味で、**①当事者間の具体的な権利義務ないし法律関係の存否に関わる紛争であって、②その紛争が法律を適用することによって終局的に解決できるもの**、とされている。「法律上の争訟」に該当しない例としては、

> **裁判所法　3条1項**
>
> 裁判所は、日本国憲法に特別の定めのある場合を除いて一切の法律上の争訟を裁判し、その他法律において特に定める権限を有する。

51

*3 法律の争訟と司法権の限界が問題となった事件として「板まんだら」事件がある。これは、宗教団体（被告）の元会員の原告らが、本尊である「板まんだら」を安置する正本堂の建立資金として被告に対して行った寄付が、本尊が偽物であるとして錯誤にあたり無効であると主張したものである。最高裁は、判断の前提として本尊の真偽という「信仰の対象の価値または宗教上の教義に関する判断」が必要とされるため、「法令の適用による終局的な解決の不可能なもの」であることから法律上の争訟ではないとした〔最3小判昭和56年4月7日民集35巻3号443頁〕。

*4 第3次吉田茂内閣が初めて憲法7条を根拠にして衆議院を解散した、いわゆる「抜き打ち解散」に対して、当時衆議院議員でこの解散により失職した原告苫米地義三が憲法69条によらない衆議院の解散は憲法に違反すると主張して訴えを提起した事件〔最大判昭和35年6月8日民集14巻7号1206頁〕。

*5 具体的にどのような事件が統治行為に当たるのかについては、本来司法権の範囲内にある「法律上の争訟」に例外を認めるものであることから安易に拡大をさせないよう気をつける必要がある。

以下のようなものが挙げられる。①に該当しないものとしては、学問上の議論、主観的意見・感情の存否やその当否の議論などがある。また②に該当しないものとしては、宗教上や信仰上の教義や価値観についての争いなどがある。これらは、裁判官が法を用いても終局的に解決することができない[*3]。

④ 司法権の限界

裁判所は「法律上の争訟」を裁判するのが原則であるが、これには以下に挙げるような一定の例外が存在する。それは、①憲法が条文上認めた例外、②国際法上の例外、③国会や内閣の自由裁量行為についての例外、④統治行為論に基づく例外、⑤団体の内部事項に関する行為についての例外、である。

①憲法が条文上認めた例外としては、国会議員の資格争訟の裁判（55条）、裁判官の弾劾裁判（64条）がある。②国際法上の例外としては、一般的な国際法上の外交官等に対する治外法権や個別の条約による裁判権の制限などがある。③国会や内閣には一定の事項（各議院の自律➡3章I3、国務大臣の任免➡4章I）について裁量的判断に基づく行為が認められており、このような行為についても司法権の対象外とされる。④統治行為論とは、権力分立や民主主義を理由に国家の統治の基本に関わる高度に政治的な問題について裁判所は審査するべきではないという考え方であり、最高裁も苫米地事件[*4]判決において内閣による衆議院の解散行為を統治行為として司法権の範囲外としている[*5]。⑤団体の内部事項に関する行為についての例外とは、地方議会や大学、政党、労働組合等一定の自主的・自律的秩序を有する団体の内部の事項に関する紛争には、団体の自治を尊重して司法権は及ばないとされるものである。これを部分社会の法理という。

II 裁判はどのように行われているのだろうか？

① 裁判所の組織と権限

（1）裁判所の種類

*6 憲法76条2項は「特別裁判所は、これを設置することができない」と定め、戦前の軍法会議のような特定の人間や事件を裁判する通常の司法裁判所から独立の裁判機関の存在を否定している。

*7 第1審裁判所から第2審裁判所への上訴を控訴といい、第2審裁判所から第3審裁判所への上訴を上告という。

日本国憲法における裁判所には、最高裁判所（最高裁）と下級裁判所がある。下級裁判所には高等裁判所（高裁）、地方裁判所（地裁）、家庭裁判所（家裁）、簡易裁判所（簡裁）の4つの種類が存在し（表5-1）、それぞれ異なる役割を分担している[*6]。一般的には、裁判は地裁、高裁、最高裁の順に上訴[*7]され（後述）、最高裁の判断が最終的な判断となる。家裁は、家庭や家族に関する事件や少年事件の審判手続を行うために設置されている裁判所で、地裁と同等の地位を占める。簡裁は、少額・軽微な事件を扱う第1審裁判所である。

第5章●裁判所の役割を知ろう！

また、2005年に知的財産権に関わる裁判の適切化・迅速化を目的として東京高等裁判所の特別の支部として知的財産高等裁判所が設置された。

（2）最高裁判所

最高裁は、司法権を行使する裁判所の中で最高位を占め、裁判所としての終局的な判断を下す裁判所であり、最高裁判所長官1名と最高裁判所判事14名で構成される。長官は内閣の指名に基づき天皇が任命し（6条2項）、判事は内閣が任命し天皇が認証する（79条1項）。

最高裁は、3つの小法廷（それぞれ5名の裁判官による合議体）と大法廷（15名全ての裁判官による合議体）で裁判を行う。小法廷および大法廷のどちらで裁判を行うかは通常最高裁の判断によるが、特定の法律に関する初めての憲法判断を行う場合など、法律で特別に定められた場合には大法廷での審理・判断が必要とされている（裁判所法10条1号）。

日本国憲法は、最高裁の地位や職務の重要性にかんがみて、最高裁の裁判官の選任に対する民主的なコントロールを目的として最高裁判所裁判官国民審査制度を設けている（79条）。この制度では、最高裁判所裁判官のみが対象とされる（➡解説）。

最高裁判所
1974年に旧大審院庁舎より現庁舎に移転したが、庁舎の特徴的な外観から「奇岩城」などと呼ばれることもある。

裁判所法　10条
事件を大法廷又は小法廷のいずれで取り扱うかについては、最高裁判所の定めるところによる。但し、左の場合においては、小法廷では裁判することができない。
1号　当事者の主張に基づいて、法律、命令、規則又は処分が憲法に適合しているかしないかを判断するとき。

表5-1　裁判所の種類

名　称	設置数・場所、権限
最高裁判所	東京に1か所、司法としての最終判断を下す。
高等裁判所	全国に8か所（札幌、仙台、東京、名古屋、大阪、広島、高松、福岡）あり、その内6か所に支部が置かれている。
地方裁判所	全国に50か所（北海道が4か所以外、46都府県にそれぞれ1か所）ある。原則的な第1審裁判所である。
家庭裁判所	全国に50か所（地裁と同じ）、地裁と同格でとくに家事、少年事件を担当する。
簡易裁判所	全国に438か所あり、民事・刑事ともに少額・軽微な事件の第1審を担当する。

解説　最高裁判所裁判官国民審査

なにも書かなければ信任したことになるんだね。

最高裁判所裁判官の国民審査制度は、最高裁判所の裁判官を罷免させるかどうかを国民が審査する制度であり、各裁判官の任命後に初めて行われる衆議院議員総選挙に併せて行われ、その後は審査後10年ごとに再審査が行われる。その具体的な方法は、全ての裁判官の名前が記された表の中で辞めさせるべき裁判官の欄に×印を付け、辞めさせるべきでない裁判官の欄には何も記入せずに投票するという形式が採用されている。ちなみに氏名が表に記載される順番はくじで決定されるが、毎回一番右側に記載されている裁判官の×印が一番多いなど、国民が裁判官罷免の可否の判断に苦慮していることも伺える。また、これまでこの制度により罷免された裁判官がいないことや、現行の方法では辞めさせるべきか不明の場合に棄権ができないなどの問題点も指摘されている。そこで、信任の場合には〇印、不信任の場合には×印、棄権の場合には空欄とするべきであるという見解も有力に主張されている。

なお、国外に居住する日本国民は国民審査に参加できず、問題になっている。

2 わが国の裁判制度

（1）裁判の形式

わが国の裁判は、大別して刑事訴訟と民事訴訟に分かれている。刑事訴訟は、人が罪を犯したかどうか、犯したならばどのような刑罰に処するのかを決定する裁判である。裁判所は、検察側、弁護側双方から提出される証拠をもとに被告人の犯罪行為の有無、刑罰の種類、軽重などを判断する。刑事訴訟の重要性から憲法は多くの規定を定めている（➡13章）。民事訴訟は、市民相互の法的紛争を処理する、つまり市民同士の権利義務関係に関する紛争を解決する裁判である。裁判所は、原告、被告双方から提出された証拠をもとに事件の事実関係を認定し、認定事実に法律を適用して判断を下す。このように刑事、民事ともに裁判は、第1段階としての「事件の事実の認定」と第2段階としての「認定事実に対する法律の適用」を経て最終的な結論としての「判決」が下されるのである。

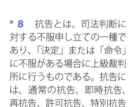

裁判は原則として公開で行われなければなりませんので（82条、37条1項）、私たちは自由に刑事、民事裁判ともに傍聴することができます。傍聴希望者が多い場合には、傍聴券交付手続が行われることもありますが、基本的に事前申し込みは必要ありません。ぜひ一度、近くの裁判所で裁判を傍聴してみてください。

（2）上訴の仕組み

わが国の裁判には三審制が採用されており、基本的に1つの事件について裁判を原則として3回受けることができる。裁判所の判決に不服がある場合には上級裁判所に上訴し、改めて判断を仰ぐことができるようになっているのである。刑事訴訟の場合、罰金以下の刑に当たる罪および窃盗や横領など比較的軽微な罪に関する事件については簡裁が第1審を担当し、それ以外の事件については地裁が第1審を担当する。そして検察側、弁護側どちらか一方もしくは双方が第1審の判決に不服がある場合には、それぞれ高裁に控訴し、さらに高裁の判決に不服がある場合には最高裁に上告する。民事訴訟の場合は、裁判で争われる金額（訴額）により第1審裁判所が異なる。訴額が140万円以上の場合は地裁が第1審を担当し、140万円未満の場合には簡裁が第1審を担当する。その際、第1審が地裁の場合には、控訴は高裁に上告は最高裁に行い、簡裁の場合には、控訴は地裁に上告は高裁に行われる。また、家事事件や少年事件については、家裁が第1審を担当する。そして家裁の決定に対して不服がある場合には高裁に抗告[8]し、さらに高裁の決定に不服がある場合には最高裁に特別抗告や許可抗告（家事事件）または再抗告（少年事件）を行う（図5-1）。

*8 抗告とは、司法判断に対する不服申し立ての一種であり、「決定」または「命令」に不服がある場合に上級裁判所に行うものである。抗告には、通常の抗告、即時抗告、再抗告、許可抗告、特別抗告などの種類がある。

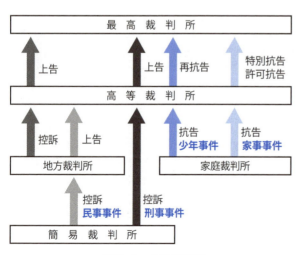

図5-1　上訴の仕組み

第5章●裁判所の役割を知ろう！

3 裁判員制度

　2004年5月に「裁判員の参加する刑事裁判に関する法律」（以下、裁判員法）が制定・公布され、5年後の2009年5月より裁判員制度が開始された。国民の裁判への参加による国民の司法制度に対する理解の増進と信頼の向上を目的としている。国民から選出された裁判員が裁判官とともに裁判を行い被告人の有罪・無罪の判断と量刑判断を行う。アメリカなどでみられる被告人の有罪・無罪についてのみ判断する陪審制とは異なるものである。

　裁判員の選任は、20歳以上の日本国民で選挙権のある者の中から無作為抽出で候補者名簿を作成し選出するが、あらかじめ法律で定められた除外対象者[*9]も存在している。また一定の条件を満たしている者は辞退することも可能とされている[*10]。

　裁判員が参加する裁判は、法律の名称にもあるように刑事事件のみが対象とされる。また、一定の重罪事件[*11]の第1審に限られている。裁判は、6名の裁判員と3名の裁判官により行われ、評議（話し合い）のうえで下される判決は、「構成裁判官及び裁判員の双方の意見を含む合議体の員数の過半数の意見」（裁判員法67条）をもって行わなければならないとされる。この意味は、裁判は通常多数決をもって結論を導くが、裁判員のみでの過半数だけでは足りず、被告人を有罪とするには少なくとも1人の裁判官の賛成を必要とするということである。また、裁判員は評議の経過や評決の多数決の構成などの「評議の秘密」や記録から知った被害者など事件関係者のプライバシーに関する事項などの「職務上知りえた秘密」を漏らしてはいけないという守秘義務を負っており、違反者には刑事罰が科される。

[*9] 裁判員法15条を参照。たとえば国務大臣や国会議員、警察官や自衛官などが該当し、さらには大学や大学院で法律学を教えている教授や准教授も対象とされている。

[*10] ちなみに学業への専念を考慮されてか「学生」も辞退が可能であるとされている（裁判員法16条）。また、最近では候補者の辞退率の上昇が問題となっている。

[*11] 裁判員裁判の対象は、殺人罪など、死刑または無期の懲役もしくは禁錮（きんこ）に当たる罪に関する事件や複数の裁判官によって審理等が行われる事件であって、故意の犯罪行為により被害者を死亡させた罪に関する事件である（裁判員法2条）。

裁判員法　67条1項
前条（66条）第1項の評議における裁判員の関与する判断は、裁判所法第77条の規定にかかわらず、構成裁判官及び裁判員の双方の意見を含む合議体の員数の過半数の意見による。

日本の裁判員は海外ドラマの陪審員とどこが違うの？

| 解説 | 陪審制度 |

　陪審制度は、『12人の怒れる男』（1957年、シドニー・ルメット監督）に代表される映画などの影響からか、アメリカにおける陪審制度が有名であるが、その歴史的起源は9世紀初頭のフランク王国にまでさかのぼることができる。その後イギリスで発展し、諸外国にさまざまな形式で受け継がれてきた。裁判官の身分が不安定で裁判が国王などの影響を受けやすかった時代には、陪審制度が裁判の公正の確保に大きな役割を担ったが、今日では裁判への国民参加による裁判への国民の意識の反映という観点からその意義が語られることが多い。

　陪審には、刑事事件で被疑者を起訴するか否かを陪審員が評決する大陪審と、陪審員が被告人の有罪・無罪の評決を下す小陪審がある。大陪審・小陪審の名称は、大陪審の方が小陪審よりも陪審員の構成人数が多いことにより、一般に単に陪審という場合は小陪審のことを指す。

　陪審制度は、現在日本で運用されている裁判員制度とは多くの点で異なっている。裁判員は裁判官とともに裁判を行い、有罪・無罪の判断と死刑や無期懲役刑などの量刑判断を担うが、陪審員は有罪・無罪の判断のみを裁判官抜きで行う。また陪審制度では、第1審において陪審員が無罪と評決した場合、原則として検察側は上訴することができない。

55

Ⅲ 「司法権の独立」とはどのような意味か？

 「司法権の独立」の意義

日本国憲法における司法権の特徴としては、明治憲法時代と比較して司法権の独立が著しく強化されたことが挙げられる。裁判を公正に行い基本的人権の保障を確保するためには、裁判を行う裁判官が自らの職権を他の勢力や存在からどのような圧力や干渉も受けることなく行使することができなければならない。

司法権の独立が求められる理由としては以下の点が挙げられる。①司法権が政治的権力でないことから、政治性の強い立法権と行政権からの干渉の危険が大きいこと、②司法権の職責が裁判を通じた国民の権利保護にあるため、政治的権力の干渉を排除することでとくに政治過程では考慮されにくい少数者の権利を保護することが必要とされること、の２点である。

 「司法権の独立」の意味内容

司法権の独立には２つの意味が存在する。それは、①司法権の独立、②裁判官の職権の独立である。①の独立は司法権が立法権や行政権から独立しているという「対外的」独立のことを指す。それに対して②の独立は、裁判を行う裁判官がその職務を独立して行使するという司法権「内部」における独立のことを指す。日本国憲法は、「すべて裁判官は、その良心に従ひ独立してその職権を行ひ、この憲法及び法律にのみ拘束される」（76条３項）と規定し、②の独立を明示している。本条の「良心」とは、それぞれの裁判官個人の主観的な良心を指すのではなく裁判官としての客観的良心を指すとされる。また「独立してその職権を行ひ」とは、他者の命令や指示を受けることなく自らの判断に基づき裁判を行うことを指す。つまり、司法権の内側・外側の区別なく他者からの命令・指示を排除して裁判を行うことが求められるのである。

憲法は、②の独立を強化するものとして裁判官の身分保障をとくに定めている。憲法は、裁判官が罷免される場合を以下のように限定している。それは、「心身の故障」のために職務を行うことができないと決定されたときと「公の弾劾」によるとき、である（78条）。そのうち「公の弾劾」を行う機関として国会に設置されるものが、裁判官弾劾裁判所である。弾劾裁判を行う裁判員は国会議員により構成される（裁判官弾劾法16条１項）。その理由は、裁判の公正を確保するため裁かれる者と同じ裁判官による裁判を避けることなどが挙げられる。裁判官は、弾劾裁判において職務上の義務に

裁判官弾劾裁判所法廷
（裁判官弾劾裁判所提供）
弾劾裁判所の法廷は、参議院第二別館内（南棟）にあり、旧最高裁判所の大法廷を参考に造られている。事前予約をすれば他の裁判所同様に見学も可能である。一番奥に裁判員が座る席が並び、向かって左側が衆議院側の裁判員、右側が参議院側の裁判員の席である。縦に並んだ席は、向かって右側が訴追委員の席、左側が弁護人の席で、被訴追者は、手前に並んでいる傍聴席のすぐ前の席に座る。

対する著しい違反、または職務を甚だしく怠ったこと、または裁判官としての威信を著しく失うような非行があったことが認定されれば、罷免される*12（裁判官弾劾法2条）。

　司法権の独立が脅かされた有名な事件として**大津事件**を挙げることができる。この事件は、1891年5月に発生した訪日中のロシア皇太子に対する傷害事件で、時の政府（行政権）が日本の天皇や皇族に対して危害を加える行為に適用される「大逆罪」を、外国の皇族に対する危害にも類推適用させて被告人を死刑に処するよう、大審院（現在の最高裁）に圧力を加えたものである。これに対し、時の大審院長であった児島惟謙（こじまこれかた）が事件を担当した裁判官を政府の要求に屈しないよう説得し、結局大審院は通常の謀殺未遂罪の適用（最高刑：無期徒刑）に止めた。この事件は、強大な政府の圧力から司法権の独立を守ったものとして評価されている。しかし、児島が担当裁判官を「説得」したことが、裁判官の職権の独立との関係では問題がなかったわけではない。また、大津事件のほか司法権の独立が問題となった事件としては次の**表5-2**を挙げることができる。

*12　これまで弾劾裁判所では、罷免訴追事件を9件（うち罷免は7件）、資格回復裁判請求事件を7件（うち資格回復は4件）判断している。この数を多いとみるか、少ないとみるかは、人それぞれだろう。

児島惟謙
1837-1908
大審院長として司法の独立を守ったことから「護法の神様」と称された。

表5-2　「司法権の独立」が問題となった主な事件

事件名	事件の概要	問題の内容
浦和充子事件	1949年、裁判所の下した量刑判断に対して批判的な参議院の法務委員会が行った国政調査が問題となった事件（→3章解説33頁）。	「対外的」独立
吹田黙禱（すいたもくとう）事件	1953年、いわゆる「吹田騒擾（すいたそうじょう）事件」の裁判において被告人らが法廷で行った朝鮮戦争戦死者への黙禱を担当裁判長が制止しなかったことを国会の裁判官訴追委員会と最高裁が問題視したことが問題となった事件。	司法権の「内部」における独立
平賀書簡事件	1969年、地方裁判所所長が事件の担当裁判官に対して判決内容を示唆するような書簡を私信として送ったことが問題視された事件。	

Ⅳ　裁判所が法律を審査することで守るものは何だろう？

1　違憲審査制の意義

　憲法は、「最高裁判所は、一切の法律、命令、規則又は処分が憲法に適合するかしないかを決定する権限を有する終審裁判所である」（81条）と規定し、裁判所に**違憲審査権**を認めている。違憲審査制は、第二次世界大戦後に制定された多くの憲法が採用しているが、これは大戦中のファシズム国家において政治権力が濫用され、「法律」が人権抑圧を合法化する道具にされてきた*13 ことに対する反省から、基本的人権は「法律から」も守られる必要があると考えられるようになったことによる。

*13　たとえば、ドイツのアドルフ・ヒトラーは、ナチスが1932年の選挙により議会における比較第1党の地位を占め、翌1933年に自身が首相に任じられ、さらに同年議会による「授権法」の成立により独裁者としての地位を確立した。つまり、ヒトラーは独裁者としての地位の合法化に「法律」を利用したのである。

2 違憲審査制の種類

違憲審査制の種類としては、主に付随的違憲審査制（アメリカ型）と抽象的違憲審査制（大陸型／ヨーロッパ型）に分類可能である。

(1) 付随的違憲審査制（アメリカ型）

付随的違憲審査制の特徴は、まさに文字通り違憲審査が「付随」していることにある。何に付随しているのかというと、裁判所が特定の法律や処分などが憲法に適合しているかどうかを審査するためには、それらの法律や処分による人権侵害を理由とした具体的な訴訟の存在が必要とされるというものである（具体的事件性の要件）。つまり、裁判所は具体的な事件を解決する審理に付随する形でのみ事件に関係する法律等の憲法適合性を審査することができるのである。わが国の裁判所が行使する違憲審査権も付随的違憲審査制に属する。この点について最高裁は、警察予備隊訴訟[*14]で日本の裁判所が抽象的違憲審査権を持たないことを明らかにした。

(2) 抽象的違憲審査制（大陸型／ヨーロッパ型）

抽象的違憲審査制の特徴は、通常の裁判所とは異なる特別に設置された憲法裁判所が、具体的な事件と関係なく抽象的に法律の憲法適合性を審査する点である。抽象的違憲審査制を採用している国としてはドイツが典型である。

(3) 違憲審査制の現在

付随的違憲審査制と抽象的違憲審査制は、その主目的に即してそれぞれ「私権保障型」「憲法保障型」とも呼ばれている。前者は違憲審査を伴う具体的事件の解決を通じて個々人の権利を保障することを目的とすることにより、また後者は、憲法秩序に反する法律を排除することにより憲法秩序を保護することを目的とすることによる。しかし、抽象的違憲審査制についてもドイツの憲法裁判所は個人提起の憲法訴訟に対する審理の権限も認められており、また付随的違憲審査制についても個人の権利保障を通じて憲法秩序そのものを保障するという意味づけが色濃くなってきており、両者の差異は徐々に相対化してきているのが現状である[*15]。

3 違憲判決とその効果

「違憲判決」は、裁判所が訴訟で問題となっている「法律、命令、規則又は処分」を憲法違反と判断した場合に下される。しかし、違憲判決が確定しても自動的に当該法律が無効となったり消滅したりすることはない。法律を制定および改廃する権限は国会が持っているためである。違憲判決には、法令そのものを違憲無効とする法令違憲判決と、法令そのものは合憲であるが当該事件の当事者へ適用する限りで違憲とする適用違憲判決がある。

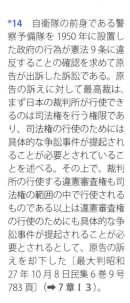

違憲審査制はアメリカで始まった制度ですが、アメリカ合衆国憲法には、明文の規定がありません。1803年の「マーベリー対マディソン事件」で、連邦最高裁判決自身が、裁判所には法律が憲法に違反するかどうかを判断する権限があるとしたことがその始まりです。

*14　自衛隊の前身である警察予備隊を1950年に設置した政府の行為が憲法9条に違反することの確認を求めて原告が出訴した訴訟である。原告の訴えに対して最高裁は、まず日本の裁判所が行使できるのは司法権を行う権限であり、司法権の行使のためには具体的な争訟事件が提起されることが必要とされていることを述べる。その上で、裁判所の行使する違憲審査権も司法権の範囲の中で行使されるものである以上は違憲審査権の行使のためにも具体的な争訟事件が提起されることが必要とされるとして、原告の訴えを却下した〔最大判昭和27年10月8日民集6巻9号783頁〕（→7章Ⅰ3）。

*15　なお近年、イギリス連邦諸国（コモンウェルス）を中心に、裁判所による違憲審査を認めつつも、法令を無効とする権限までは認めないという「弱い違憲審査制」を導入する国が見られるようになっている。この制度のもとで裁判所は、法令が憲法と適合しないなどと宣言できるが、どのように対応するかは政治部門に委ねられる。この分類との対比で、裁判所に法令を無効とする権限まで認める違憲審査制を「強い違憲審査制」ということがある。

なお、最高裁の法令違憲判決は数えるほどしか存在しない（**表5-3参照**）。

表5-3　法令違憲判決等一覧

判　決　名	年月日判決	掲　載　誌	参照
尊属殺重罰規定違憲判決	最大判昭和48年4月4日	刑集27巻3号265頁	15章Ⅱ2
薬局距離制限事件違憲判決	最大判昭和50年4月30日	民集29巻4号572頁	12章Ⅰ1
衆議院議員定数配分違憲判決①	最大判昭和51年4月14日	民集30巻3号223頁	2章Ⅲ
衆議院議員定数配分違憲判決②	最大判昭和60年7月17日	民集39巻5号1100頁	2章Ⅲ
森林法共有分割制限事件違憲判決	最大判昭和62年4月22日	民集41巻3号408頁	12章Ⅲ2
郵便法違憲判決	最大判平成14年9月11日	民集56巻7号1439頁	8章Ⅳ2・注21
在外国民選挙権剥奪違憲判決	最大判平成17年9月14日	民集59巻7号2087頁	2章Ⅰ4
国籍法違憲判決	最大判平成20年6月4日	民集62巻6号1367頁	12章Ⅱ3・注8、15章Ⅱ2
非嫡出子法定相続分違憲決定	最大決平成25年9月4日	民集67巻6号1320頁	15章Ⅱ2
女性再婚禁止期間規定違憲判決	最大判平成27年12月16日	民集69巻8号2427頁	15章Ⅱ2

知ってる？　最高裁は「憲法の番人」とも呼ばれているんだよ。なにしろ法律が憲法に適合しているか審査することもあるからね。違憲審査の場合は長官と14人の裁判官が全員で合議するんだって。まさにプロ中のプロによる司法の最高峰だよね。

でも法律上、最高裁の裁判官のうち最低10名は、下級裁判所の裁判官、検察官、弁護士、大学教授といった法律専門職の経歴を有する者でなければならないと決められている（裁判所法41条1項）。これって逆に言えば、5名までは法律のプロじゃなくてもいいってことになるんだよ。どうしてこんな規定ができたのか興味あるね。

裁判員制度は、プロによる判断ではなくて、裁判所が国民の感覚を取り入れたり、もっと身近な存在になることが目的で始まったんだよね。せっかくだからもう少し裁判について調べてみようかな。私もいつ裁判員に選ばれるかもしれないし。

課題

❶ 違憲審査制は、裁判所が国会による民主主義的政治過程を経て成立した法律をチェックし、憲法違反の場合は無効の宣言を行うものである。そこで民主主義と違憲審査制の関係について三権分立を念頭に置きながら考えてみよう。

❷ 裁判員を経験した国民からは、殺人現場の写真などの証拠を見ることによる精神的負担や審理期間の長期化などの裁判員制度のデメリットを指摘する声があがっている。裁判員制度のメリットとデメリットについて裁判員を務める者や裁判を受ける者の立場にそれぞれ立って考えてみよう。

第6章 天皇制とは何だろう？
天皇制

明治神宮に参拝に来ました。
都心にもかかわらず自然があり広々としています。

ここには明治天皇が祀られているんだよね。明治神宮は令和2年（2020年）に創建100年を迎えて、天皇皇后両陛下や上皇ご夫妻も参拝されたようだね。テレビで見たけど上皇ご夫妻もお元気そうだったよ。

ナツキ

そういえば生前退位のご意向を示された当時は、メディアでも取り上げられて、天皇の代替わりに結構注目が集まっていたよね。でも終わってみると、あっさりしていて何が問題だったのかわからない気もするよ。

ハルオ

生前退位といっても、もともと憲法や皇室典範にも定められていなかったようだし、法的な問題はなかったのかしら。

アキ

憲法上、天皇は「日本国の象徴であり日本国民統合の象徴」とされています（1条）。しかし、ここでいう「象徴」とは、どのような意味をもっているのでしょうか。また、こうした日本国と日本国民統合の「象徴」とされる天皇はどのような存在であり、どのような行為を行っているのでしょうか。今回のテーマは「天皇制」です。

フユヒコ先生

第6章 ● 天皇制とは何だろう？

Ⅰ 天皇とはどのような存在だろうか？

❶ 天皇の意義──明治憲法と日本国憲法の相違

日本国憲法の第1章（1条～8条）は、天皇制について規定しているが、明治憲法下における天皇制とは大きな相違点がある。

まず明治憲法下においては、天皇の地位の根拠は神の命令（神勅）に求められていた。天皇の祖先は天照大神であり、その子孫の天皇も神（現人神、現御神）であるとして、天皇は絶対的かつ神聖不可侵な存在とされた[*1]。そして、こうした国家神道の考え方に基づく権威性を背景としながら、天皇の尊厳を侵す行為は不敬罪[*2] として厳しく処罰された。また皇室自律主義が採られ、皇室に関することは帝国議会と内閣の権限外に置かれた。すなわち、皇室の制度や構成などを定めた皇室典範については、皇族会議と枢密顧問の諮詢を経て勅定するという手続（旧皇室典範62条）によらなければ改正することができず、帝国議会の関与は必要とされていなかった[*3]。さらに天皇の権限については、天皇を主権者とし、統治権の総攬者としていた[*4]。つまり明治憲法下において、天皇は統治権の一切を掌握するとされていたのである。

これに対して日本国憲法では、天皇主権は国民主権に変わり、天皇の地位は、「主権の存する日本国民の総意に基く」（1条）ものとされた。一方で天皇は、戦後いわゆる人間宣言[*5] を行い、自らが神であることを否定した。そして、象徴としての天皇という位置づけが明文によって規定され、新たな皇室典範も「国会の議決」によって定められることになった（2条）。

以上の相違点をまとめると、表6-1の通りになる。

表6-1　明治憲法と日本国憲法の比較

	明治憲法	日本国憲法
天皇の地位の根拠	神　勅	国民の総意
天皇の地位	現人神（絶対不可侵）＋象徴	象　徴
主権者	天　皇	国　民
天皇の権限	統治権の総攬者	形式的・儀礼的権限
皇　室	自律主義	議会による統制

❷ 象徴天皇制の成立とその背景

明治憲法から一転して象徴天皇制が採用された背景には、連合国軍総司令部（GHQ）[*6] による戦後処理政策が大きく関わっている。敗戦直後、日本政府は天皇主権や天皇が統治権を総攬するという大原則を維持する案を検討していたが、それが日本の民主化のために不十分であると判断したマッ

---

* 1　明治憲法第3条は「天皇ハ神聖ニシテ侵スヘカラス」と規定していた。

* 2　刑法第2編第1章には、かつて「皇室ニ対スル罪」が規定されていた。

* 3　明治憲法74条1項は「皇室典範ノ改正ハ帝国議会ノ議ヲ経ルヲ要セス」と規定していた。

* 4　明治憲法第1条は「大日本帝国ハ万世一系ノ天皇之ヲ統治ス」と規定し、また第4条は「天皇ハ国ノ元首ニシテ統治権ヲ総攬シ此ノ憲法ノ条規ニ依リ之ヲ行フ」と規定していた。

* 5　昭和21年1月1日に発せられた詔書において、昭和天皇は次のようにいわゆる「人間宣言」を行った。「朕ハ爾等國民ト共ニ在リ、常ニ利害ヲ同ジウシ休戚ヲ分タント欲ス。朕ト爾等國民トノ間ノ組帯ハ、終止相互ノ信頼ト敬愛トニ依リテ結バレ、單ナル神話ト傳説トニ依リテ生ゼルモノニ非ズ。天皇ヲ以テ現御神トシ、且日本國民ヲ以テ他ノ民族ニ優越セル民族ニシテ、延テ世界ヲ支配スベキ運命ヲ有ストノ架空ナル觀念ニ基クモノニモ非ズ。」

* 6　GHQは、ポツダム宣言の執行のために日本の戦後処理政策を推進し、戦後改革を行った。最高司令官はダグラス・マッカーサーである。

61

＊7 民政局は、GHQ内部の組織であり、日本の民主化政策の中心を担った機関である。局長は、コートニー・ホイットニーである。

カーサーは、民政局＊7にGHQによる草案の作成を指示した。マッカーサーは、その作業の基礎となる3つの原則を示したが（マッカーサー・ノート➡1章Ⅱ3）、その第1原則では、天皇の権限は憲法に基づくものであり、それは国民の基本的意思に基づくものとされていた。この方針に従い、民政局は天皇を「日本国および日本国民統合の象徴」であると定めたGHQ草案を作成し、日本政府に手渡した。日本政府はこれを受け入れ、その内容は若干調整されたものの、現在の日本国憲法の規定に受け継がれた。なお、これらの経緯については、第1章Ⅱでみたとおりである。

3　象徴としての天皇

日本国憲法では、天皇は日本国と日本国民統合の象徴であるとされる。この象徴という語句は、鳩を平和の象徴ととらえるように、抽象的・観念的な概念を、具体的な目に見えるもので表す場合に用いられる。つまり、天皇が象徴であるということは、日本国・日本国民の統合体という目に見えない観念が、天皇という具体的な存在を通じて想起されることを意味する。

ただし、象徴としての天皇という意義は別のところにある。つまり、明治憲法下においても天皇は象徴であったのであり、日本国憲法があえて天皇を象徴として記述したのは、象徴以外の権限を行使できないようにしたためである。重要なことは、天皇は実質的な政治権力を行使してはならないという意味を強調する目的があったことである。

令和や平成など、年につける名称を「年号」「元号」といいます。日本では「明治」の元号に変更される際に、天皇一代につき1つの元号と定められ（一世一元の詔）、旧皇室典範12条でその旨が規定されました。
戦後、皇室典範の改正により、旧12条が削除されましたが、1979年に元号法が制定され、2項で「元号は、皇位の継承があつた場合に限り改める」と規定されました。

Ⅱ　天皇は何をしているのだろうか？

1　国事行為の性質

天皇は「この憲法の定める国事に関する行為のみを行い、国政に関する権能を有しない」とされ（4条1項）、具体的には6条、7条で列挙された国事行為のみを行うこととされている。ただし、天皇がこれらの国事行為を行

発展　象徴天皇制が誕生した理由

天皇制は平和な日本の象徴になったんだね！

天皇制はなぜ廃止されなかったのであろうか。それはGHQによる戦後占領政策が関係している。つまり、天皇制を廃止すればゲリラ戦などの国民の猛烈な抵抗が考えられたが、逆に天皇制をそのまま維持するとすれば、アジア・太平洋地域や他の戦勝国からの反発が考えられた。そこでGHQは、天皇制を維持しつつもその実質的な権限を奪い、かつ戦争放棄条項を設けることで、戦後処理政策を平和的かつ円滑に処理しようとしたのである（➡1章発展15頁）。

うに際しては、内閣による助言と承認が必要とされている（7条）。そして、このように内閣が助言と承認を通じて実質的な決定権を行使していることから、天皇による国事行為は形式的・儀礼的行為ということになる。憲法上規定された国事行為の内容をまとめると、表6-2のようになる。

表6-2　国事行為の概要

憲法第4条、第6条および第7条各号の行為

- 国事行為の委任
- 内閣総理大臣の任命
- 最高裁判所裁判官の任命
- 憲法改正、法律、政令および条約の公布
- 国会の召集
- 衆議院の解散
- 総選挙の施行の公示
- 国務大臣の任免などの認証
- 大赦、特赦、減刑、刑の執行の免除および復権の認証
- 栄典の授与
- 外交文書の認証
- 外国大使および公使の接受
- 儀式

2　国事行為以外の行為

天皇は国事行為の他にも、当然に私人としての私的行為を行うこともある。たとえば研究、芸術鑑賞、テニスなどといった行為には、内閣の助言と承認は必要とされていない。ただし、私的行為にも国事行為にもあたらない行為については、内閣の助言と承認が必要かどうかをめぐる議論がある。たとえば、退位表明（後述）は、国事行為に該当する行為ではなく、また国会開会式に参列してなされる「お言葉*8」や全国巡幸などは、国事行為にも私的行為にも該当しない行為である。少なくとも私的行為に該当しない行為については、象徴としての地位に基づく公的行為として、その行為を認めつつも、内閣のコントロール下に置くべきである。たとえば実際に、「お言葉」は内閣で原案が作成され、事前に閣議決定がなされている。

*8　「お言葉」が問題として注目されたのは、1952年の第13回国会の開会式で昭和天皇が、「平和条約については、すでに国会の承認を経て、批准を終り、その効力の発生を待つばかりとなつたことは、諸君とともに、まことに喜びに堪えません」と述べたことであった。

3　天皇の責任

天皇によるすべての国事行為は、内閣が国会に対して責任を負うことになっている（3条）。天皇は内閣の助言と承認に基づいて国事行為を行うのであり、そもそも政治的権限を行使しないため、天皇が政治責任を負うことはなく、無答責とされている。なおこれに関連して、天皇に刑事責任と民事責任を負わせることは可能か、という問題がある。まず天皇の刑事責任については、憲法に明文の規定はないが、皇室典範21条が摂政について「在任中、訴追されない」と定めていることなどから、一般的に天皇が刑事訴追されることはない。一方で、民事責任について最高裁は、「天皇は日本国の象徴であり日本国民統合の象徴であることにかんがみ、天皇には民事裁判権が及ばないものと解するのが相当である」と判断している*9。

*9　昭和天皇の「病気快癒」のために記帳所を設置し、それに公費を支出したことについて、昭和天皇などに対して不当利得返還請求等を請求した記帳所事件で、最高裁は本文のように判断して上告を棄却した〔最2小判平成元年11月20日民集43巻10号1160頁〕。

Ⅲ　皇室のルールはどのようになっているだろうか？

1　皇族の範囲と継承

憲法2条は、「皇位は、世襲のものであつて、国会の議決した皇室典範の定めるところにより、これを継承する」と規定し、皇位継承については世襲制を採用しているものの、その詳細は皇室典範に委ねている。皇室とは天皇・

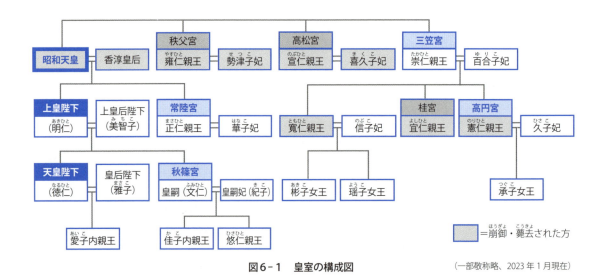

図6-1　皇室の構成図

（一部敬称略、2023年1月現在）

上皇および皇族を指すが、その身分に関する事項は、皇統譜[*10]に登録される（皇室典範26条）。また皇室典範およびその特例法によると、皇族には皇后、上皇后、太皇太后、皇太后、親王、親王妃、内親王、王、王妃および女王が含まれる（皇室典範5条、皇室典範特例法4条2項）[*11]。皇族の身分の取得は、男性の場合は出生に限られるが、女性の場合は、天皇および皇族男子との婚姻を行った場合にも取得することになっている（皇室典範15条）。なお、皇族男子の婚姻にあたっては、皇室会議[*12]の議を経なければならない（同10条）。

「天皇が成年に達しないとき」や「精神若しくは身体の重患又は重大な事故により、国事に関する行為をみずからすることができないとき」には摂政が置かれ（皇室典範16条）、天皇の権能は摂政によって代行される（憲法5条）。また、「国事行為の臨時代行に関する法律」により、長期の病気などのように摂政を置くまでには至らないなどの場合には、摂政となる順位にあたる皇族に、国事行為の臨時代行を委任することができる。

皇位継承が生じ、新天皇が即位するのは、特例法（後述）による場合を除いて、崩御（天皇の死亡）に限られている（皇室典範4条）。そして皇位継承の資格を有するのは、「皇統に属する男系の男子」のみである（同1条、2条）ため、男系女子、女系男子、女系女子は天皇になることができない[*13]。さらに、皇位継承の順位は長系および長子が優先される（同2条）。

2　皇室の経済

すべての皇室財産は、国に属し、すべて皇室の費用は国会の議決によるものとされ（憲法88条）、また皇室の財産移転の場合にも国会の議決が必要とさ

[*10] 天皇・上皇および皇族は、その身分に関係する事項は皇統譜令に基づく皇統譜に記載されるため、戸籍法の適用を受けない。

[*11] 皇后とは天皇の正妃を、上皇后とは上皇の后を、太皇太后とは先々代の天皇の皇后を、皇太后とは先代の天皇の皇后を意味する。また「嫡出の皇子及び嫡男系嫡出の皇孫は、男を親王、女を内親王とし、三世以下の嫡男系嫡出の子孫は、男を王、女を女王とする」（皇室典範第6条）とされている。また親王妃、王妃はそれぞれの親王、王の妃を意味する。

[*12] 皇族2名、衆参両院の議長および副議長、内閣総理大臣、宮内庁長官、最高裁判所長官、その他の裁判官1名の合計10名で構成され、皇位継承順位の変更や婚姻の承認、皇族の身分の離脱の承認、婚姻解消による離脱、摂政の設置、摂政の順序の変更、摂政の廃止などを行う。内閣総理大臣が議長となり、また招集権を持っている。

64

れている（8条）。皇室財産とは、天皇と皇族の財産を指し、戦後国有財産に編入されたものである。また皇室の費用とは、天皇と皇族の生活費や宮廷の事務のために必要な費用のことをいい、皇室費という。皇室の財政や財務に関する事項を定めている皇室経済法は、この皇室費を内廷費、宮廷費、皇族費の3つに分類している（皇室経済法3条）。まとめると表6-3のようになる。

*13 男系男子とは、男性天皇の子である男子のことを指し、女系男子とは、女性天皇の子である男子のことを指す。つまり男系と女系の違いは、その血統が男親か女親によって異なるが、現在のところ皇位継承の資格は、男性天皇の子である男子が条件となっている。

表6-3　皇室費の内訳

皇室費	内　容
内廷費	「日常の費用その他内廷諸費に充てるもの」（皇室経済法4条） ➡天皇家の生活費を含む私的な活動に関する費用（プライベートマネー）であり、天皇家に支出された費用は「御手元金」となり公金とはされない。また所得税も課されない。
宮廷費	「内廷諸費以外の宮廷諸費に充てるもの」（皇室経済法5条） ➡皇室の公的な行事や活動に用いられる公金（例：大嘗祭、園遊会、宮中晩餐会、全国植樹祭、宮殿の補修など）。
皇族費	「皇族としての品位保持の資に充てるため」のもの（皇室経済法6条） ➡主に天皇家以外の宮家の生活に関わる費用であり、支出された費用は「御手元金」となり公金とはされない。また所得税も課されない。

皇室の財産・経費などは皇室経済会議で審議されます。この会議は衆参両院の議長と副議長、内閣総理大臣、宮内庁長官、財務大臣、会計検査院長の8名で構成されています。

IV　象徴天皇制に関してはどのような問題があるだろうか？

1　天皇の人権

天皇（および皇族）も人間である以上、人一般に保障される「人権」の享有主体であることに疑いはない（➡9章）。ただしその保障については、天皇の地位が象徴であるということや、世襲制（2条）が採用されていることなど

皇室にはどのくらいのお金があるの？

コラム　皇室の財産

令和2年度は、皇室費のうち公金である宮廷費が109億8007万円、私的費用である内廷費と皇族費が、それぞれ3億2400万円、2億6932万円である。また宮内庁が管理する予算（宮内庁の運営のための人件費や事務費など）として、宮内庁費122億4877万円があるが、皇室費と宮内庁費を足した宮内庁関係予算の合計は、約238億円になる。これを国民1人当たりで割ってみると、その負担額は188円程度であり、そのうち内廷費と皇族費は、国民1人当たり5円程度の負担となる。

戦前の皇室の財産は、1945年時点で総額約16億円（現金、有価証券、土地、材木、建物等）に及び、所有株は29会社あり、そのなかには日本銀行株等も含まれていた。戦後、これら皇室財産とされたもののうち、公的性格を持っていたものについては、すべて国家に帰属することになった。現在の皇室用財産としては、皇居をはじめ、赤坂御用地、常磐松御用邸、那須御用邸、須崎御用邸、葉山御用邸、京都御所、桂離宮、修学院離宮、正倉院などがある。なお皇室財産については特例があり、三種の神器や宮中三殿のように、皇位とともに伝わるべき由緒ある物は、皇嗣がこれを受けることになっている。

*14 また一方では、皇位の世襲制から天皇・皇族は「門地」により国民とは区別された特別な存在であり、天皇・皇族という身分からくる特権や義務があるという考え方もある。

*15 **天皇コラージュ事件**で富山地裁は、「天皇の象徴としての地位、天皇の職務からすると、天皇についてはプライバシーの権利や肖像権の保障は制約を受けることになるものと解するのが相当である」とした〔富山地判平成10年12月16日判時1699号120頁〕。

を理由として、一定の制限がある*14。参政権（選挙権・被選挙権等）については、天皇が国政に関する権能を有しない象徴であることなどを理由に認められていない。その他にも、こうした象徴的地位を理由に、政党に加入する権利や外国移住の自由、国籍離脱の自由などが制限されている。また、プライバシー権や肖像権については天皇にも保障されると考えられているが、天皇の象徴としての地位や職務からすると、その保障は一定の制約を受けることになる*15。一方で世襲制を理由として、前述のように婚姻にあたっては皇室会議の議を経なければならず、婚姻を行う場合にも身分を前提とした制限がある。その他にも天皇、皇太子、皇太孫は皇籍を離れることができず、職業選択の自由が制限されている。また天皇自身が神道上の存在であることから、信教の自由も制限されている。

❷ 天皇制に関わる諸問題

　以上で見てきた象徴天皇制に関しては、どのような問題があるのだろうか。近年、さまざまな問題が提起されているが、ここでは国旗・国歌に関する問題と天皇の生前退位の問題、そして女帝問題を取り上げる。

（1）国旗・国歌に関する問題

*16 学習指導要領とは、学校教育法等に基づき文部科学省が定める、小学校、中学校、高等学校等における教育課程の基準（教科等の目標や大まかな教育内容）である。最高裁判決によれば、学習指導要領は単なる指導助言文書ではなく、法的拘束力があるとされる。**伝習館高校事件**〔最1小判平成2年1月18日判時1337号3頁〕。

*17 生徒に国旗掲揚や国歌斉唱を強制することは、思想・良心の自由の侵害となる。

　1989年以降の学習指導要領*16では、「入学式や卒業式などにおいては、その意義を踏まえ、国旗を掲揚するとともに、国歌を斉唱するよう指導するものとする」と規定されている。しかし公立学校現場の一部の教職員が、国旗は「日の丸」、国歌は「君が代」とする法律上の根拠がないなどと主張してこれに反対し、国旗掲揚と国歌斉唱の実施徹底を指導する文部省（当時）と真っ向から対立することになった。そして1999年、対立の板ばさみにあった広島県の公立高校の校長が自殺する事件が発生した。

国旗国歌法別記第一（日章旗）

　こうした経緯を経て、法的に国旗を「日章旗（日の丸）」、国歌を「君が代」として明文化する法案が国会に提出され、同年「国旗及び国歌に関する法律」（国旗国歌法）が制定された。これにより、都道府県によっては、教育委員会の教育長から教職員に対して、国旗に向かって起立し、国歌斉唱をピアノ伴奏などにより行うこと、そしてその職務命令に従わなかった場合には、服務の責任を問うなどの通達が発せられた。こうした一連の国旗掲揚や国歌斉唱の実施徹底に対しては、日の丸、君が代を否定する思想を持つ生徒や教師の思想・良心の自由（19条）を侵害するとの主張がなされた*17。

国旗国歌法別記第二（君が代）

　日の丸を否定する思想の根本には、日の丸がか

第 6 章 ● 天皇制とは何だろう？

つて侵略戦争の旗印であったことや、君が代が天皇の統治をたたえる歌であり、これらが大日本帝国や天皇主権を象徴する機能を有してきた、といった理由がある。「日の丸を掲揚し、起立の上斉唱しなさい」という学習指導要領や通達による職務命令に対して、それらが軍国主義や戦前の天皇制絶対主義のシンボルであるとする歴史観や世界観を持つ教師たちからの反発があったのである。

この問題の法的な核心部分は、こうした考えを持つ公立学校の教職員に対する校長の職務命令が、教職員に対して思想を外部に表明することを強制し、その思想・良心の自由を侵害するかという点、さらにその命令違反に対しての懲戒処分がどの程度まで許されるかという点にある。ここで、**ピアノ伴奏拒否訴訟**[18]や一連の**不起立訴訟**[19]などにおいて最高裁は、いずれも職務命令が思想・良心の自由を侵害しないと結論付けている。その根拠は、ピアノ伴奏や君が代斉唱の際に起立することが、上記の歴史観や世界観と結びつくものではないこと、また特定の思想を持っていることを外部に表明する行為ではないことから、教職員の思想・良心の自由は直ちに制約されていないとした。さらに間接的な制約があったとしても、公務員を全体の奉仕者とする憲法 15 条やその他の規定を踏まえ、職務命令は不合理であるとは言えず、また特定の思想をもつことを禁止していないとした。なお、職務命令違反を理由に、教育委員会がどの懲戒処分を行うかという問題については、その**裁量権の範囲に含まれるか否か**によって判断が分かれるが、その処分が重すぎる場合には、違法とされたケースもある[20]。

（2）天皇の生前退位の問題

2つ目の問題は、生前退位の問題である。2016 年 8 月 8 日、現在の上皇陛下がビデオメッセージで退位のご意向を報告された。ここで皇室典範は、皇位継承の原因を天皇の崩御の場合に限っており、天皇による退位の意向

[18] 最 3 小判平成 19 年 2 月 27 日民集 61 巻 1 号 291 頁。

[19] たとえば、最 2 小判平成 23 年 5 月 30 日民集 65 巻 4 号 1780 頁、最 1 小判平成 23 年 6 月 6 日民集 65 巻 4 号 1855 頁、最 3 小判平成 23 年 6 月 14 日民集 65 巻 4 号 2148 頁、最 3 小判平成 23 年 6 月 21 日判時 2123 号 35 頁。

[20] たとえば、最 1 小判平成 24 年 1 月 16 日判時 2147 号 127 頁。

日本の国旗・国歌はいつから使われているの？

コラム 「日の丸」「君が代」の歴史

「日の丸」の歴史には各種の説があるが、公式に用いられるようになったのは幕末期であり、外国船と日本船を識別するために用いられたことが始まりであるとされている。その後、明治 3 年に太政官布告第 57 号で「郵船商船規則」が制定され、「日の丸」が「御国旗」と定められた。

一方「君が代」は、もともと「わが君は千代に八千代にさゝれ石の巌となりて苔のむすまで」という古今和歌集収載の詠み人知らずの歌を原型としたと言われている。この歌が「君が代」として、また国歌として用いられたのは、明治時代に天皇の誕生日で初めて演奏されたのが始まりであるとされている。この時点での「君」とは、天皇を指すものとされた。

*21 その他にも、皇位継承に当たっては、皇室典範そのものを改正しなければ、憲法2条に違反する可能性があるとの議論がなされた。

*22 皇室典範には「皇嗣」に関する規定がいくつか存在するが、その意義については記載されていない。一般的に「皇嗣」とは、皇位を継承することが予定されている皇族をいう。

により生前退位が可能になると、憲法4条に違反する可能性があるなどの理由から、天皇の生前退位を認めるかが、憲法との整合性を含めて問題となった*21。退位を法制化するにあたっては、恒久化するか一代限りの特例法とするかの議論がなされたが、国会での審議後、2017年6月9日に天皇の退位等に関する皇室典範特例法が全会一致で成立した。

同法は、皇室典範4条の特例として、天皇の退位と皇嗣(こうし)*22の即位の実現を行うために制定された。同法によって退位した天皇は、上皇となり（3条1項）、さらに上皇の后は上皇后となる（4条1項）が、上皇及び上皇后の日常費用等は内廷費があてられる（附則4、5条）。また皇位継承に伴い皇嗣となった皇族は、皇室典範に定める事項について、皇太子の例によるものとされる（5条）。一方、憲法2条との関係で皇室典範が改正され、特例法が皇室典範と一体であるとする規定が附則に置かれた（附則3条）。

特例法では、天皇は施行の日限りで退位し、皇嗣が直ちに即位することとされているが（2条）、天皇の退位等に関する皇室典範特例法の施行期日を定める政令により、施行日は2019年4月30日とされた。これによって現在の上皇陛下は退位し、翌日の5月1日に現在の天皇陛下が即位した。また天皇の退位等に関する皇室典範特例法施行令により、天皇の退位にあたって退位の礼を行うこと等が定められた。なお、即位の礼については、皇位の継承があったときに行うものとされている（皇室典範24条）。

（3）女帝に関する問題

最後の問題は、女帝に関する問題である。天皇の世襲制をとる日本では、安定的な皇位継承が重要であるが、近年皇室では、女児の誕生が続いたため、皇室典範の改正を行い、女性天皇や女系天皇の皇位継承を検討する議論があ

「祝賀御列の儀」に臨まれる天皇、皇后両陛下〔2019年11月10日〕（朝日新聞社提供）

代替わりにはいくつも儀式が必要なんだね

コラム　天皇の代替わり

　昭和天皇から平成天皇への代替わり（平成の代替わり）については、とくに政教分離原則との関係で裁判が提起されるなど、憲法上の論点をめぐって多くの議論がなされたが、令和の代替わりは平成の代替わりをほぼ踏襲する形で行われた。「国事行為」として行われたのは、次の儀式である。

　まず平成天皇の退位については、「退位の礼」として、「退位礼正殿の儀」が行われた。また新天皇の即位に関しては、「即位の礼」として、「剣璽等承継の儀」(けんじ)（即位の証として「皇位とともに伝わるべき由緒ある物」、また国事行為に使用される国璽(こくじ)および御璽(ぎょじ)を承継する儀式）、「即位後朝見の儀」（即位後初めて公式に三権の長を始め国民を代表する人々と会う儀式）、「即位礼正殿の儀」（その即位を国内外に宣言する儀式）、「祝賀御列の儀」（即位を広く国民に披露する祝賀パレード）、「饗宴の儀」(きょうえん)（即位を披露する饗宴）が行われた。

　なお、「大嘗祭」（国家・国民のために安寧と五穀豊穣などを祈念される儀式）は皇室行事として行われたが、その費用は「宮廷費」で賄われた。

る。しかし前述のように、皇室典範で皇位継承を「男系の男子」に限っているため、象徴天皇制の維持が不確実になりかねない状況が問題となった。

明治以前においては、非嫡系による皇位継承が広く認められていた[*23]。これに対して現在は、嫡出子のみが皇位継承資格を有し、養子をとることもできず（皇室典範9条）、また男系男子の皇位継承資格者が少数となったこともあり、安定的に皇位を継承させていくのは厳しい状況にある。

そこで、前述した特例法に伴い、衆参両院それぞれの委員会で附帯決議が採択されている。この決議では、安定的な皇位継承を確保するための諸課題、女性宮家の創設等について、同法施行後速やかに検討を行うことを政府に求めているが、その検討は先延ばしになっている。これらの問題解決にあたって、旧皇族の皇籍復帰を行おうとすると、皇族の範囲を拡大する必要があるため、皇室典範の改正が必要となるが、そもそも天皇制のあり方をめぐって憲法自体の改正も問題となる。

*23　旧皇室典範10条は、「天皇崩ずるときは皇嗣即ち践祚し祖宗の神器を承く」と規定されており、「本条は皇位の一日も曠闕すべからざるを示し」ているものであるとされている（伊藤博文『皇室典範義解』）。

明治憲法のもとでの天皇制と、今の憲法のもとでの天皇制はまったく違っているんだね。このことが、天皇の代替わりにも大きくかかわっていることがわかったよ。

明治憲法と今の憲法で天皇制は連続しているのか、それとも断続したのかという議論があるみたいだよ。調べてみるとおもしろそうだね。

その天皇制が、いまは維持していくのが大変になっているんだね。私は女性天皇や女系天皇に関する議論の行方が気になるな。

課題

❶ 大日本帝国憲法と日本国憲法の間の天皇制の連続や断絶の問題について、八月革命説や「制度保障」論などの議論を調べて、考えてみよう。

❷ 天皇は国事行為のほかに、どのような行為を行っているか調べてみよう。また、天皇の公的行為についても、国事行為と同じように内閣のコントロールが必要だろうか、考えてみよう。

❸ 皇族女子が皇族の身分を離れるなどで皇族数が減少することによって、皇室の活動の維持が困難になった場合に備えるとすれば、どのような皇室制度が望ましいだろうか。

第7章 平和について考えてみよう！
平和主義

ブルーインパルスの航空ショーを見に来ました。
たくさんの観客がいます。

ナツキ

うわーかっこいいな！「ブルーインパルス」の正式名称は、宮城県松島基地の第4航空団に所属する「第11飛行隊」っていうんだよ。あれは「タッククロス」っていう技だね。近距離で交差するところがかっこいいよね！

おまえ、やけに詳しいな。たしかにかっこいいけど、事故を起こしたら大変なことになりそうだな。この技術とか装備って軍隊みたいだけど、高いお金出してまで本当に必要なのか？

ハルオ

アキ

これだけの技術があれば、他の国が攻めてきても怖くないかもしれないわね。憲法9条に違反しているといわれながらも、いざという状況のときには、こういう技術や装備が必要ってことなんじゃないのかしら。

フユヒコ先生

憲法上、戦争は放棄され、戦力の不保持が規定されています。それにもかかわらず、なぜ自衛隊は存在するのでしょうか。憲法が認めていない戦力には当たらないのでしょうか。政府の考え方を概観しながら、考えていきましょう。今回のテーマは「平和主義」です。

第7章 ● 平和について考えてみよう！

I 日本国憲法の平和主義はどのように成立したのだろうか？

1 戦争禁止への歴史

近代初頭における正戦論、そして19世紀以降の無差別戦争観を経て、20世紀には、戦争に訴える権利や武力行使の規制が試みられてきた。たとえば、1919年の国際連盟規約や1928年の「戦争抛棄ニ関スル条約」（パリ不戦条約）などで、戦争の違法化に対する努力がなされた。その後1945年に成立した国際連合憲章は、とくにその2条4項において、戦争に至らないような「武力行使」を禁止した。今日において戦争は（さらに武力行使自体も）、国際法上禁止されるに至っている。戦争禁止への国際的な流れは、**表7-1**のとおりである。

国際連合憲章 2条4項

すべての加盟国は、その国際関係において、武力による威嚇又は武力の行使を、いかなる国の領土保全又は政治的独立に対するものも、また、国際連合の目的と両立しない他のいかなる方法によるものも慎まなければならない。

表7-1 戦争禁止への国際的な流れ

近代初頭	正戦論	正当原因（防衛・回復・刑罰）にもとづく場合の戦争は許容されるという観念。
19世紀	無差別戦争観	戦争は国家の権利であり、戦時国際法の許容する範囲で武力行使をすることができるという観念。
20世紀〜21世紀	ハーグ陸戦条約（1907年）	自国民に支払われるべき契約上の債務回収のための兵力使用を制限した。
	国際連盟規約（1919年）	国交断絶のおそれがある紛争について、一定の場合に戦争に訴えることを違法とした。
	パリ不戦条約（1928年）	国際紛争解決のために戦争に訴えることを禁止し、侵略目的の戦争をすべて禁止した（ただし戦意の表明を伴わない「事実上の戦争」は禁止されていない）。
	国際連合憲章（1945年）	戦争に至らないような「武力行使」をも原則的に禁止し、それが許容されるのは国連の集団安全保障に基づく場合か、集団的自衛権の行使などに限ることとした。

フーゴー・グロティウス
1583-1645
「自然法の父」と称されたオランダ生まれの自然法学者。三十年戦争の反省から、正当な原因によらない戦争であっても、国際法に従わなければならないことを説いた。

2 日本国憲法9条の成立

日本国憲法9条成立の背景には、以上のような戦争禁止の流れのほか、第二次世界大戦後の連合国およびアメリカ政府による戦後処理政策として示された、日本の非武装化・非軍事化に関する諸方針が大きな影響を与えた。たとえば、戦争遂行能力の否定・軍隊の完全武装解除などを内容とする1945年のポツダム宣言や、一切の戦争の放棄・軍備の不保持・交戦権の否認を内容とする1946年のマッカーサー・ノートなどである（➡1章Ⅱ3）。とくに後者に基づいて作成されたGHQ草案は、憲法9条の原形となったものである。同草案は1946年に日本政府に手渡され、その後日本政府とGHQとのさまざまなやりとりを経て、憲法改正草案が作成されている。そして同草案は、その後の枢密院での審議過程において、帝国憲法改正小委員会

陸上自衛隊の10式戦車
陸上自衛隊の4代目となる戦車。最大の特徴はC4I（指揮・統制・通信・コンピューター・情報）機能で、戦車同士が情報を共有できる（陸上自衛隊HPより）

芦田均
1887-1959
東京帝国大学で法学を学んだ。1948年、第47代内閣総理大臣となるが、わずか7か月で失脚した。

*1 1946年の帝国議会の審議において、共産党の野坂参三議員から、自衛権を放棄すると民族の独立が損なわれるため、侵略戦争のみを放棄する規定にするべきであるとの質問がなされたのに対して、吉田茂首相（当時）は、自衛権を否定していないものの、自衛権の発動としての戦争は放棄したと答弁している。

の委員長であった芦田均(あしだひとし)による修正（芦田修正➡解説）がなされ、憲法9条は成立した。こうした経緯については、第1章Ⅱでみたとおりである。

3 日米安全保障体制と自衛隊の特殊性

以上のように、憲法9条はまさに戦争を禁止したものとして成立した[*1]。ただしその解釈は、さまざまな国際情勢の変化に伴って変容していくことになる。

（1）朝鮮戦争の勃発と警察予備隊の成立

まず戦後の日本を取り巻く状況の変化として重要な契機となったのは、1950年の朝鮮戦争の勃発である。この戦争の背景には、第二次世界大戦後の世界を二分する、資本主義を主張するアメリカと社会主義を主張する旧ソ連との冷戦がある。日本の敗戦後、解放された朝鮮半島のうち、南部をアメリカが、北部を旧ソ連が占領した。その後、北部には朝鮮民主主義人民共和国が、南部には大韓民国が成立し、前者が国境となっていた38度線を超えて軍事進攻したのをきっかけとして始まった戦争が、朝鮮戦争である。それぞれを支援していた米ソの対立を背景として、同戦争はまさに代理戦争と呼ばれるようになる。

こうした背景の下、アメリカ軍は日本駐留部隊を朝鮮半島に出動させたため、敗戦により武装を解除された日本の防衛力や治安維持力は低下することになった。このことを懸念したマッカーサーは、日本の警察力の増強を要求し、これを受けて政府は、警察予備隊令を公布して約7万5000人規模の警察予備隊を創設した。ここで政府は、警察予備隊は「警察力を補うた

この修正が憲法9条の解釈に大きな影響を与えたのね。

| 解説 | **芦田修正とは** |

帝国議会に提出された憲法改正草案に対して、当時の衆議院帝国憲法改正小委員会委員長の芦田均は、第1項の冒頭に「日本国民は、正義と秩序を基調とする国際平和を誠実に希求し」を、第2項の初めに「前項の目的を達するため」という文言の追加修正を行った。これが「芦田修正」である。とくに改正原案については、すべての戦力を保持してはならないと解釈されるはずのところ、この文言の挿入により、戦力の不保持が限定的になった。

この点について、生前の芦田は、1957年の憲法調査会において、「『前項の目的を達するため』という辞句を挿入することによって、原案では無条件に戦力を保有しないとあったものが一定の条件の下に武力を持たないことになります」として、この修正による解釈変更の可能性を認めている。しかし、1995年に公開された「第90回帝国議会衆議院帝国憲法改正案委員小委員会速記録」によると、芦田は小委員会において、「国際平和を希求し」という言葉を2項にも入れようとしたところ、繰り返しを避けるために「前項の目的を達するため」という文言を挿入したとされている。このように、芦田の意図には違いがあり、いずれの意図が正しいのかは明確になっていない。

第7章●平和について考えてみよう！

*2 最大判昭和27年10月8日民集6巻9号783頁（➡5章Ⅳ2注14）。

*3 同条約は、わが国に国連憲章上の自衛権が認められていることを明記し、さらに日本にアメリカ軍の駐留を約束することなどを規定していた。

*4 新しい条約は、極東地域に対する脅威が生じた場合には両国で協議することや、日本の施政下にある領域への侵害に対しては両国で対処すること、常備軍を日本国内に配備する権利を米軍に認めることなどを定めている。

め」のものであるため憲法に違反しないと説明した。これに対して日本社会党（当時）委員長は、警察予備隊が憲法9条に違反するとして、直接最高裁に提訴した（**警察予備隊訴訟**）。しかし最高裁は、具体的争訟（➡5章Ⅰ）と関係なく法律命令などの合憲性を抽象的に判断する権限はないとして却下判決を下し、警察予備隊の憲法適合性については判断しなかった[*2]。

（2）日米安全保障条約と米軍基地

その後1952年には、**サンフランシスコ平和条約**が発効し、日本の主権が承認された。また1951年、同条約と同日に締結した**日米安全保障条約**（**日本国とアメリカ合衆国との間の安全保障条約**）により、米軍の駐留と基地使用が認められた[*3]。なお、1960年には**新日米安全保障条約**（**日本国とアメリカ合衆国との間の相互協力及び安全保障条約**）が結ばれ、日米双方が双務的な体制によって、日本と極東の平和のために協力することなどが規定された[*4]。

（3）保安隊・警備隊の設置から自衛隊の設置へ

サンフランシスコ平和条約によって警察予備隊令が失効することから、政府は1952年に保安庁法を制定し、警察予備隊を改組・増強し、約11万人の**保安隊**と約7600人の**警備隊**を設置した。これに伴って政府は、侵略・自衛目的のいずれの戦力の保持も禁止し、近代戦争遂行に役立つ程度の装

日米共同統合演習活動の様子
（防衛省統合幕僚監部提供）

沖縄県と国との間でいくつも訴訟が提起されているんだね

解　説　普天間基地移設問題

沖縄県には多くの米軍基地があり、騒音などのさまざまな問題が提起されている。中でも大きな問題となっているのが、普天間基地移設問題である。

1995年9月の少女暴行事件をきっかけとして発足した日米沖縄特別行動委員会（SACO）では、1996年12月に代替施設が運用可能となった後に返還するとの日米間合意がなされた。その後、移設をめぐる議論は膠着状態となったが、2004年の米軍ヘリ墜落事故をきっかけとして、日米両政府は2014年までに代替施設を建設し移設する合意を行った。しかし2009年に民主党が政権を獲得し、鳩山由紀夫首相が普天間基地を最低でも県外移設することを公約したが、合意が得られず難航し、結局、移転先を辺野古周辺とする発表を日米共同声明で行った。

自民党政権に移行後も、2014年に辺野古移設反対派の翁長雄志沖縄県知事が当選し、政府による普天間飛行場の辺野古移設計画と沖縄県の意向とが対立することとなった。翁長知事は2015年、移設に必要な沿岸部の埋め立てについて、前知事が行った承認を取り消したため、国は違法確認を求めて提訴したが、2016年12月20日に最高裁は、県が取消処分を取り消さないことを違法とする旨の判決を下した。これにより、政府は工事を再開したが、2018年7月に翁長知事は埋め立て承認撤回を行った。翌月に同知事が急逝すると、翌9月に同じく移設反対派の玉城デニー氏が当選した。また2019年2月の県民投票では、辺野古移設に反対とする投票が7割を超える結果となった。

この間、沖縄県と国との関係ではいくつかの訴訟が提起されているが、県の埋め立て承認撤回処分の国土交通大臣による取消しを違法として県が提訴した事件について、2020年3月26日に最高裁は棄却している。

備や編成を伴うものを「戦力」であるとする見解を示した。そして保安隊・警備隊は、それらを伴わない実力組織であるため、また日本に駐留する米軍については、わが国が「保持」するものではなく、アメリカが保持する軍隊であるため違憲ではないとした。

1954 年に政府は、日米相互防衛援助協定（MSA 協定）を締結し、アメリカに対して防衛力を増強する義務を負うことになり、自衛隊法を制定して、自衛隊（陸・海・空 3 隊）を設置した。そして同年、次のような政府見解が示された。「憲法は戦争を放棄したが、自衛のための抗争は放棄していない。……自衛隊のような自衛のための任務を有し、かつその目的のため必要相当な範囲の実力部隊を設けることは、何ら憲法に違反するものではない」[*5]。

4　自衛隊をめぐる裁判と自衛隊の特殊性

1957 年には、立川基地拡張に反対するデモ隊の一部が、米軍により使用され、入ることが禁じられた立川飛行場内に侵入し、日米安全保障条約に基づく刑事特別法違反により起訴されるという**砂川事件**が起きた。東京地裁は日米安保条約に基づく米軍の駐留が、憲法 9 条 2 項に違反することを前提として、刑事特別法は憲法 31 条に違反すると判断した[*6]。しかし最高裁は、外国の軍隊は「戦力」には該当しないため憲法に違反しないとした。その一方で、高度な政治性をもつ条約については、一見してきわめて明白

* 5　1952 年 12 月 22 日、衆議院予算委員会での大村清一防衛庁（現防衛省）長官の発言。

* 6　東京地判昭和 34 年 3 月 30 日刑集 13 巻 13 号 3305 頁。

* 7　最大判昭和 34 年 12 月 16 日刑集 13 巻 13 号 3225 頁。

* 8　政府が自衛隊のミサイル基地建設のために森林法に基づく国有の保安林の指定を解除したことに対して、それに反対する住民が自衛隊は違憲であり、保安林解除は違法であるとして、その処分の取消しを求めた訴訟。最高裁は住民側の上告を棄却したが、自衛隊の違憲性については判断していない〔最 1 小判昭和 57 年 9 月 9 日民集 36 巻 9 号 1679 頁〕。

* 9　航空自衛隊の基地建設用地を所有していた者が、それを国に売り渡した行為が憲法 9 条に違反すると提訴した民事事件。最高裁は、本件売買契約は国が行った私法上の行為であるから、憲法 98 条 1 項にいう「国務に関するその他の行為」には当たらず、憲法 9 条は直接適用されないなどとして、住民の訴えを退けた〔最 3 小判平成元年 6 月 20 日民集 43 巻 6 号 385 頁〕。

表 7-2　自衛隊の設立、日米安保条約に関わる年表（1945-1960 年）

西暦	月日	出来事
1945 年	8 月 15 日	終戦
	10 月 24 日	国際連合設立
1946 年	10 月 1 日	ニュルンベルク国際裁判判決
1947 年	5 月 3 日	日本国憲法施行
1948 年	11 月 12 日	極東国際軍事裁判（東京裁判）判決
1950 年	6 月 25 日	朝鮮戦争勃発
	8 月 10 日	警察予備隊令公布・施行、警察予備隊設置
1951 年	9 月 8 日	サンフランシスコ平和条約・日米安全保障条約締結
1952 年	4 月 28 日	サンフランシスコ平和条約・日米安全保障条約・日米行政協定発効、極東委員会・対日理事会・総司令部廃止
	7 月 31 日	保安庁法公布
	8 月 1 日	保安庁設置
	10 月 8 日	警察予備隊訴訟最高裁判決
	10 月 15 日	警察予備隊を保安隊に改称
1953 年	7 月 27 日	朝鮮戦争休戦協定署名
1954 年	3 月 8 日	日米相互防衛援助協定（MSA 協定）署名
	6 月 9 日	防衛庁設置法・自衛隊法公布
	7 月 1 日	防衛庁設置、自衛隊設置
1959 年	3 月 30 日	東京地裁、砂川事件で駐留米軍違憲判決
	12 月 16 日	最高裁、砂川事件で原判決を破棄（統治行為論を採用）
1960 年	6 月 23 日	新日米安保条約・日米地位協定発効

第 7 章 ● 平和について考えてみよう！

*10 酪農家の兄弟が、陸上自衛隊演習場の電話線を切断し、自衛隊法違反で起訴された刑事事件。被告は同法が憲法 9 条に違反するため無効であると主張したが、札幌地裁は、そもそも被告人は自衛隊法に違反しないことから、憲法問題について判断する必要がないとして、無罪判決を言い渡した〔札幌地判昭和 42 年 3 月 29 日判時 476 号 25 頁〕。

に違憲無効と認められない限り、その内容について違憲かどうかの法的判断を下すことはできないとして、いわゆる統治行為論（➡5章Ⅰ4）を採用して、原判決を破棄し差戻した*7。その他にも、自衛隊の違憲性が主張された訴訟には、**長沼ナイキ基地事件*8**、**百里基地事件*9**、**恵庭（えにわ）事件*10** などさまざまなものがある。しかし、現在まで最高裁が自衛隊自体を違憲と判断した事例は存在せず、また合憲と明言したこともない。

　こうして、当初は戦争違法化の流れに従って憲法 9 条が成立し、非軍事化が規定され、政府見解でもそのような方向性が示されたものの、国際情勢などの影響から自衛隊が設置され、政府見解も変化するという、日本国憲法特有の事情が生まれたのである。こうした流れについては、**表 7-2** のとおりである。その後、「冷戦」の終結と国際貢献論の高まり、「9.11 同時多発テロ」などを経て憲法 9 条の解釈をめぐってさまざまな議論がなされてきたが、こうした近年の動向については後述する（➡Ⅲ）。

Ⅱ　憲法 9 条を政府は現在どのように解釈しているだろうか？

*11 「国権の発動たる戦争」とは、宣戦布告や最後通牒（つうちょう）などによる意思表示がなされる武力衝突で、戦時国際法が適用されるもの（形式的意味の戦争）をいう。また「武力の行使」とは意思表示がなく始まる武力衝突のことで、戦時国際法の適用がないもの（実質的意味の戦争）をいう。さらに「武力による威嚇（いかく）」とは、武力行使を行う態度を示して自国の要求を相手国に強要することをいい、現実的に武力行使には至らないものをいう。

 第 1 項の解釈──戦争の意義

　憲法 9 条 1 項は、「日本国民は、正義と秩序を基調とする国際平和を誠実に希求」することを一般的に述べた上で、「国権の発動たる戦争」、「武力による威嚇」、「武力の行使」について「国際紛争を解決する手段としては、永久にこれを放棄する」と規定している*11。

　ただし、これら 3 つの事項について 9 条 1 項は、「国際紛争を解決する手段としては、永久にこれを放棄する」として、留保をつけている。国際紛争を解決する手段としての戦争とは、国際法上の通常の用語例（たとえばパリ不戦条約 1 条など）によれば国家の政策の手段としての戦争を意味し、より具体的には侵略戦争を意味する。政府見解によれば、憲法 9 条 1 項が放

1980 年 12 月 5 日　衆議院森清議員の質問主意書に対する政府答弁書

　憲法第 9 条第 2 項の「前項の目的を達するため」という言葉は、同条第 1 項全体の趣旨、すなわち、同項では国際紛争を解決する手段としての戦争、武力による威嚇、武力の行使を放棄しているが、自衛権は否定されておらず、自衛のための必要最小限度の武力の行使は認められているということを受けていると解している。

　したがって、同条第 2 項は「戦力」の保持を禁止しているが、このことは、自衛のための必要最小限度の実力を保持することまで禁止する趣旨のものではなく、これを超える実力を保持することを禁止する趣旨のものであると解している。（中略）

　我が国が自衛のための必要最小限度の実力を保持することは、憲法第 9 条の禁止するところではない。自衛隊は、我が国を防衛するための必要最小限度の実力組織であるから憲法に違反するものではないことはいうまでもない。

マッカーサー・ノートでは、自衛のための戦争をも放棄するとされていました。しかし、それを法文に書き改める際の担当者であったチャールズ・ケイディス大佐が「非現実的」として独断で削除し、それがホイットニーやマッカーサーに承認された結果、現在の憲法9条1項の規定になったようです。

棄する戦争とは侵略戦争を意味しているため、自衛戦争や制裁戦争はその中には含まれないということになる。

2 第2項の解釈 ── 戦力の不保持と戦力の意義

憲法9条1項の「目的を達するため」、2項は戦力の不保持を規定している。政府は、前頁に掲げた政府答弁に見られるように、同条2項によって一切の「戦力」を放棄するが、自衛権は否定されておらず、「自衛のための必要最小限度の実力」を保持することは禁止されていないという立場をとっている（戦力≠自衛力）。また「戦力」とは、「自衛のための必要最小限度の実力」を超えるものであり、自衛隊は「自衛のための必要最小限度の実力」を備えた「実力組織」である「自衛力」に留まるものであるため、「戦力」に該当しないとしている（戦力＞自衛力＝自衛のための必要最小限度の実力）。

3 「自衛のための必要最小限度の実力」とは？

「自衛のための必要最小限度の実力」とは、具体的にどのような力をいうのであろうか。政府見解によれば、武器の保有に関しては、「性能上純粋に国土を守ることのみに用いられる兵器」の保持は憲法上禁止されていないが、「性能上専ら他国の国土の壊滅的破壊のためにのみ用いられる兵器」については、保持が認められない*12。

また武器使用については、従来、「我が国要員等の生命、身体の防衛のために必要な最小限のものに限られる」とされていたが、2015年の平和安全法制により、武器使用基準が緩和されている（後述）。

*12　政府見解によれば、核兵器であっても「自衛のための必要最小限度」の範囲にとどまる限り、憲法上その保有は認められるとされている。ただし、非核三原則や核不拡散防止条約、原子力基本法などの規定から、一切の核兵器を保有することができないとされている。

4 自衛権行使の要件

従来の政府見解によれば、憲法9条のもとで自衛権発動としての武力行使を行うためには、自衛権発動の三要件を満たさなければならないとされてきた。つまり、①わが国に対する急迫不正の侵害があること、この場合に②これを排除するために他に適当な手段がないこと、そしてその手段が③必要最小限度の実力行使にとどまるべきことである。

しかし2014年7月1日の閣議決定「国の存立を全うし、国民を守るための切れ目のない安全保障法制の整備について」において、武力行使の三要件（新三要件）が示された。それによれば上記①の要件について、わが国に対する武力攻撃が発生したことだけではなく、わが国と密接な関係にある他国に対して武力攻撃が発生し、それによってわが国の存立が脅かされ、国民の生命、自由および幸福追求の権利が覆される明白な危険があること

国連憲章　51条

この憲章のいかなる規定も、国際連合加盟国に対して武力攻撃が発生した場合には、安全保障理事会が国際の平和及び安全の維持に必要な措置をとるまでの間、個別的又は集団的自衛の固有の権利を害するものではない。この自衛権の行使に当って加盟国が措置は、直ちに安全保障理事会に報告しなければならない。また、この措置は、安全保障理事会が国際の平和及び安全の維持又は回復のために必要と認める行動をいつでもとるこの憲章に基く権限及び責任に対しては、いかなる影響も及ぼすものではない。

が加えられた。こうして自衛権の発動は、個別的自衛権だけではなく、集団的自衛権に該当する場合をも含むこととなった（→172頁ゼミナール編4）。

5 集団的自衛権をめぐる問題

これまで集団的自衛権については、自衛権行使の要件との関係で議論されてきた。集団的自衛権とは、国際法上、他国が武力攻撃を受けた場合、その国家と密接な関係にある国家が攻撃を受けた国家と集団的に防衛を行う権利であるとされ、個別的自衛権と同様に国連憲章51条で、国家の「固有の権利」であるとされている。

これまで政府は、1972年10月14日の見解と、それを踏まえた1981年5月29日の答弁以降、集団的自衛権の行使は「①我が国に対する急迫不正の侵害があること」を満たさないため、「必要最小限度」の範囲内にとどまるものではなく、憲法上一切許されないとの見解を示してきた。

これに対して、2014年5月15日に出された「安全保障の法的基盤の再構築に関する懇談会」（通称：安保法制懇[*13]）の報告書では、集団的自衛権の行使は「必要最小限度」の範囲内に含むべきであるとされた。そして同年7月1日、政府は憲法上許容される自衛の措置としての武力行使について、前述した新たな三要件を示すなどの閣議決定を行った。この閣議決定に対して、「立憲主義に反する」として激しい反対運動が展開されたが、2015年9月19日、この新三要件を規定した自衛隊法の改正を含む「平和安全法制」（→Ⅲ 2）が成立した[*14]。

6 集団安全保障との違い

この集団的自衛権と似て非なるものとして、集団安全保障[*15] 措置というものが国連憲章第7章（とくに42-47条）に規定されている。この措置を行うことが想定されている国連軍には、正規の国連軍[*16] のほか、平和維持活動を行う平和維持軍（PKF）、停戦監視団が含まれる。なお、集団安全保障への自衛隊の参加について、前述の閣議決定では明確にされていないが、1980年に政府は、武力行使を伴うものであれば憲法上許されないとした。

[*13] 内閣総理大臣の私的諮問機関であり、第一次安倍晋三内閣において2007年に設置され、同内閣における2008年と、第二次安倍内閣における2014年に、報告書がまとめられている。

[*14] 2015年6月4日の衆議院憲法審査会において、参考人として意見聴取された憲法学者3名が、集団的自衛権の行使を認める安全保障関連法案（当時）について、憲法違反であると指摘した。

[*15] 国際連合安全保障理事会は、「平和に対する脅威、平和の破壊又は侵略行為の存在を決定し、並びに、国際の平和及び安全を維持又は回復するために」、非軍事的な措置では不十分であると認めるときは、国際平和と安全の維持、あるいはその回復のために必要な陸、海、空軍の行動をとることができるとされている（国連憲章39条、42条）。

[*16] ただし正規の国連軍はこれまでに成立したことはなく、国連加盟国が提供した各国の軍隊で編成される多国籍軍が結成されている。

Ⅲ 日本の安全保障と国際協力はどうなっている？

1 日本の安全保障をめぐる近年の動向

（1）湾岸戦争の勃発と経済的支援

1954年の自衛隊発足、そして1960年の日米安全保障条約改定以降、日本

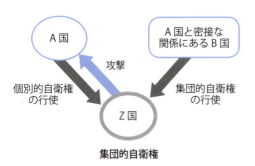
集団的自衛権
A国がZ国から武力攻撃を受けたとする。A国が個別的自衛権を行使したとき、A国と密接な関係にあるB国が、A国を援助し共同して防衛に当たる権利が集団的自衛権である。

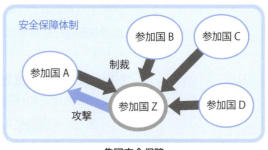
集団安全保障
武力攻撃をしたZ国に対して、安全保障理事会による授権に基づいて、集団安全保障参加国（B、C、D）がA国と共に軍事的な制裁を行うことを集団安全保障という。

図7-1　集団的自衛権と集団安全保障

砂漠の嵐作戦
炎上するクウェートの油田上空を飛行するアメリカ空軍のF-16、F-15戦闘機〔1991年〕（アメリカ空軍提供）

の安全保障、とくにアメリカとの関係は安定し、国民の関心は経済や生活へと向いた。しかし1989年の東西冷戦終結以降、日本の安全保障をめぐる情勢はさまざまに変化する。その発端は1990年の湾岸戦争の勃発である。この戦争はイラクがクウェートに侵攻したのに対して、国際連合（安全保障理事会）による授権を受けた多国籍軍が、1991年1月17日にイラクを空爆したことにより始まった。これらの措置は前述の集団安全保障によるものであるが、この多国籍軍の大部分を担ったアメリカは、日本に対して戦費負担や自衛隊の出動などを強硬に要求した。

これに対して、発足以降一度も国外に自衛隊を派遣したことがない日本は人的（軍事的）貢献を断念し、その代わりに多国籍軍に対して約130億ドルの拠出を行った。さらにこうした人的貢献の不在を補うべく、日本政府は湾岸戦争終了後、当時の自衛隊法の枠内で自衛隊をペルシャ湾に派遣し、機雷掃海にあたらせた。しかし日本に対する国際的な評価は低く、海外からは「日本は金だけ出して人を出さない」などと批判され、さらにクウェートが謝意を表明した国の中に日本は入っていなかった。

（2）人的貢献の必要性

こうした「湾岸ショック」を背景として、人的貢献の必要性を感じた日本政府は、1992年に国際連合平和維持活動等に対する協力に関する法律（PKO等協力法）を成立させ、自衛隊を国連の平和維持活動（PKO）と人道的な国際救援活動に参加できるようにした。また1997年には、朝鮮半島などの有事を念頭に置いた、日米防衛協力のための指針（新ガイドライン）が策定され、日本の平和と安全に重要な影響を与える周辺事態が起きた際に、後方地域でアメリカ軍の支援などを行えるようにした。そしてそれを具体化するため政府は、1999年に周辺事態法を成立させた。

海上自衛隊の機雷処分訓練
水中処分員による機雷処分の様子。訓練は、掃海母艦、掃海艦、掃海艇8隻と海上自衛隊員500名が参加して硫黄島洋上で行われた〔2019年〕（海上自衛隊HPより）

第7章●平和について考えてみよう！

（3）「9.11 同時多発テロ」以降

　2001 年の「9.11 同時多発テロ」は、こうした展開のさらなる転機となった。とくに 2001 年に成立したテロ対策特別措置法は、自衛隊の活動範囲を周辺事態法が定める「我が国の周辺の地域」から、公海および受入同意国の領土にまで広げ、これにより自衛隊はインド洋で給油などの支援活動を行った。同法は 2007 年 11 月に効力を失ったため、テロ対策海上阻止活動を行う諸外国の軍隊等に対し補給支援活動を引き続き行うために、新テロ対策特別措置法が 2008 年に制定されたが、同法も 2010 年に失効している。

　また、2003 年に成立したイラク復興特別措置法は、自衛隊を非戦闘地域に派遣し、人道・復興支援や他国の軍の後方支援を行うことを可能にした。さらに同年には武力攻撃事態対処関連 3 法[*17]が、そしてその翌年には、有事事態対処法制関連 7 法[*18]が成立し、武力攻撃などを受けた有事における自衛隊の行動に関する法律が整備された。2006 年には防衛省設置法の制定と自衛隊法の改正がなされ、これに伴って防衛庁は防衛省とされ、国際平和協力活動等が自衛隊の本来任務とされた。2009 年には海賊行為の処罰及び海賊行為への対処に関する法律が成立し、海賊行為に対する武器使用などを許容し、日本関連船舶以外の船舶の警護も可能となった。

　またその後も、2014 年 7 月 1 日の閣議決定において、わが国を取り巻く安全保障環境の変化への対応と、国際協調主義に基づく「積極的平和主義」の下、国際社会の平和と安全にこれまで以上に積極的に貢献するために、切れ目のない対応を可能とする国内法制を整備することが示された。そして 2015 年 9 月 19 日、平和安全法制が成立し、2016 年 3 月 29 日より施行された。

② 平和安全法制の概要

　平和安全法制は、自衛隊法をはじめとする 10 の法律を改正する平和安全法制整備法と、新設された国際平和支援法により構成される。その概要については、表 7-3 のとおりである。

　同法制は、存立危機事態に新三要件を満たし、さらに国会の事前承認を受けた場合に、自衛隊の防衛出動を可能にし、その際に必要な武力行使を可能とした。また重要影響事態、国際平和共同対処事態には、自衛隊に支援活動を行わせることが可能となった。もともと自衛隊の活動は多岐に及ぶが[*19]、近年にかけてその活動範囲や内容は拡大している。

③ 自衛隊の海外での活動

　こうした自衛隊の海外での活動について政府は、そもそも武力行使を目

---

*17　武力攻撃事態対処関連 3 法
・安全保障会議設置法の一部を改正する法律
・武力攻撃事態等における我が国の平和と独立並びに国及び国民の安全の確保に関する法律（武力攻撃事態対処法）
・自衛隊法及び防衛庁の職員の給与等に関する法律の一部を改正する法律

*18　有事事態対処法制関連 7 法
・武力攻撃事態等における国民の保護のための措置に関する法律（国民保護法）
・武力攻撃事態等におけるアメリカ合衆国の軍隊の行動に伴い我が国が実施する措置に関する法律
・武力攻撃事態等における特定公共施設等の利用に関する法律
・国際人道法の重大な違反行為の処罰に関する法律
・武力攻撃事態における外国軍用品等の海上輸送の規制に関する法律
・武力攻撃事態における捕虜等の取扱いに関する法律
・自衛隊法の一部を改正する法律

*19　自衛隊の活動は、防衛出動、治安出動、警護出動、海上における警備行動、海賊対処行動、弾道ミサイル等に対する破壊措置、災害派遣、地震災害派遣、原子力災害派遣など多岐に及ぶ。

79

表7-3　平和安全法制による主な改正内容

	日本と日本国民の平和と安全	⟷	国際社会の平和と安全	
平時	自衛隊法の改正 ①〔新設〕在外邦人等の保護措置、②〔新設〕米軍等の部隊の武器等防護のための武器使用、③〔拡充〕平時における米軍に対する物品役務の提供、④〔新設〕国外犯処罰規定の整備		国際平和協力法の改正 ①〔拡充〕国際連合平和維持活動、②〔新設〕国際連携平和安全活動（非国連統括型）に従事するための業務（安全確保、駆け付け警護等）の拡充、その業務に必要な武器使用権限の拡大	国家安全保障会議設置法の改正 国家安全保障会議で審議する事項の整理
	重要影響事態安全確保法（周辺事態法の改正） 〔新設〕重要影響事態（そのまま放置すればわが国に対する直接の武力攻撃に至るおそれのある事態等わが国の平和及び安全に重要な影響を与える事態（第1条）、周辺事態から変更）に、日米安保条約や国際連合憲章等の目的達成に寄与する活動を行う外国軍隊等に対する支援活動等（後方支援、捜索救助活動、船舶検査活動等）を追加	船舶検査活動法の改正 〔拡充〕重要影響事態及び国際平和共同対処事態のための船舶検査活動	国際平和支援法の新設 〔新設〕国際平和共同対処事態（国際社会の平和及び安全を脅かす事態であって、その脅威を除去するために国際社会が国際連合憲章の目的に従い共同して対処する活動を行い、かつ、わが国が国際社会の一員としてこれに主体的かつ積極的に寄与する必要があるもの（第1条））において、諸外国軍隊に対する協力支援活動等を実施	
有事	事態対処法制の改正 ①〔新設〕わが国の平和と独立、国及び国民の安全を確保するため、武力攻撃事態等に加え存立危機事態（わが国と密接な関係にある他国に対する武力攻撃が発生し、これによりわが国の存立が脅かされ、国民の生命、自由及び幸福追求の権利が根底から覆される明白な危険がある事態（事態対処法第2条4号））を追加、②その対処等について各法律（事態対処法、自衛隊法（「新三要件」における「武力の行使」を「自衛の措置」とし、防衛出動と武力行使を主たる任務に位置付け）、米軍等行動関連措置法（武力攻撃事態等及び存立機器自体における米軍その他の外国軍隊に対する支援活動を追加）、特定公共施設利用法、海上輸送規制法、捕虜取扱い法）を改正			

的とした他国の領域への「海外派兵」は、「自衛のための必要最小限度」を超えるため、憲法上許容されないとしてきた。また他国の「武力の行使との一体化」がなされないことが求められてきた。

　これに対して平和安全法制は、新たな事態を想定して、自衛隊の活動範囲を拡大したが、後方支援等を「後方地域」に限定していた周辺事態法の改正により、「周辺事態」といった文言が削除され、「現に戦闘行為を行っている現場」以外の重要影響事態において、後方支援活動等を行うことが可能となった。さらに、国際平和共同対処事態において、「現に戦闘行為を行っている現場」以外で協力支援活動等を行うことが可能となった。

　従来の国連PKO、人道的な国際救援活動、国際的な選挙監視活動に加えて、国連が統括しないような人道支援や安全確保などの活動（国際連携平和安全活動）として、安全確保業務や駆け付け警護（図7-2）などが行えるようになった。これらの活動によって民間人や国連職員を救出できる可能性もある反面、他国軍との衝突に遭遇する可能性もあり、自衛隊員の生命を危険にさらすなどのリスクもある。なお、これらの活動には原則的に事前の国会承認が必要となっているが、緊急時には事後承認とされる場合もある。

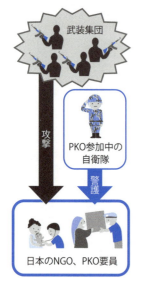

図7-2　駆け付け警護

④ 自衛隊の明記について

　2017年5月3日に安倍首相（当時）は、新しい憲法を2020年に施行することを表明し、憲法9条を改正して自衛隊を明記する憲法改正案を掲げた。そして自民党憲法改正推進本部は2018年3月26日、優先的な検討項目として「自衛隊」を含む4項目を掲げ、その「条文イメージ（たたき台素案）」を発表した[20]。その中で、憲法9条については、①合憲と言う憲法学者は少ないこと、②中学校の大半の教科書が違憲論に触れていること、政党の中には自衛隊を違憲と主張する者もいることから、憲法改正により自衛隊を憲法に位置づけ、「自衛隊違憲論」を解消するべきであるとした。しかし、2020年までの憲法改正は実現せず、現在に至っている。

[20] 具体的には憲法9条の2を新設し、「わが国の平和と独立を守り、国及び国民の安全を保つために必要な自衛の措置をとる」ための「実力組織として、法律の定めるところにより」「内閣総理大臣を最高の指揮監督者とする自衛隊を保持する」こと、そしてその行動は「国会の承認その他の統制に服する」ことが明示された。

憲法9条の解釈が時代によって変わるのは、アメリカとの関係や政治的な理由が大きいからなんだね。最近では自民党が憲法改正の必要性を明示して、具体的な条文案も提案しているみたいだね。憲法の解釈ではもう対応できないのかな。

それでも、日本国憲法は硬性憲法で改正がむずかしいから、解釈を変えてるってことじゃないか？　それだけ国際的な貢献が、政府にとっても重要だってことかもね。どんなにすばらしい憲法でも、制定から70年も経つとやっぱり時代の変化に対応できなくなるのかな？

憲法解釈の変更や憲法改正に反対か賛成かについては、誰かの意見やマスコミの報道に流されるんじゃなく、ちゃんと理由を理解してから自分の意見を決めたいな。今度のゼミのテーマは憲法解釈の変更についてだから、そこでしっかりと勉強して考えたいな（➡172頁ゼミナール編テーマ4）。

課題

❶ 近年の人道的介入に関する議論について考えてみよう。また国際連合が推進している活動や、こうした人道的介入に日本はどのような役割を果たすべきか考えてみよう。
❷ 憲法9条の実質的解釈は内閣法制局が行っているといわれるが、内閣法制局の憲法9条解釈にはどのような意義や問題があるだろうか。また、憲法解釈を変更することによって集団的自衛権を認めることは可能なのだろうか、考えてみよう。
❸ 憲法の前文には平和のうちに生存する権利が述べられているが、平和的生存権とは何だろうか、調べてみよう。

第8章 # 人権ってどんな権利だろう？
人権の理念・歴史・特質

「高校が生徒に特定の髪型を強制することは人権の侵害になるか？」というテーマでディスカッションをする課題がでました。休み時間、3人はさっそく議論を始めています。

ナツキ：高校のとき野球部だったから丸坊主にしてたんだけど、ほんとはいやだったな。制服の着方や生活指導もくだらない決まりばかりでさ。ああいうのって、人権侵害になるんじゃないの？ 学校は生徒の自主性を尊重すべきだよ。

ハルオ：でもさ、自主性を尊重しすぎると弊害もあるよ。髪型や服装を自由にすれば、洋服代や美容院代を稼ぐためにアルバイトをしたりして、勉強がおろそかになることもある。だから制限や強制をする方が本人のためでしょ。健康を守るためにタバコを吸わせないのと同じだよ。

アキ：私は女子校で規則が厳しかったけど、生徒会で話し合って決めたことを尊重してくれる学校だったから、髪型を強制されても人権侵害があったという感じはしなかったな。でもさ、そもそもそれってほんとに人権の問題なのかな？

フユヒコ先生：みんな「人権」という言葉に振り回されている感じですね。すでに学んだように、憲法は基本的人権の尊重を基本原理の1つにしており、さまざまな人権の規定を置いています。それでは、そもそも人権とはどんな権利で、どんな性質を持っているのでしょうか。今回のテーマは「人権について」です。

82

I 人権保障の根底にはどのような考え方が存在するのだろうか？

1 人権とは

人権保障と権力分立が近代憲法（立憲的意味の憲法）*1 の特徴とされ、日本国憲法もその１つに数えられる。人権とは、人格的生存に不可欠な権利の総称である。ここで「人格的生存」とは、人間らしく生きるという意味であって、他の動物とは異なり尊厳性を備えた存在として生きるために不可欠な権利として、さまざまな人権が構想されてきた。ただ、一言で人権といっても、人権ごとにその法的性質や実現方法などが異なるので、問題となる人権の検討を個別的にする必要がある。

> *1 およそ国家が存在する以上、その統治の組織と作用に関する基本法（憲法）が存在する。これを固有の意味の憲法という。そのうちで、人権保障と権力分立を要素とするものを、立憲的意味の憲法（または近代憲法）と呼ぶのである（➡１章Ⅰ）。

2 個人主義

性質の異なるさまざまな人権に共通するのが、個人主義の理念である。日本国憲法においては、「個人の尊重*2」（13条前段）（➡15章Ⅰ１）として規定されている。個人が有する価値観は百人百様であるが、国家としてはそれらを最大限尊重すべきことが要求される。

個人主義の反対の概念が全体主義であり、国家が正しい価値を決定し、それを個人に強制することを統治原理とする。全体主義国家では国家の決めた価値観が最優先となるので、個人の価値観はその枠内でしか認められない。個人が持っている価値観こそが「その人らしさ」であり、個人主義を採用する国家はそうした理念を実現することを目的とする。

> *2 個人の尊厳と呼ぶこともある。また、類似した概念として「人間の尊厳」がある（➡９章Ⅰ１）。これはドイツ基本法に規定されているが、かつてナチスが行ったユダヤ人の大量虐殺など人間を人間として扱わない非違行為への批判的概念（反道具主義）として用いられることが多い。ただし、個人主義と互換的に用いられることもある。いずれにしても、抽象的で多義的な概念であるので、いかなる個別的文脈で具体的に何を述べたいのかを明確にした上で用いる必要がある。

3 寛容思想と価値相対主義

そうした個人主義の理念を実現するためには、個人が持つ価値観に照らして自ら行動を選択することが最大限認められる必要がある。そこで登場

発展　中間団体否認の法理

個人主義はこんな考え方から誕生したのね。

　中間団体とは、国家と個人の間に存在するさまざまな団体をいい、近代国家が登場する際に、それらの団体の存在を否認することで個人主義が想定する個人が登場したとする理論が中間団体否認の法理である。

　近代以前は、地域団体や封建領主、職能団体、宗教団体など、生まれながらに選択し得ないさまざまな団体に個人は束縛されなければならなかった。これらの束縛を断ち切り、個人の価値観によっていかなる団体に加入するかを選択し得るようになったのが近代社会の特徴である。これに関係するのが、結社の自由（21条）という人権であり、中間団体否認の法理からすれば、結社を作る自由以前に、結社をしない自由にこそ価値があるとされている。

*3 これに関連して、他人に危害を加えない限り、個人の行為は国家によって規制されないとするJ. S. ミルの「加害原理」は有名である。

*4 自然法思想とは、人間を超えた存在が制定した法（自然法）の意義を唱える思想である。典型的には「悪法は法にあらず」との格言で示されるように、正義に反する法を法と認めない立場である。これを否定する立場として法実証主義がある。

*5 ここで注意すべきは、思想としての人権と憲法上保障される人権とは、一応別の次元の存在だという点である。人権思想はあくまでも思想であって、必ずしも法によって保障されるとは限らない（➡9章Ⅰ）。

*6 アメリカ建国の父の一人とされる政治家のジョージ・メイソンによって起草された。後のアメリカ独立宣言やフランス人権宣言にも影響を与えたとされる。イギリス権利章典（1689年）のように中世的身分制を前提としない点で画期的な内容となっており、その意味で世界最初の権利章典と評価されることがある。

するのが自由主義であり、人権保障は自由主義を実現するための具体策として位置づけられる。そして、そうした思想を受け容れる土台となったのが寛容思想である。

人によって依拠する価値観は多様であるから、それらが共存するためには、他人の価値観を受容する寛容の精神が不可欠である。たとえば、仏教とキリスト教はどちらが正しいかと問われても答えは示しようがない。個人としては特定の価値観を絶対視することが許されるとしても、社会全体としてはむしろ多様な価値観を尊重すること（価値相対主義）が共存共栄に向けた人類の智恵なのである*3。

4 近代自然法思想と社会契約説

社会契約説の論者として著名なジョン・ロックは、寛容思想を基にした近代自然法思想*4を構想し、その後の人権宣言の成立に大きな影響を与えた。ロックによれば、人間は神が与えた権利（自然権 ➡9章Ⅰ）を生まれながらに有しており（天賦人権思想）、国家を創設するのは自然権を保全するための契約によるもので、もし政府が人々の自然権を奪うときは、契約違反としてこれを破棄して新しい政府を創ることができるというのである*5。

こうした考え方は、ヴァージニア権利章典*6（1776年）やアメリカ独立宣言（1776年）、フランス人権宣言（1789年）などに影響したとされ、思想の産物に過ぎなかった人権が、憲法上の権利として扱われることにつながった（➡9章Ⅰ）。そこでは、憲法が社会契約の文書として位置づけられるのである。

解説　社会契約説

> 主権が王から国民に移るなんて画期的なことだよね。

社会契約説とは、社会全体で締結した契約を根拠として、国家の統治権力を正当化する理論である。代表的論者として、ロックの他にルソーやホッブズがいる。社会契約説は絶対王政を理論的に正統化する「王権神授説」を克服し、近代国家を確立する役割を果たした。すなわち、王権神授説によれば、王の統治権力は神が授けたものであるとされるので、王に逆らうことは神に逆らうことにつながる。これに対して、社会契約説によれば、王が統治者でいられるのは、人々が神から授かった自然権を守るためであって、王が自然権を侵すようなことがあれば、これを人々が打倒しても神に背くことにはならない。中世の欧米社会において、神の存在は絶対的であったから、王の絶対的な権力を擁護する王権神授説を克服した社会契約説が、その後のアメリカ独立戦争やフランス革命に与えたインパクトは、現在では想像もつかないほど大きなものであったことに留意する必要がある。

トマス・ホッブズ
1588-1679

ジョン・ロック
1632-1704

ジャン＝ジャック・ルソー
1712-1778

> 社会契約説から提唱された抵抗権の思想は、国家が違法に国民の権利を侵害したり、憲法秩序を破壊したりした場合に、国民が実力をもって抵抗し、法秩序を守ることができる権利とされています。アメリカ独立宣言やフランス人権宣言にも影響しています。

日本国憲法も「そもそも国政は、国民の厳粛な信託によるもの」（前文）と、国政が社会契約の上に成り立っていることを示している。

5 憲法の最高法規性と人権保障の関係

日本国憲法は、自らの「条規に反する法律、命令、詔勅及び国務に関するその他の行為の全部又は一部は、その効力を有しない」（98条1項）と、最高法規であることを高らかに宣言している[*7]。これだけみるとずいぶんと傲慢なことを言っているようにも思えてしまうが、憲法が最高法規であることと人権保障とは不可分の関係にある。

それを示しているのが97条であって、基本的人権の保障が「人類の多年にわたる自由獲得の努力の成果」であり、これらの権利は「侵すことのできない永久の権利」であるとしている。つまり、人権保障を勝ち取るために人類がどれほど苦労したか、そしてその価値はいかに高いものであるかということを述べた上で、そうした価値の守り手がまさに憲法であることを示す。いくら憲法が人権を保障していても、国会が制定する法律よりも効力が劣っていては、その実効性はないのも同然といえる。そこで、人権保障を万全にするためにも（➡違憲審査制については5章Ⅰを参照）、憲法は最高法規でなければならないのである。

*7 法にはその形式によって序列が決まっており、段階構造（ヒエラルヒー構造）をとっている。憲法が最高法規であるというのは、その頂点に憲法が位置づけられるとの意味である。最高法規であることは、同時に、他の法令を正当化する授権規範であることと、それらの内容を限界づける制限規範であることを意味する（➡1章Ⅰ1）。

Ⅱ 時代とともに人権のあり方はどのように変化したのだろうか？

1 資本主義と個人主義

ロックの時代のような近代国家の黎明期において、国家は役割が必要最小限に制限される夜警国家（消極国家）であるべきとされていた。夜警国家としては治安維持や外交・防衛、社会資本（インフラ）整備を担えば十分であるとされ、資本主義経済の導入を背景に市場原理を重視し、市民生活に国家が介入するべきではないとの考え方が普及していた[*8]。ここに個人主義の思想が合致することで、近代国家の法原理として自由放任主義（レッセ・フェール）が構築されるに至る。この段階における人権とは、国家が何もしない状態（不作為）によって実現する自由権を意味した。

*8 この考え方に強い影響を与えたのがアダム・スミスの『国富論』である。

2 近代資本主義社会の弊害

ここで、自由権の保障が資本主義社会の構築に寄与した側面を忘れてはならない。財産権（29条）が関係するのは当然であるが、重要なのは居住・移転の自由や職業選択の自由（22条）（➡12章）である。財産のない者が財産

アダム・スミス
1723-1790

*9 アダム・スミスの提唱した資本主義社会の基礎には、スミスが国富論以前に著した『道徳情操論』の理念が存在する。つまり単純な経済原理を提唱したのではなく、人間の共感をもとに社会が構築されるというのである。

*10 アメリカにおいては、世界的な大恐慌の後に経済を立て直すため政府が積極的に関与する政策（ニューディール）がF.D.ルーズベルト大統領によりとられたが、これに対して、最高裁判所が夜警国家観に基づきニューディール立法を次々と違憲にした時期があった。これが大統領・議会側と最高裁の対立を生む。最終的に、最高裁が態度を変化させることで事態は終息したが、一連の出来事が「二重の基準」（➡11章発展115頁）の理論の端緒となる。

*11 資本家のための法秩序構築に一役買ったという意味において、当時の近代憲法を「ブルジョワ憲法」などと批判的に呼称することがある。これによって、多くの労働者階級は身分制社会よりも劣悪な生活状況に置かれ、後の社会主義革命の下地が作られることになったとされる。

権の恩恵を受けることは少ない。むしろ、自分の価値にしたがって住む場所や職業を選択できるようになることは、個人にとって有益なことと思われるだろう。

資本主義経済の観点からしても、近代以前に土地に縛られていた労働力を都市部に集約することで、大規模な工場を稼働させたり、巨大な経済市場を構築したりすることができたのは、まさに人権のおかげなのである。だが、農村部から次々と労働力が供給されるため、賃金をどんどん下げることが可能で、資本家階級の利潤が増える一方、労働力しか売り物のない労働者（無産階級）はやむなく低賃金と劣悪な労働環境に耐えるしかなくなるという問題が生じる。結局、多数の個人の犠牲の上に貧富の差が広がる弱肉強食の経済状況が生み出されるだけなのである*9。

しかも、実質的に奴隷のように労働力を搾取される状況に対して、国家は何もできない。現在であれば、労働基準法や最低賃金法で労働者の待遇を国家が守る役割を果たしているが（➡14章Ⅲ3）、当時の国家は夜警国家である。劣悪であろうと労働関係は労働契約によって作られている以上、当事者が同意のもとでそのような状況を生んでいる。そこで国家は契約実現を後押しこそすれ、契約内容に介入することは許されなかったのである*10。

3 現代福祉国家の登場

個人主義と資本主義が手を携（たずさ）えて誕生させた近代社会は、資本主義経済原理の圧倒的な勢いに押され、一部資本家を除き、かえって個人主義を損ねる結果を招いたといえる*11。たしかに国全体としての富は増えたが、それが一極集中し、ほとんどの国民に恩恵が行き渡らない。本来、その適正な分配を果たすはずの市場が全く機能しなかった（市場の失敗）。

そこで、持続可能な社会・経済の発展という政策目的（積極目的）実現に向けた役割を改めて国家に与え、社会・経済のかじ取りをさせるようになる。

コラム　蜂の寓話

法学と経済学の出発点は同じだったんだね。

近代経済学の祖といわれるアダム・スミスの思想は、デイビッド・ヒュームらの依拠したスコットランド啓蒙主義から来ている。そこでしばしば登場するのが「蜂の寓話（ぐうわ）」である。それによれば、蜂が巣を作るときに、誰も設計図を持たず、指示をする者もなく、教育の機会があるわけでもなく、各々が自然のなすままに行動するのみである。しかし、結果として六角形が規則的に配列された複雑な構造の巣が作られる。そこで、人間社会も同様に市民の自由な活動に委ね、国家が介入しないようにすることが国富を増大させることにつながると主張し、自由主義社会・夜警国家・市場経済主義の正当化事由とするのである。

第8章●人権ってどんな権利だろう？

*12 ドイツのワイマール憲法（1919年）が、初めて憲法に社会権を位置づけた。
ワイマール憲法151条
経済生活の秩序は、すべての者に人間たるに値する生活を保障する目的をもった正義の原則に適合しなければならない。個人の経済的自由は、この限度内で確保されなければならない。

*13 このように、自由権と社会権では登場する時代区分が異なることから、自由権を第一世代の人権、社会権を第二世代の人権と呼ぶものもある。

*14 日本国憲法では、全ての人権に共通する事項を定める12条、13条と経済的自由権の規定である22条（職業選択の自由）、29条（財産権）に「公共の福祉」の語が用いられている。わざわざ22条と29条で「公共の福祉」に言及しているのは、現代国家の特徴である外在的制約原理が、経済的自由権の規制に妥当することを示していると解しうる。

最近では、「公共の福祉とは何か」という抽象的な議論に代わり、具体的な事件において人権の制約が正当化されるか否かを、規制目的や手段などの観点から、裁判官の判断枠組みとして考えるという「違憲審査基準」に関する議論が盛んになっています。

弱者救済や富の再分配を担う福祉国家（社会国家）がここに登場する。

　従来の自己責任の考え方を修正し、資本主義の高度化に伴い個人が社会・経済的要因から人格的生存を困難にしている場合に、国家の介入を許容するようになるのである。この段階における人権は、国家が何かしら活動すること（作為）によって実現する社会権を意味する*12。これは自由権とは全く反対の性質を持っている*13。

　現在の国家は、近代の夜警国家の役割に加えて、現代の福祉国家の役割を担っているが、時として両者の役割は矛盾することもある。そうしたことは、人権の調整原理である公共の福祉の内容にも影響している。

❹ 公共の福祉

　公共の福祉とは、人権同士の矛盾・衝突を調整する実質的公平の原理をいう。人権に最高の価値を求める以上、それを制約しうるのは他者の人権であるということが、考え方の根底にある*14。

　公共の福祉を通じて人権の保障される限界が明らかになるが、その内容も2種類のものがあると考えられる。1つは、人権そのものに当初から内在している制約（内在的制約）があり、これに基づく調整原理が自由国家的公共の福祉と呼ばれる。たとえば、表現の自由（21条）といえども、夜中に騒音を出す自由までは認められない。これはあらゆる人権に備わる限界である。もう1つが、政策的理由など人権の外部の事情によって課される制約（外在的制約）であり、これに基づく調整原理が社会国家的公共の福祉と呼ばれる。たとえば、大手のスーパーが出店して商店街の零細企業が倒産しないように、スーパーの営業の自由（22条）を制約し、営業規制をかけることである。

　ただ、こうした分類は、近代から現代にかけての国家観の違いをふまえたものであるが、自由権と社会権の違いは明確に分類しがたいこと、また、新しい人権の位置付けができないことから批判も多い。さらに、裁判の公正や外交機密など、特定人の人権が問題とならないのに、人権が制約されることもあり、先に述べた公共の福祉の定義に疑問を呈する学説もある。

Ⅲ　人権はどのように分類され、体系を作っているのだろうか？

❶ 人権の分類

　人権をその性質に着目して分類すると、一般的に、①消極的権利、②積極的権利、③能動的権利の3種類に分けられる。その構造を示すと**図8-1**のとおりとなる。ただし、この分類はあくまでも理念的なものであって、たと

87

えば、知る権利（21条）[*15] には、情報受領を妨げられないという消極的権利の側面と、情報開示請求権という積極的権利の側面とが並存している。

また、**幸福追求権**（13条）と**法の下の平等**（平等権）（14条）は、これらの権利の性質を包含しており、別格の扱いをする必要がある（➡15章）。この他、社会権と同様、国家に対して作為を請求する性質を持つが、自由権と同様に古典的に保障されていた**国務請求権**（請願権や裁判を受ける権利など）も存在する。

2 消極的権利

消極的権利とは、国家からの侵害を受けない個人の自由の領域を保障し、国家の不作為を要求する権利をいい、「国家からの自由」とも呼ばれる。典型的には自由権がその性質を有し、近代的人権の基本的な構造を備えている（➡10～13章）。ただし、たとえば生存権であっても、最低限度の生活以下の水準に落とされないように不作為請求をするような場面においては、消極的権利としての性質が表れてくる（➡14章発展147頁）。

3 積極的権利

積極的権利とは、国民が国家に対して一定の作為を請求する権利をいい、「国家による自由」とも呼ばれる[*16]。典型的には社会権がその性質を有し、現代的人権の基本的な構造を備えている。消極的権利と異なり、国家の作為を必要とするので、権利の実現のためには権力発動の根拠となる法令とそれを裏付ける予算が不可欠となる。そのため、第一次的には国会や内閣による政策判断が欠かせないので裁量の幅が広くなり、一般的に裁判所としては原則としてそれらの判断を尊重する立場をとることになる（➡14章Ⅰ、Ⅱ）。

---

*15　知る権利は、表現の自由を情報の受領者側で再構成した権利である（➡11章Ⅲ2）。

憲法には、①保護する子女に普通教育を受けさせる義務（26条2項）、②勤労の義務（27条1項）、③納税の義務（30条）という国民の三大義務を定めた規定もあります。また、公務員の場合は、憲法尊重擁護義務（99条）も課せられていますが、一般の国民は対象外です。

*16　積極的権利には、古典的受益権または国務請求権と呼ばれる人権も含まれる。裁判を受ける権利（32条）や国家賠償請求権（17条）、刑事補償請求権（40条）が該当する。国家の作為を要求する点で社会権と共通するが、人権を確保するための基本権とも呼ばれ、その特徴を異にする。

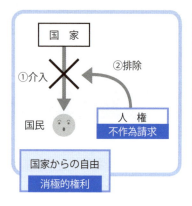
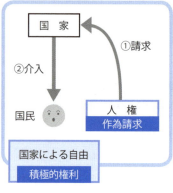

図8-1　人権の一般的な分類

4 能動的権利

能動的権利とは、国民が能動的に国家意思の形成に参加する権利をいい、「国家への自由」とも呼ばれる[*17]。ほぼ参政権（➡2章Ⅰ4）と同義である。ただし、たとえば、政治活動の自由（21条）であっても、国家の意思形成に影響を与える活動については、参政権的な意義を持つこともある（**マクリーン事件** ➡9章Ⅱ2）。

*17 請願権はもともと国務請求権の1つとして分類されてきたが、今日では国民の意思表明の重要な手段としての役割を果たしており、参政権に含めて理解することができる。

5 人権論の体系

人権論の体系（全体図）を示すと次の図8-2のようになる。

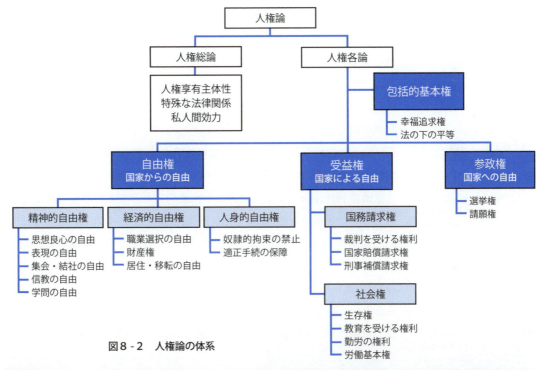

図8-2　人権論の体系

Ⅳ 人権保障を理解する上で重要な概念には他に何があるだろうか？

1 パターナリズム

パターナリズムとは、国家が後見的に自由を制約する原理をいい、国親（くにおや）思想とも呼ばれる。要するに、国家がおせっかいから個人の生活に介入するということであり、自由主義を採用する日本国憲法とは基本的に整合しない考え方である。とはいえ、たとえば、判断能力が未熟な未成年者について考えると、飲酒や喫煙、風俗店への出入りなど成年者と同様に個人の判断を尊重することが難しい場合もある。しかし、未成年者であるとの理由で自由を大幅に制限することも憲法上正当化しえない。そこで、人格的自

*18 ちなみに、未成年者の飲酒や喫煙は法律で禁止されているが、刑罰の対象となるのは、親や販売をした者であって、未成年者ではない（未成年者飲酒禁止法、未成年者喫煙禁止法）。

*19 **食糧管理法違反事件**〔最大判昭和23年9月29日刑集2巻10号1235頁〕（➡14章Ⅱ3）。

*20 **朝日訴訟**〔最大判昭和42年5月24日民集21巻5号1043頁〕、**堀木訴訟**〔最大判昭和57年7月7日民集36巻7号1235頁〕（➡14章Ⅱ3）。

*21 最高裁は、**郵便法違憲訴訟**において、従来プログラム規定とされてきた憲法17条の国家賠償請求権について法的権利性を認めている。この事件では、郵便物の滅失等に対する損害賠償責任を制限していた郵便法の規定の一部が憲法17条に違反するとして無効とされた。最高裁は、郵便業務従事者に特別な配慮が求められる書留郵便のような特別な郵便物にまで、通常の郵便物と同様の賠償責任制限を設けることは立法裁量の範囲を超えると判断した〔最大判平成14年9月11日民集56巻7号1439頁〕。

*22 労働基本権は社会権の一種であるが、具体的権利としての性質が認められる。

*23 **河川附近地制限令事件**〔最大判昭和43年11月27日刑集22巻12号1402頁〕（➡12章Ⅲ3注15）。

律そのものを回復不可能なほど永続的に害する場合には、例外的に国家による介入を認める余地があるものと解されている（限定されたパターナリスティックな制約）*18。

❷ プログラム規定、抽象的権利、具体的権利

　法律上の権利が侵害されたら、裁判所に救済を求めることができると考えるのが通常である。しかし、憲法上の権利は、比較的抽象的に規定されているので、憲法条文だけでは、裁判所による救済が受けられない（裁判規範性が認められない）場合もある。

　このうち、そもそも法的権利性が認められず、単なる政治的な努力目標を規定するにすぎないような規定をプログラム規定と呼ぶ。法的権利性が認められない以上、当然、裁判規範性も認められない。社会国家理念を盛り込んだドイツのワイマール憲法（1919年）の社会権規定もプログラム規定と一般的に理解されていた。その影響もあり、日本国憲法の生存権もかつてはプログラム規定と扱われていた*19。しかしながら現在は、立法府や行政府に広い裁量を認めながらも、その裁量権の明白な逸脱・濫用が見られる場合の司法審査の余地を認めており*20、プログラム規定とはいえない*21。

　法的権利性がありながら、内容が抽象的にとどまるため裁判規範性が認められない権利があり、これを抽象的権利と呼ぶ。一般的に、社会権は国会が制定する法律によって権利内容が具体化するので、その段階で初めて裁判規範性が認められるようになる*22。たとえば、生活に困っている人が生存権（25条）の規定のみを根拠として裁判所に訴えを起こしても請求は認められない。生活保護法のような生存権の内容を具体化する法律を国会が制定して初めて、生活保護の受給権に基づく訴えを起こせるようになる（➡14章Ⅱ2）。

　当初から憲法条文だけで法的権利性も裁判規範性も認められるのが具体的権利である。自由権がその典型であり、たとえば財産権の損失補償（29条3項）について法律に根拠規定がなくても、直接憲法に基づいて請求しうるとされている*23。

　上記の分類に関して憲法の条文が色分けされているわけではないので、人権がどれにあたるかは、個別に性質を検討していく必要がある。

❸ 制度的保障

　憲法は人権保障をしているだけでなく、特定の制度についても憲法が保障しているものがあり、これを制度的保障と呼ぶ。制度的保障として認めら

第 8 章 ● 人権ってどんな権利だろう？

*24　裁判は原則として主観訴訟といって、自分の権利・利益が侵害された者からしか訴訟を提起できないことになっている（➡5 章Ⅰ3）。これに対して、自分の権利・利益と関係なく法秩序の侵害を訴えることができるものを**客観訴訟**という。これには法律上の根拠が必要になるが、その代表的なものとして、住民訴訟（地方自治法 242 条の 2）、選挙訴訟（公職選挙法 204 条・205 条）などがある。

れると、制度の根幹を侵すような法律を議会が制定することは憲法上許されないということになる。

制度的保障自体は人権ではないので、その違反があったとしても、法的に例外が認められていない限り、制度的保障違反のみを裁判所に訴えることはできない*24。

実際にどのような制度が保障の対象になるかというと、人権保障に密接に関係する制度であり、たとえば、信教の自由（20 条）に対する **政教分離原則**（➡10 章Ⅱ3）、学問の自由（23 条）に対する**大学の自治**（➡11 章Ⅳ2）、財産権（29 条 1 項）に対する私有財産制（➡12 章Ⅲ1）がそれにあたる。さらに**地方自治**（92-96 条）も制度的保障であるとされている。

まさか丸刈りの話からアダム・スミスが出てくるとは思わなかったな。高校の公民の教科書で写真を見た覚えはあるけど、野球部の練習で疲れてたから授業中はいつも寝てたんだよね。

アダム・スミスは近代経済学の父って習ったけど、法学には関係ないと思っていたな。でも、権利とか自由って、昔の人が一生懸命に考えて勝ち取ってきた重要なものなんだね。

人権にもいろんな種類があるというのは興味深いね。パターナリズムという言葉はかっこいいから覚えておこうっと。両親がおせっかいなことを言ってきたときに撃退するのに使えそうだ。

課題

❶ 高校の公民科の教科書が手元に残っていたら、今日、勉強したことと関連する基礎知識がどの程度載っているか確認してみよう。
❷ この章の内容について、近代に特徴的な事柄と現代に特徴的な事柄を分けて一覧表を作成してみよう。
❸ 人権の内在的制約と外在的制約について、第 12 章の内容で関係する部分を探してみよう。
❹ 冒頭の髪型の強制が憲法上問題となるのか、第 15 章の内容もふまえて考えてみよう。

91

それって人権問題？
人権総論

待ちに待った平和の祭典、オリンピックです。
表彰式に登場した選手は、黒人差別で殺された被害者の名前が書かれたマスクを着けています。

ナツキ：スポーツ選手が政治メッセージを発信するのは、なんだかカッコいいね。スポーツ選手にとっても表現の自由は重要なんだね。

ハルオ：でも、大会運営者はあまり快く思っていないみたいだね。政治的パフォーマンスはオリンピック憲章で禁止されているんだってさ。でもそんなの憲法違反だよな。人権侵害だよ。

アキ：でも、これが許されるなら、もし領土問題をアピールしたり人種差別的なメッセージを発信したいという選手が出てきたらどうなるの？　そもそもこれって憲法の問題なの？

フユヒコ先生：重要な指摘です。これは私人間効力の問題と呼ばれています。ここには、2つ考えなければならないことがあります。第1にこれは「憲法上の権利」の侵害として捉えるべきなのかどうか。第2に、選手側と主催者側の言い分をどのように調整するべきか。
この章では、憲法という枠組みを通じた人権の議論のしかたについて学びましょう。具体的には、憲法上の権利の「享有主体」と「私人間効力」です。

I 人権という権利はどのような性質をもっているのだろうか？

1 人権の理念

　拷問、大量虐殺、飢餓、そして身近にはいじめなど——残念ながら人間社会には、人間が人間として扱われない場面がしばしばみられる。これらの現象は、法律論的にあれこれ考える以前に、その状況自体が「悪」である、と感じるのが一般的な感覚ではないだろうか。

　このように感じるとき、私たちの中には、法律論とは別の善悪の基準があるということになる。人間には一人ひとりに尊厳があり人間としてふさわしく扱われるべきだ、あるいは自分とは異なる人間が現実に存在しているという事実を尊重すべきだという基準である。今日、人間の尊厳を尊重するよう求める権利が人権と呼ばれることがある（理念としての人権）。

　人権という考え方は、古くは中世ヨーロッパにさかのぼる。キリスト教の考え方を背景に、近代には個人の自然権という理念が登場した[*1]。

> 人間の理性や尊厳を人権の根拠とする議論を、哲学では「基礎付け論」といいます。これに対して、人権の基礎付けを否定する「非基礎付け論」という議論もあります。これは人権を否定する考え方ではなく、人権は社会の中の人々の共感を通して育て上げられるべきものだ、という考え方です。

2 理念としての人権の性質

　自然権としての人権には3つの性質があるとされる。誰かから与えられたものではないという固有性、侵されないという不可侵性、そして人間であればあらゆる者が持っているという普遍性である[*2]。

　言い換えれば、個人は生まれながらにして（＝天賦の）人権を持っているのであり、王様や国家や憲法が認めてくれて初めて持つのではない（固有性）。したがって個人から人権を引き剥がすことはできない（不可侵性）。そして人権は文字通り「人」の権利であり、特定の人種・性別・社会的身分・家系・職業・財産といった属性に限定されない権利である（普遍性）。

[*1] 自然権の中心を何とするのかについては多様な見解がある。トマス・ホッブズは「自己保存の権利」、ジョン・ロックは「プロパティの権利」と述べた（→8章Ⅰ4）。19-20世紀のドイツの憲法学者ゲオルク・イェリネックは（17世紀の議論を振り返って）「信教の自由」と見た。

[*2] 理念としての人権は本来、民族とか国家とか法制度といった制度的な枠組みを超えて、いわば思考実験によって純粋な「個人」を想定して導かれる考え方である。究極的には、現在の社会制度を取り換えるという「抵抗権」という権利も含み得ることになる。

コラム　人権の国際的保障

どこで生まれても、幸せになる権利は大切だよね。

　人権を保障するのが国家の役割だが、20世紀以降は、国家を超えて国際的に人権を守っていこうとする動きが現れてきた。これを「人権の国際的保障」という。

　この考え方は、第二次世界大戦の経験を踏まえて、国際平和達成のためには国内の人権保障が不可欠であることのみならず、国際的な人権保障の枠組みが必要であることが認識されることによって登場した。

　代表例として、世界人権宣言（1948年）、国際人権規約（社会権規約〔A規約〕と自由権規約〔B規約〕、1996年）などがある。ヨーロッパでは欧州人権条約もあり、欧州人権裁判所も設置されている。

　なお、人権の国際的保障のためには、本当に人権が保障できるような実効性を伴った仕組みづくりが不可欠である。どのような仕組みを作るべきか、課題が残っている。

*3 ちなみに、人権理念を取り込むのは憲法だけだろうか。ある学説は、国家の基本法である憲法が人権理念を取り込んでいるのと同じように、社会の基本法である民法も人権理念を取り込んでいると説明する。このように理解した場合、たとえば民法の人格権は、人間の尊厳に基礎をおく、民法上の権利としての人権だと理解されることになる。ちなみに民法2条は次のように規定する。

> **民法 2条**
> この法律は、個人の尊厳と両性の本質的平等を旨として、解釈しなければならない。

*4 一般に、国家とは「領域、国民、統治権」の3つによって構成されると説明される（国家三要素説）。なお、この三要素に加えて、他国と関係を取り結ぶ外交上の能力を挙げる場合もある。これは、1933年モンテビデオ条約（国家の権利及び義務に関する条約）1条に挙げられたものであり、日本はこの条約の締結国ではないものの、国家の要件を示すものとして、一般的に妥当するとされている。

3 理念から憲法へ

さて、私たちの理想として人間には「理念としての人権」があると認めたとしよう。そうすると次に問題になってくるのが、この権利を「絵に描いた餅」にしないことである。そのためには、人権を単なる理想の世界にとどめるのではなく、人権を法的に保障する必要がある。

そこで、法の中でも最高法規（➡1章Ⅰ、8章Ⅰ5）である憲法が、人権保障の期待を担うこととなってくる*3。このようにして、憲法は「理念としての人権」を憲法なりに取り込むこととなった（憲法上の権利としての人権）。

4 理念と憲法との違い

ところで、「理念としての人権」は、憲法に取り込まれて「憲法上の権利としての人権」となったときに、少し違った性質を帯びることになる。というのは、憲法は国家の基本法であると同時に、なによりも国家権力を抑制する法だからである（立憲主義➡1章Ⅰ1、2）。つまり、「憲法上の権利としての人権」は、国家の存在を前提としたものとなる*4。

たとえば、憲法が前提にしている国家とは一定の領土と一定の人民から構成される組織である。したがって、日本国憲法でも、その保障する権利を「国民の権利」と呼んでいる。

また、立憲主義によれば憲法の存在意義は何よりも国家権力（統治権、公権力）を規律することにある。したがって、憲法が保障する権利は、国家権力に対抗して行使されるべきものだということになる。

5 再度、理念に立ち戻る

それでは、憲法が保障する権利は、本当に「国民」だけにしか保障されないと考えてよいのだろうか。ここで出発点に立ち戻ろう。理念としての人権は、「人」がそれぞれもつ尊厳を尊重するべきだという、「普遍性」という性質をもつものであったはずだ。そして憲法は、理念としての人権を「絵に描いた餅」としな

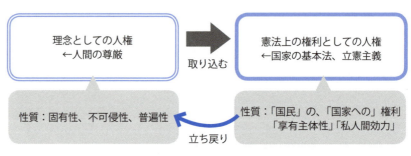

図9-1 「理念としての人権」と「憲法上の権利としての人権」

第9章●それって人権問題？

*5 「国民」「外国人」を分ける国籍概念について意識しておくことも必要である。国籍は「権利を行使するための権利」（アレント）という性質を持つのであるが、しかし日本国憲法の規定上、これは法律によって決定されるという性質がある。「憲法上の国籍」があるのではないかという議論も存在する。

*6 私人とは、公権力の主体（国、国会、行政機関、裁判所など）ではない者をいう。いわゆる民間人、会社、私立学校などがこれに含まれる。

いために人権を取り込んだはずだ。したがって、「国民」でない「人」に対してすべての憲法上の権利を否定することはできないはずである*5。ではどのような権利は保障の対象外となるか。これが人権の享有主体性という論点である。

また、公権力の濫用を防止する立憲主義の考え方からすれば、たしかに、憲法やそれが保障する権利は国家を縛るためのものであるべきだろう。しかし、だからといって人間が固有にもっているはずの人間の尊厳を傷つける行為を私人*6から受けたとき、憲法はこれに無関心でいていいのだろうか。生まれながらもっているはずの権利あるいは人間の尊厳という価値が、国家が登場する場面だけでしか考慮されないのは、おかしいのではないか。このような論点が人権の私人間効力である（図9-1）。

Ⅱ　憲法上の権利は誰の権利なのだろうか？

1　「国民」の権利？

*7 天皇が「国民」に含まれるか否かについては争いがある。人権享有主体性については、もちろん天皇も「人間」であるが、象徴天皇制における職務の性質から、憲法上の権利が制限されているとする立場もあれば、そもそも憲法上の飛び地的な制度体なので享有主体ではないとする立場もある。現に制限されている権利の例として、政治活動の自由、財産権、信教の自由、職業選択の自由、婚姻の自由など（➡6章Ⅳ1）。

日本国憲法第3章はたくさんの人権を掲げているが、そのタイトルは「国民の権利及び義務」となっている。このタイトルだけを見ると、憲法による権利保障は「国民」に限定されるかのようである。そこで、誰が「国民の権利」を行使できるか（享有主体性）が問題となる。具体的には、外国人、法人（団体）、天皇*7、子どもなどである。

2　外国人の人権享有主体性
（1）「外国人」とは

国籍法　4条1項

日本国民でない者（以下「外国人」という。）は、帰化によつて、日本の国籍を取得することができる。

日常用語ではときどき、外国風の顔つき・生活習慣をもつ人のことを「外国人」や「ガイジン」と呼ぶことがあるが、これは正しい用法ではない。現行法上、外国人とは日本国籍を有さない者である（国籍法4条）。

では誰が日本国籍を持つのか。憲法は、国籍に関するルール作りを国会に委ねている（10条）。これを受けて国会は国籍法という法律を制定している。国籍法は、日本国籍を有する父または母の子が日本国籍を有するという、血統主義を採用している*8。また国籍法は帰化による国籍取得も認めている。

*8 血統主義の他、アメリカなどの採用する出生地主義という方式もある。出生地主義とは自国の領土内で出生した者に国籍を与える方式である（➡12章Ⅱ3）。

（2）外国人の人権享有主体性

それでは外国人に人権は保障されるか。この問いを正確に言い直せば、外国人には「理念としての人権」があることを前提に、「憲法上の権利としての人権」が保障されるか。これについては、そもそも「憲法上の権利としての人権」は、普遍的であるはずの「理念としての人権」が絵に描いた餅にならないようにするためのものだったことを考えれば、外国人であるか

95

らといってすべての憲法上の権利を否定するわけにはいかないだろう。

そこで次に、憲法上の権利のうち、どのような権利が外国人に保障されるのかが問題となる。これについては最高裁の**マクリーン事件**[*9]がリーディング・ケースである。最高裁は、憲法上の権利の保障は、「権利の性質上日本国民のみを対象としていると解されるものをのぞき、わが国に在留する外国人に対しても等しく及ぶ」とした。いわゆる権利性質説である。

（3）外国人に保障されない権利

それでは、どのような権利が外国人に保障されないのか。最高裁判例に即して見ていこう。

① 前述のマクリーン事件で最高裁は、政治活動の自由（表現の自由、21条）は外国人にも保障されるとしつつ、ただしその中でも「わが国の政治的意思決定又はその実施に影響を及ぼす活動等外国人の地位にかんがみこれを認めることが相当でないと解されるもの」は保障されないとした。

② 同じくマクリーン事件は、入国・在留の権利（居住移転の自由、22条）も外国人に保障されないとした。その根拠として最高裁が挙げるのは、主権国家体制における国際慣習法である。したがって、国家が外国人の入国・在留を許可するのは完全な自由裁量によることになる。最高裁は森川キャサリン事件[*10]で外国人の再入国の自由[*11]も認めなかった。

③ 選挙権（15条）（➡2章Ⅰ4）について、まず国会議員の選挙権に関しては、最高裁はマクリーン事件を引用して外国人に保障されないとした[*12]。地方公共団体の選挙権に関しても、最高裁は、国民主権というときの国民は国籍保持者を指すため、国民主権を基礎とする選挙権も日本国民のみを対象とするものであるとし、地方公共団体における選挙も同様である

[*9] アメリカ国籍の原告が、法務大臣による在留期間更新の不許可を争った事例。不許可処分の理由の1つは、原告が日本滞在中にベトナム反戦運動に参加したことだった〔最大判昭和53年10月4日民集32巻7号1223頁〕。

[*10] 在留外国人の一時海外旅行が許可されなかったことを違法とする主張を退けた事例〔最1小判平成4年11月16日集民166号575頁〕。

[*11] 再入国とは、日本に在留する外国人が在留期間の満了の日以前に再び入国する意図をもって出国することをいう。典型例は、日本在住の外国人による海外旅行である。
なお、現在はいわゆる「みなし再入国許可」の制度により、一定の外国人が出国の日から1年以内に再入国する場合には、原則として再入国許可の取得は不要となっている（入管法26条の2）。

[*12] 最2小判平成5年2月26日判時1452号37頁。

日本には100万人以上の外国人がいるのね。

コラム　外国人の在留資格

外国人と一口にいっても、短期在留や留学のほか、「永住者」「定住者」「特別永住者」など、法律で定められたさまざまな在留資格の種類がある。

永住者とは、出入国管理及び難民認定法に基づいて、法務大臣から永住許可を得たものをいう（法22条）。許可条件として、「素行が善良であること」「独立の生計を営むに足りる資産又は技能を有すること」が挙げられている。2019年末には79万3164人。

定住者とは、出入国管理及び難民認定法に基づいて、法務大臣が特別な理由（難民であるなど）を考慮して一定の在留期間で居住を認めた者をいう。2019年末には20万4787人。

特別永住者とは、出入国管理に関する特例法に基づいて、法務大臣の許可により永住することができる者をいう。戦後に引き続き日本に居住する在日コリアン・台湾人とその子孫である外国人がこれに当たる。2019年末には31万2501人。

※数字は法務省ウェブサイト「令和元年末現在における在留外国人数について」（2020年3月27日付）による。

第9章●それって人権問題？

*13 「住 民」（93 条 2 項）を「地方公共団体の区域内に住所を有する日本国民を意味する」としている〔最 3 小判平成 7 年 2 月 28 日民集 49 巻 2 号 639 頁〕。

*14 東京都職員の外国人が管理職試験の受験を拒否された事例。最高裁は「公権力行使等地方公務員」とは「住民の権利義務を直接形成し、その範囲を確定するなど公権力の行使に当たる行為を行い、若しくは普通地方公共団体の重要な施策に関する決定を行い、又はこれに参画することを職務とする」公務員を指す、としている〔最大判平成 17 年 1 月 26 日民集 59 巻 1 号 128 頁〕。

*15 幼少時に全盲となった外国人が帰化後に障害福祉年金（国民年金法による。今の障害基礎年金）の給付を請求したが、疾病認定時には日本国籍を有していなかったという理由で却下された事例。なお、国籍要件は 1982 年に廃止された〔最 1 小判平成元年 3 月 2 日判時 1363 号 68 頁〕。

*16 最 2 小判平成 26 年 7 月 18 日判例地方自治 386 号 78 頁。

*17 これは憲法が**結社の自由**を保障する理由の 1 つでもある。結社の自由とは、団体を作る自由、入る自由、やめる自由、そして団体が内部のことを決定する自由を意味する。

*18 ドイツ基本法の 19 条 3 項は、法人の人権享有主体性を明文で認めている。

*19 製鉄会社から政党への献金を無効として株主が争った事例。最高裁は法人に政治的行為の自由（献金も含む）を認め、また会社の定款に反する行為ではないとした〔最大判昭和 45 年 6 月 24 日民集 24 巻 6 号 625 頁〕。

とした。ただし「民主主義社会における地方自治の重要性に鑑み」、地方自治体と密接な関係を持つ一定の外国人に地方参政権を付与するような立法措置をとることも、憲法上許容されるとした***13**。

④公務就任権（15 条、22 条）につき、最高裁の**管理職選考事件*14**は、地方公務員に外国人を任命することは禁止されないものの、地方公務員の中でも「公権力行使等地方公務員」には、国民主権の原理から、外国人が就任することは想定されていないとした。なお、国家公務員への就任は当然に想定されていないとするのが現行法の考え方である（「当然の法理」）。

⑤生存権（25 条）（➡ 14 章Ⅱ）について、最高裁は**塩見訴訟*15**で、生存権に基づく立法措置は立法府の広い裁量に委ねられるので、福祉的給付にあたり自国民を外国人に優先させることも許される、とした。また、最高裁は近年、外国人は生活保護法上の生活保護を受ける権利を有しないとの判断を下している***16**。

❸ 法人（団体）の人権享有主体性

（1）法人（団体）の人権

理念としての人権は、本来的に個人の権利である。人権思想は、近代主権国家や近代社会の基本原則である個人主義にもつながっている。近代国家・近代社会は、自由かつ平等な諸個人の合意によって成り立っているものと説明される。このような見方からすれば、団体は個人の自由への抑圧をもたらす中間団体として警戒される（➡ 8 章発展 83 頁）。

他方で現代社会では、個人主義を前提としつつも、団体の活動の社会的な重要性が増している。団体があるからこそ諸個人が活発に活動できるという側面も見逃せない***17**。このような背景の下で、法人（団体）の人権享有主体性が議論されるようになってきた***18**。

最高裁は、**八幡製鉄政治献金事件*19**で、法人は社会的実在であるから、権利の性質上可能な限り憲法上の権利が内国の法人にも適用されると判示した。その結果、会社が政党に政治献金することも、国の特定の政策を支持したり反対したりする政治的行為の自由の 1 つに当たるとした。

（2）法人（団体）に保障される権利の種類

最高裁によれば、法人には、権利の性質上法人にも保障される権利が保障される。つまり、自然人のみを対象とした権利は保障されない。たとえば、人身の自由（➡ 13 章）（手続保障などは除く）、選挙権（➡ 2 章Ⅰ4）、生存権（➡ 14 章Ⅱ）などである。

のみならず、法人の権利行使が、法人の構成員個人の権利と衝突する場

97

合もある。この場合には、人権の基本的な理念が想起されるべきだろう。最高裁も**南九州税理士会事件**[*20] で、税理士会のような**強制加入団体**による多数決に基づく政治献金を違法と判断した。

法人が法人だから当然に人権を持つ、という判例の考え方への批判もある。この批判によれば、法人所属の個人の人権保障に還元されるからこそ、法人の憲法上の権利が保障されるべきだ、ということになり、法人の設立目的や活動の実態という観点から個別の権利保障の範囲を決定するべきだということになる（報道機関の表現の自由、宗教団体の信教の自由、など）。

[*20] 南九州税理士会による政治献金の決定決議を、会員が無効として争った事件。最高裁は、税理士会が強制加入団体であることをふまえて、政治献金をするかどうかは会員が個人として決定すべき事柄であるから、本件決定を無効とした〔最3小判平成8年3月19日民集50巻3号615頁〕。

Ⅲ 憲法上の権利は公権力以外に対しても使うことができるか？

1 私人間効力論の背景

（1）立憲主義

憲法による国家権力の抑制を強調するのが**立憲主義**という考え方である（➡1章Ⅰ1、2）。立憲主義はなぜ国家権力の抑制にこだわるのだろうか。それは、近代国家においては、国家のみが公共的決定を行い[*21]、これを強制することができるからである[*22]。だからこそ、憲法上の権利は国家権力の歯止めとなるよう、対国家性という性質を持つことになる。

（2）私的自治

立憲主義の発想によれば、公的権力が国家に集中されるのに対し、他方で社会は自由かつ平等な諸個人によって構成されることになる。諸個人は自由かつ平等であるからこそ、彼らは互いに自由な合意に基づいて社会関係（仕事、経済取引、家族関係など）を築くことになる（**契約自由の原則**）[*23]。このように、社会の領域では、国家権力の介在なしに諸個人が自由な活動を行うことで秩序を形成することが期待されることになる（**私的自治の原則**）。もちろん、私人間にもルールが必要であるが、その代表例が**民法**である。民法は私的自治を原則としつつ、一定のルールを社会に課しているのである。

[*21] このことをたとえばマックス・ウェーバー（1864-1920）は、「国家による暴力の独占」と呼んでいる。

[*22] なお、立憲主義による制約を遵守することにより、公権力の行使には正統性が増大し、公権力が結果的に強化される、と考える「積極的立憲主義」という議論もある。

[*23] このことをヘンリー・メイン（1822-1888）は「**身分から契約へ**」と説明している。

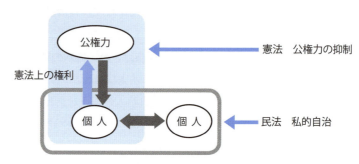

図9-2　立憲主義と私的自治

第9章●それって人権問題？

*24　なお、百里基地事件は、契約締結など私法上の行為を国が行う場合には、憲法は直接適用されないとした。ただし、私法上の行為が実質的に公権力の発動になる場合は別だとしている〔最3小判平成元年6月20日民集43巻6号385頁〕（➡7章注9）。

*25　いわゆる社会的権力の例として、会社、経済団体、労働組合、職能団体などが挙げられる。

私人間効力論は、第三者効力論といわれることもあります。憲法が直接適用を予定しているのは国家と私人との関係であり、私人と私人との関係は憲法が適用を予定する当事者ではない「第三者」であるという意味合いが込められています。

*26　なお、一定の権利については、憲法の文言や権利の趣旨からして、当然に私人間効力があるとする説もある。その権利は、**投票の秘密**（15条4項）、**奴隷的拘束と意に反する苦役からの自由**（18条）、**教育を受けさせる義務**（26条2項）、**労働基本権**（28条）などである。

*27　アメリカの**ステイト・アクションの法理**も、私人が国家と密接な関係にある場合や、私人が公的機能を担っている場合に、私人の行為を国家行為（ステイト・アクション）とみなして人権の適用を認める。これも直接適用の一種である。

したがって、私的自治の原則に照らしても、憲法上の権利は私人には向けられないことになる*24。

（3）現代社会における「社会的権力」

　ところが、立憲主義と私的自治の原則が想定するような状態は、現実とはそぐわないのではないかという問題が、とくに20世紀に入って提起されるようになる。資本主義経済の進展に伴い、貧富の差が拡大し、私人ではあっても強大な影響力を持つ社会的権力*25が登場したため、私的自治の想定する平等かつ自由な私人により構成される社会という発想は維持できないのではないか、という問題提起である。

　もちろん、このような状況に対処するため、20世紀以降、新たな法律により私法の修正が行われた（福祉国家政策）。たとえば労働法の制定である。

　とはいえ、現実の社会における力関係の不均衡は、立法では対処できないこともある。このような不均衡の中で人間の尊厳が侵されるようなことが生じたとき、やはり憲法上の権利を私人間に及ぼすことも必要なのではないか、という考え方が登場する。これが私人間効力論である。

❷　私人間効力の有無・適用の方法

　それでは、憲法の人権規定は私人間にも効力が及ぶと考えるべきだろうか。そして何らかの意味で効力が及ぶとしても、どのように人権規定を適用すべきだろうか*26。

（1）無効力説

　無効力説は、憲法は私人間・社会に対して基本的に効力を有さず妥当しない、と考える。これは何も「社会的権力の問題」を無視するものではない。単純に、それは私法で処理すべき問題だと考える。そして、憲法が「理念としての人権」を取り込んだように、民法も「理念としての人権」を取り込んでいるはずだから、私人間にはこれを適用すべきである、とする。

（2）直接適用説

　直接適用説は、社会的権力に対抗する場面では、憲法の人権規定は私人間に直接適用できる、と考える。社会的権力は国家権力と同視できると考えるからである*27。憲法制定は国家のみならず社会構造の決定にも及んでいるはずで、自由で平等な社会秩序を憲法も維持しなければならない、と直接適用説は考える。

（3）間接適用説

　これに対し、最高裁判例・通説は、間接適用説という立場をとっている。間接適用説によれば、私人間の関係を直接規律するのは、あくまで私法で

99

民法　90条
公の秩序又は善良の風俗に反する事項を目的とする法律行為は、無効とする。

民法　709条
故意又は過失によって他人の権利又は法律上保護される利益を侵害した者は、これによって生じた損害を賠償する責任を負う。

あり憲法ではない。ただ、私法の中の一般条項（民法90条や709条など）の柔軟な解釈を通じて、私法の中に憲法的価値をもたらすことができる。このような憲法的価値が、私法を通じて、間接的に私人間に適用されることになるだろう。間接適用説はこのように考える（図9-3）。

図9-3　通常の憲法問題と、間接適用説の考え方

*28　最大判昭和48年12月12日民集27巻11号1536頁（➡14章Ⅲ）。

最高裁も、**三菱樹脂事件**[*28]で間接適用説を採用した。この事件では、学生時代に政治活動に参加したことのある新卒従業員を会社が解雇したことが問題となった。第二審の東京高裁は直接適用説を採用し、会社が思想良心の自由を侵害したと判断したが、最高裁はこの判断を否定した。最高裁によれば、私人間に憲法の人権規定を適用・類推適用することは、立憲主義や私的自治の原則からして許されない。私人間の力関係の不均衡は、「立法措置によってその是正を図ることが可能」だし、また民法90条などの規定の「適切な運用によって」私的自治の原則と自由・平等の保護の「適切な調整を図る」こともできる、と最高裁は述べた[*29]。

*29　三菱樹脂事件で最高裁は、憲法22条、29条から、会社に契約締結の自由があるとした上で、従業員の思想良心の自由との調整を図る、という考え方を示した。

また、最高裁の**日産自動車事件**[*30]も間接適用説を採用した。会社の就業規則が従業員の定年年齢を「男子60歳、女子55歳」としていたことについて、最高裁は、これは性別のみによる不合理な差別であるから「民法90条の規定により無効であると解するのが相当である（憲法14条1項、民法1条の2参照）」と述べた[*31]。憲法を参照した上で民法上違法であるとしたこの判断は、まさに間接適用説によっている。

*30　最3小判昭和56年3月24日民集35巻2号300頁（➡15章Ⅱ2）。

*31　2004年民法改正により、民法1条の2は現在の民法2条となった（➡注3）。

私人間とはいえ、国家の存在を意識しているのね。

発展　私人間効力に関する学説

私人間効力をどのように考えるかの問題は、私たちの日常生活に憲法がどのように関わっているのかという問題であり、さらには法律学における「公」と「私」の区別を問い直す論点でもある。それだけに、学説もさまざまな議論を展開させている。

その中でも近年有力な説に、基本権保護義務論という考え方がある。これは、私人間効力を私人と私人の当事者間の問題としてというより、私人A・私人B・国家という三者間の問題として捉える。そして私人Aに対する国家の人権保障と、私人Bに対する国家の人権保障を調整させるときの最適解を導くべきだ、と考える。

（4）間接適用説の評価

　間接適用説は、立憲主義・私的自治の原則を維持しつつ、同時に社会的権力の問題に対処することのできる考え方である。しかし他方で、どの程度、憲法的価値が導入されるのかが明らかではなく、個々の裁判のその場の判断で決められてしまうのではないかという問題も指摘される。そこで、民主主義の基礎となる表現の自由（➡11章Ⅰ）と、理念としての人権が守ろうとしている人間の尊厳が問題となる場合には、これら憲法的価値を特に重視しながら対立する利益を調整すべきだ、という考え方も示されている。

　憲法的価値の導入に振幅が大きいことは、予見可能性の点で問題ではあるが、人権規定の効力を問題場面ごとに柔軟かつ弾力的に拡張することをも可能とする点で、むしろ長所であるということもできる。しかしその際には個人の尊重や民主主義原理などの指針が不可欠である。

間接適用説は結局、ともに私人であるAさんとBさんとが争う事件において、AさんにもBさんにもそれぞれの憲法的価値がそれなりにあるのだから調整しなさい、と考えるにとどまります。その上でどのように調整するべきか（どのような憲法上の価値を重視しながら調整するか）については、別途の検討が必要です。

そういえば、銭湯やホテルが外国人の入店を断って問題になったことがあったよね。憲法14条は「法の下の平等」として人種による差別を禁じていて、これは外国人にも保障されるんだろうけど、私人間効力の考え方からすれば、「憲法違反」じゃなくて「違法」になるんだな。

国家からだろうが民間業者からだろうが、人種とか肌の色だけを理由に排除されるのは悲しいことだよな。これが人間の尊厳の問題ってやつかな。だったらその意味で憲法問題だよな。

私たちは小学生のときから人権教育を受けてきて、人種差別はやってはいけないと教えられてきたよね。でも、憲法的にはちょっと複雑な考え方をするのね。「国家」がからんでくるからなのかな。

課題

❶ お店による人種差別、学校でのイジメ、会社によるハラスメント、これらはどれも一見して「違法」なものである、ということで片付けてしまえば十分なのだろうか。なぜ憲法との関係も考えなければならないのだろうか。憲法を持ち出すことにどういう意味があるのだろうか。

❷ 直接適用説と間接適用説には、本当に違いがあるのだろうか。もしあるとすれば、その違いの本質は何なのだろうか。考えてみよう。

さまざまな価値観を尊重するために
信教の自由と政教分離

第10章

新型感染症の流行のため、各大学では授業のオンライン化が進みました。しかし、SNSを通じて「同じ大学の学生」から宗教の勧誘を受けたとの相談が増えています。

ナツキ: 後輩が被害に遭ったんだけど、最初は宗教の話とかまったく出なくて、仲良くやりとりするようになってから勧誘されたんでショックだったって。毎日、電話とかメッセージを送ってきた例もあるみたい。

アキ: それじゃあ宗教じゃなくて、ただのつきまといだよ。宗教を信じる自由や信じない自由、やめる自由がお互いにあるはずだし、相手の自由をちゃんと尊重できないのはルール違反って感じだよね。

ハルオ: 気持ちはわかるんだけど、宗教的なことって心の問題が絡むから、勧誘に関するすべてがダメって法律で規制しづらいよね。迷惑な側面はあるけど、勧誘する方は相手のためになると深く信じてやってるわけだから。

フユヒコ先生: 憲法は「信教の自由」を認め、宗教を尊重する国の立場を約束しています。しかし、どこまで宗教活動を保護し、かかわりをもつのでしょうか。今回は、憲法に定める「信教の自由」と国の「政教分離原則」について考えます。

第 10 章 ● さまざまな価値観を尊重するために

I 信教の自由は何のためにあるのだろうか？

❶ 信教の自由

日本国憲法は、「信教の自由は、何人に対してもこれを保障する」（20条1項前段）として、すべての人の信教の自由を認めている。そのため、「何人も、宗教上の行為、祝典、儀式又は行事に参加することを強制されない」（20条2項）のはもちろんのこと、信じる宗教の選択・変更についての自由な決定にも干渉されない。そして、特定の信仰を理由として不利益を受けることもなく、信仰を告白したり、信仰を否定する発言も強要されない。信仰をもつ自由やもたない自由（信仰の自由）、宗教的な活動をする自由（宗教的行為の自由）、さらには、同じ宗教を信じる人たちが1つになってつながる自由（宗教的結社の自由）を含めた、さまざまな内容をもった「信教の自由」が原則として保障されることになる[*1]。

*1 宗教は多様性に富み、その概念を捉えきるのは難しい。宗教法人法でも「宗教」の定義を行わずに、「宗教団体」の定義を規定している（2条）。国家が宗教の内容を決めてしまうと、その評価から外れる組織への差別などで禍根を残すおそれがある。最高裁も宗教の定義づけをしないため、後述する津地鎮祭判決の控訴審〔名古屋高判昭和46年5月14日民集31巻4号618頁〕の「超自然的、超人間的本質（中略）の存在を確信し、畏敬崇拝する心情と行為」がよく知られている。

❷ 信教の自由の意義
（1）信教の自由の意義

日本国憲法では、個人として尊重される人々が自由な精神、自由な活動を自ら確保できるように、信教の自由以外にも、たとえば思想・良心の自由（19条）、表現の自由（21条）、集会・結社の自由（21条）、学問の自由（23条）などが保障されている（これらはまとめて「精神的自由権」と呼ばれている）（➡8章Ⅲ5）。

なぜ、わざわざ「信教の自由」の規定がおかれたのだろうか。上記の❶の説明では、宗教的行為の自由や宗教的結社の自由が信教の自由に含まれるとしたが、それは宗教的な服装や食事制限を守ったり、信仰を広める活動をしたり、あるいは宗教的な集まりを開くのも、「信じる」ことに付随する問題だからである。しかし、他の条文で十分カバーできそうにもみえる。

それでも、信教の自由の保障を憲法で明記するのには、少なくとも他の条文では補えない2つの意義がある。まず、①宗教あるいは宗教的なものに価値を認めることへの約束である。たとえば、刑法には礼拝所不敬罪（188条1項）や説教等妨害罪（同2項）があり、墓に落書きして遊んだり、礼拝を邪魔したりするなど、人が宗教心をもって行う礼拝やそのための場所を侮辱するような行為を禁止している。また、お金を貸した人の申立てにより、裁判所がお金を返せなくなった人の財産を差し押さえる際、礼拝のための仏壇や位牌などはその対象にできない（民事執行法131条8号）。ひとえに、人々が宗教的感情をもつことを承認し、現実の信仰生活に即してより厚い保護

刑法　188条
1項　神祠、仏堂、墓所その他の礼拝所に対し、公然と不敬な行為をした者は、6月以下の懲役若しくは禁錮又は10万円以下の罰金に処する。
2項　説教、礼拝又は葬式を妨害した者は、1年以下の懲役若しくは禁錮又は10万円以下の罰金に処する。

民事執行法　131条
次に掲げる動産は、差し押さえてはならない。
8号　仏像、位牌その他礼拝又は祭祀に直接供するため欠くことができない物。

103

を与えようとする目的があるからである。

次に、②信仰に配慮した特別の扱いを認めることへの約束である。この点に関連する裁判例として、建造物侵入等の事件の犯人として警察から追及を受けていた少年2人を1週間匿（かくま）い、労働とともに反省する場所と機会を与えたキリスト教会の牧師の牧会行為は刑法103条の犯人蔵匿（ぞうとく）罪に当たらないとした**牧会（ぼっかい）活動事件**[*2]、あるいは**加持祈祷（かじきとう）事件**[*3]を挙げることができる。両者の事件を例に、もう少し考えてみよう。

（2）信教の自由に基づく「特別扱い」について

極端な例として、**加持祈祷事件**をまず取り上げてみよう。僧侶が、急に異常な言動を示すようになった当時18歳の女性の家族らから依頼され、平癒（へいゆ）祈願（きがん）として、その女性の手足を縛って火であぶり背中を殴るなどした結果、死なせてしまったため、傷害致死罪（刑法205条）に問われたという事案である。僧侶は、被害女性の病気が治ると信じて加持祈祷を行ったとして、これを暴行ではなく宗教行為と主張していたが、最高裁は、一連の僧侶の行為は正しくないから宗教的なものとはいえないと否定するのではなく、それも宗教行為だと認めた。そのうえで、同時に他人の生命、身体等に危害を及ぼす暴行であり、しかも人を死なせるに至る行為という「著しく反社会的なもの」であることから、「憲法20条1項の信教の自由の保障の限界を逸脱した」と判断して、宗教行為に刑事罰を付加できることを認めている。

加持祈祷事件について、最高裁の結論自体への異論はほとんどみられないが、学説の一部には、刑法などの法規制に違反する行為であっても、それが宗教上の信念を背景にして行われる場合に、違法性を阻却できる余地を相応に認めるべきとの意見がある。憲法20条が信教の自由を明確に保障している以上、「信教の自由に対して不当な負担を課すことがないように慎重な配慮が要請される」からである。

刑法　103条
罰金以上の刑に当たる罪を犯した者又は拘禁中に逃走した者を蔵匿し、又は隠避させた者は、2年以下の懲役又は20万円以下の罰金に処する。

[*2] 牧会とは、羊飼いである神から託された羊の群れ（キリスト教では個々の人間を羊にたとえる）を牧する（養い育てる）ところからきている。牧師は、信徒の人格的な成長のために魂への配慮をすること、すなわち牧会活動が宗教上の職責となる〔神戸簡判昭和50年2月20日判時768号3頁〕。

[*3] 最大判昭和38年5月15日刑集17巻4号302頁。

刑法　205条
身体を傷害し、よって人を死亡させた者は、3年以上の有期懲役に処する。

コラム　キャンパスに「ハラルフード」の食堂登場

自分だけ食べられるものがなかったら困ってしまうよね。

「ハラル」といった表示を見たことはないだろうか。ハラルとはイスラム法に適合するものを指す。ムスリム（イスラム信徒）の人々は、「正しく」処理・加工されたものでなければ口にできないとされ、食事に制約があるのだ。各大学や高専では、学生や教職員の国際化・多様化に対応する必要からその重要性が認識され、ハラルフードの提供が広がっている。ともに学ぶ仲間が、同じように快適な大学生活を送るために、各自の宗教的な事情にできる限り配慮すると、もっと多くの人に開かれた環境になるだろう。なじみがない人からしたら、宗教で食事を制限されてしまうなんて、と思うかもしれない。しかし、それぞれの相違を認めないままに相手を尊重できるはずもない。個人の尊重を基本理念におく憲法もこうした見地から、多様な信教の自由への理解と互いの共存を図る対話への努力とを求めているといえる。

第 10 章 ●さまざまな価値観を尊重するために

　一方で、**牧会活動事件**では、警察の追跡から逃げる少年らを教会に匿った牧師の行為は正当な業務行為であり、違法性がなく無罪とされた。形式上は、刑罰法規に触れる行為ではあるが、キリスト教信仰に基づく牧会活動（宗教行為）として行われたことを踏まえ、その自由に「最大限の考慮」を払った結果といえる。もっとも、少年らは早々に自主的に出頭して、捜査に支障が多少生じる程度ですんだ点は、宗教行為によって被害者を死亡させた事例と比較して、例外を認めやすかったであろう。

❸ 宗教的行為の制約と信仰への影響
（1）間接的・偶然的な制約と信仰への影響

* 4　最判平成 8 年 3 月 8 日民集 50 巻 3 号 469 頁。

> 剣道実技拒否事件で原告となった学生たちは、聖書に固く従うという信仰を持つ、キリスト教の宗教団体「エホバの証人」の信者でした。エホバの証人は、聖書を解釈する結果、輸血、葬儀・法事の際の崇拝行為、格闘技、政治活動などを認めないという宗教上の教義を有しています。

　剣道実技拒否事件[4]とは、体育を必修科目とし、武道として剣道を採用していた市立の工業高専において、ある学生らが宗教上の教義をまもって剣道の授業の受講を拒否したことで体育の単位が取得できなくなり、2 年連続で留年した結果（原級留置処分）、退学処分を受けてしまったため、学校長を相手取ってその取消を求めた事案である。ここで重要なのは、学生は、剣道が苦手といった単純な理由で実技を拒否したのではなく、自分の信仰に反するからレポート提出等の代替措置を認めてほしいと主張していたことである。また、高専側も、信仰を制約する観点から剣道の実技を必修にしていたわけではない。代替措置を認めなかったのも、Ⅱでみる政教分離原則との兼ね合いから特別扱いをすべきでないとの判断があった。

　最高裁は、学校長による上記の各処分について、裁量権の範囲を超え違法であるとの判断をしたが、高専側が学生らの信仰に反する行為を強制したとか、宗教的行為の自由が侵害されたと認めたわけではない。しかし、当の学生らは、留年や退学といった重大な不利益を回避するには、剣道実技の履修という自己の信仰上の教義に反する行動を採らざるをえない状況に置かれることが、判決文中で指摘された。最高裁が着目したのは、学校長が裁量権の行使に当たり、そこに相応の考慮を払う必要があったにもかかわらず、「信仰上の理由による剣道実技の履修拒否を、正当な理由のない履修拒否と区別することなく、代替措置が不可能というわけでもないのに、代替措置についてなんら検討することもなく」裁量権を行使したところである。間接的、偶然的な強制であっても、事実上信仰に支障が及ぶとみる視点から、最高裁は、公立学校が学生らに対して一定の範囲で特別扱いを行うこと自体には政教分離原則違反の問題は生じないとの立場をとった。

　ただし、最高裁は、学生の信教の自由のためなら代わりの措置をするのは当たり前、という立場もとらなかった。つまり、信仰上の理由に基づい

105

た要望でも、可能な配慮を検討した結果、実際には特別扱いできないことも正当化されうる。個人を取り巻く他者や制度のあり方にも波及する事柄について考えてみてほしい。宗教上の教義に反するので必修科目の化学の授業を受講できないと、その高専生が主張していたと仮定して、どこまで同じ専攻の学生に不公平感を生じさせないような配慮ができるだろうか。

（2）宗教的行為の自由と他の利益との調和的実現

宗教的カルト[*5]集団の無差別的、自己中心的な活動が社会問題化するケースはあるものの、通説的には、宗教的な行為は内面的な信仰にきわめて密接にかかわる実践の問題に限れば、その規制はあくまでも「必要不可欠な目的を達成するための最小限度の手段」でなければならないと解されている。ただし、個人の信仰の自由は別として、一般的・外部的な宗教的行為や、人の集まる場所を必要とする宗教的集会、内部自治を必要とする結社の自由は、他の基本的人権との兼ね合いや、それ以外の公共の福祉（➡8章Ⅱ4）と調和的に実現されることもあって、実際には制約が正当化されやすくなっている。**オウム真理教解散命令事件**では、目的の合理性と規制が必要でやむをえないかどうかが審査された。その他には、公立学校の日曜日の授業参観を、キリスト教の教会学校に出席するために授業の方を欠席したところ、通知表に欠席日数として記載され、学年末に作成される指導要録にも同様に記載されたことが争われた**日曜日授業参観事件**[*6]もある。同判決は、指導要録の欠席記載の取消しと欠席扱いに伴う慰謝料の請求を棄却した。その際、よりゆるやかな「合理的根拠に基づくやむをえない制約」であるか否かの観点から、教会学校の集会や信仰上の活動と日曜参観授業の実施とが抵触しても、違憲ではないと判断している。

[*5]　一部の宗教団体には、信者・非信者にかかわらず、他人の生命・身体・精神の自由や財産を侵害する活動を活発に展開するものがあり、そうした団体は一般に「カルト」と呼ばれている。カルトの学問的定義は困難とされるが、代表への個人崇拝、集団の主義・主張への絶対的服従を求め、個人の自由と尊厳、集団外との接点を否定し、集団の勢力拡大、集金や現世利益の獲得のために手段を選ばないという特徴的な実態がある。

[*6]　東京地判昭和61年3月20日行集37巻3号347頁。

| 解説 | **宗教法人に対する解散命令** |

宗教法人って約18万もあるんだってさ！

宗教団体は、礼拝の施設その他の財産を所有して維持運用したり、事業などを運営していくため、宗教法人法に基づいて法人となることができる（宗教法人法1条、4条）。宗教法人には、法人税・事業税・住民税は原則非課税とされるなど優遇措置がある。

その一方で、宗教法人法81条1項には、裁判所による宗教法人の解散命令の規定があり、「法令に違反して、著しく公共の福祉を害すると明らかに認められる行為をしたこと」（同1号）、「宗教団体の目的を著しく逸脱した行為をしたこと」（同2号）

などの一定の事由が認められるときには、裁判所は宗教法人の解散を命ずることができる。無差別大量殺人を実行するため計画的、組織的にサリンを生成、使用するなど凶悪事件を起こした宗教法人オウム真理教には、実際に解散命令が出された〔最1小決平成8年1月30日民集50巻1号199頁〕。ただ、宗教法人でなくなっても、それで宗教活動の存続や、新しい集団の結成が不可能になるわけではなく、通説的には、「厳格な要件のもとで行われる解散命令の制度は違憲とは言えない」と理解されている。

Ⅱ 国と宗教とのあるべき関係とは？

1 政教分離の原則

日本国憲法 20 条 1 項は「信教の自由は、何人に対してもこれを保障する」（前段）一方で、「いかなる宗教団体も、国から特権を受け、または政治上の権力を行使してはならない」（後段）として、国と宗教（団体）とのかかわりに一定の規制が課されることを定める。国をはじめとする公的機関に共通して、政教分離の原則が適用されているからである。政教分離原則とは、特定の宗教（団体）との過度の結びつきから公的機関の宗教的中立性、公平性をまもることをいう。憲法上では、信教の自由を保障する国の立場として不適正な行為が全般的に禁止され、宗教とのかかわり合いに規律が働いている[*7]。

信教の自由を認めるためには、多様な宗教の存在に等しく配慮しなければならない。しかし、人とかかわる以上は人々の宗教ともかかわらざるをえない面もあり、公的機関やそこに所属する公務員にとっては、政教分離原則がどの程度まで宗教とのかかわり合いを許容しているかが、問題となる。合憲となる基準について、最高裁の考え方をみていこう。

2 政教分離原則違反に対する裁判所の考え方

(1) 目的・効果基準

地方自治体が体育館の建設にあたり神道式地鎮祭[*8]を行ったことが憲法 20 条 3 項、89 条に違反しないか問われた津地鎮祭事件[*9]では、裁判所の考え方の土台が提示された。「宗教とのかかわり合いをもたらす行為の目的及

* 7　憲法 20 条 1 項後段のほか、「国及びその機関は、宗教教育その他いかなる宗教的活動もしてはならない」と定める 20 条 3 項、「公金その他の公の財産は、宗教上の組織若しくは団体の使用、便益若しくは維持のため、（中略）これを支出し、またはその利用に供してはならない」と定める 89 条が、国の政教分離原則を明らかにする規定と考えられている。

> かつての明治憲法 28 条でも、信教の自由が保障されていましたが、国家神道に対して国教的な地位が認められ、神宮や神社が国の管理下に置かれて国民の礼拝の対象とされたり（官国幣社）、その他一部の団体の宗教活動が厳しく取り締まられたりしました。そこで日本国憲法は、新たに信仰の自由を無条件に保障することとし、さらに自由な信教空間のための制度として、政教分離規定を設けたのです。

* 8　地鎮祭とは、建物の新築や土木工事の着工に際して、土地の平安堅固や工事の安全を祈願するための祭りをいう。

* 9　最大判昭和 52 年 7 月 13 日民集 31 巻 4 号 533 頁。

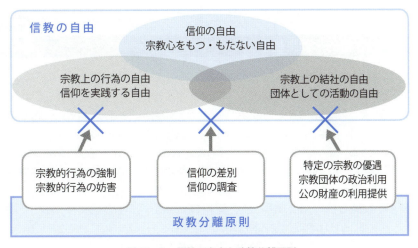

図 10-2　信教の自由と政教分離原則

び効果」に着目して、そのかかわり合いが社会的・文化的諸条件に照らし「相当とされる限度を超えるものと認められる場合」にあてはまる限りで、その行為の政教分離原則違反が判定される。つまり、「行為の目的が宗教的意義をもち、その効果が宗教に対する援助、助長、促進又は圧迫、干渉等になるような行為」が憲法で禁止された「宗教的活動」(20条3項)に該当するというもので、一般に目的・効果基準と形容されている*10。後述する空知太神社事件の登場まで、判例では公金の支出や公の土地の利用提供も、まずは宗教的活動といえるか否かの問題に集約して考える流れにあった。

（2）世俗的行事・社会的儀礼

津地鎮祭事件で最高裁は、目的・効果基準にあてはめても津市の地鎮祭は「宗教的活動」(20条3項)ではないと合憲性を認め、「一般人の意識」において「世俗的行事」、「慣習化した社会的儀礼」と評価される程度の宗教色の行為を、公的機関や公務員が私人と同様の立場で行うことを容認する姿勢を示した。宗教的儀式の側面をもつ地鎮祭を市が主催したにもかかわらず、「社会的儀礼」の範囲内の活動と認められたことの影響は大きい。靖国神社等の神社が主催する恒例の祭祀に際して玉串料*11などを県が公金から支出して奉納したことが憲法20条3項、89条に違反するとされた愛媛玉串料訴訟*12では、①「特定の宗教団体の挙行する重要な宗教上の祭祀」にかかわり合いをもっており、②玉串料などの奉納は「宗教的意義が希薄化し、慣習化した社会的儀礼」とは言い難く、一般人も県の奉納行為をそう評価するであろうと批判した。特定の宗教(団体)とかかわり合いをもったにもかかわらず、そこに「世俗的」といえるだけの一般的な受容がないという趣旨である。

他の裁判例をみると、特定の宗教(団体)が直接のかかわり合いの対象か

---

*10 目的・効果基準に基づく判定には、一定の手順がある。4つの考慮要素をもとに、社会通念に従って総合的に考慮するという内容であるが、詳しくは下の「発展」を確認してほしい。

*11 榊（さかき）に木綿（ゆう）などを付けた「玉串」を用意し自らこれを神前に供えて礼拝するという神道の正式の礼拝方法である玉串奉奠（たまぐしほうてん）の儀式（図）を祈願者が行うことに代えて、神社に奉納されるお金のことを玉串料という。

*12 最大判平成9年4月2日民集51巻4号1673頁。

発展　目的・効果基準

宗教的活動を客観的に判断するってむずかしいよね。

　目的・効果基準を用いて、公的機関の行為が「宗教的活動」(20条3項)にあたるかどうか判定する際には、具体的に考慮すべき要素がある。津地鎮祭事件では、①当該行為の行われる場所、②当該行為に対する一般人の宗教的評価、③当該行為者が当該行為を行うについての意図、目的及び宗教的意識の有無、程度、④当該行為の一般人に与える効果、影響などをもとに、社会通念に従って諸事情を総合的に考慮しなければならないと判示していた。そして、少なくとも津地鎮祭事件の多数意見は、「一般人の見解」をちゃんと考慮し、その上で慣習化したイベントといえるならばよいとして、②に力点をおいたと認められる。しかし、反対意見は、実施された地鎮祭の態様を踏まえてその宗教的色彩は濃いと判定し、一般人の評価には重きをおいていない。客観的にみた宗教的意義、色彩を重視すべきなのか、一般人からみた宗教的意義、色彩なのか。そもそも、どのレベルの「一般人」の評価を意味するのか。判例の目的・効果基準には、合憲・違憲の判断を分ける決め手が曖昧なところがあり、批判も少なくない。

第 10 章 ● さまざまな価値観を尊重するために

*13 大阪市が、市営住宅の敷地内（市有地）に地蔵像を建立し、また、付近の地蔵像を移設したい旨の各町会の要望を聞き入れ、そのために市有地を無償使用させる行為が憲法 20 条 3 項、89 条に違反しないとされた事例〔最 1 小判平成 4 年 11 月 16 日判時 1441 号 57 頁〕。

*14 目的・効果の判定では、地蔵像の建立や移設に対する「一般人の意識」は取り上げられていない。地蔵信仰の儀礼の習俗化、寺院外の地蔵像の脱宗教的性格、本件各町会の世俗的性格などが指摘され、そもそも宗教性の薄い対象とのかかわり合いだとして合憲になっている。

*15 戦没者の忠魂碑の移設に際して代替地（市有地）を無償で利用させる行為、および遺族会が主催した宗教的行事への教育長の参列行為について、憲法 20 条にも 89 条にも違反しないとされた事例〔最 3 小判平成 5 年 2 月 16 日民集 47 巻 3 号 1687 頁〕。

*16 最大判平成 22 年 1 月 20 日民集 64 巻 1 号 1 頁。

*17 同事件では、「我が国の社会的、文化的諸条件に照らし、信教の自由の保障の確保という制度の根本目的との関係で相当とされる限度を超えるものと認められる場合」に政教分離原則違反が認められるとして、津地鎮祭事件以来の総論部分から書き改められたが、それによって、目的・効果に基づいた判断に限定されないという選択の余地が確保されたといえる。目的・効果基準を採用した最 1 小判平成 22 年 7 月 22 日判時 2087 号 26 頁でも用いられている。

*18 札幌地判平成 18 年 3 月 3 日民集 64 巻 1 号 89 頁（第一審判決）、札幌高判平成 19 年 6 月 26 日民集 64 巻 1 号 119 頁（差戻前控訴審判決）。

どうかは、重要な着眼点となっている。**大阪地蔵像事件**[*13] では、対象となった「各町会は、その区域に居住する者等によって構成されたいわゆる町内会組織であって、宗教的活動を目的とする団体ではな」いことや、寺院外での信仰のあり方が、市の行為のもつ宗教的意味合いを薄める役割を果たした[*14]。また、**箕面忠魂碑訴訟**[*15] では、箕面市は、市遺族会に忠魂碑の敷地を無償貸与し、そこで慰霊祭を行わせるなどしていたもので、次に述べる空知太神社事件と類似した事案であった。対象となった遺族会が「宗教的活動をすることを本来の目的とする団体ではない」ことや、忠魂碑の「戦没者記念碑的な性格」が、市の各行為について、憲法 20 条 3 項をはじめとする政教分離原則に違反しないとの判断につながっている。

（3）公の財産の利用提供（89 条）

神社兼集会所の敷地として利用させるため、市有地を町内会に長期間無償で提供していた市の行為を憲法 89 条違反とした**空知太神社事件**[*16] は、問題提起的である。この判決は、目的・効果基準に沿ってなされてきた違憲審査のあり方を軌道修正したため、注目された。それまでは、89 条で禁止される公金その他の「公の財産の利用提供」の事例でも、「宗教的活動」（憲法 20 条 3 項）に向けられたものかどうかが先行して問題になっていたからである。空知太神社事件は、財政面のチェックで足りる類型には 89 条違反を中心に考え、「一般人の目から見て特定の宗教に対する援助等と評価されるか否か」を問う場合と、従来の国の活動の目的・効果に着目して評価を問う場合とで、政教分離原則違反の判断基準を分けたのである[*17]。

なお、空知太神社事件の審査対象であったのは、町内会館とその中に祠が祀られる神社とが一体となった建物や、鳥居などの物件であり、そして、それらの管理主体は誰かという問題である。同事件の第一審・差戻前控訴審判決[*18] では、市とのかかわり合いの相手方は住民組織である町内会とされていたが、最高裁では、「町内会に包摂される団体ではあるものの、町内会とは別に社会的に実在している」氏子集団を指して、憲法 89 条でいう「宗教上の組織若しくは団体」に該当するものとしていた。祠をはじめとする各物件が宗教的な性格をもつと認められた点、しかも、89 条の要件を充足する「宗教的行事等を行うことを主たる目的としている宗教団体」の存在が認められた点が決め手となって、空知太神社事件は憲法 89 条違反の結論となった。もっとも、最高裁は、氏子集団が神社物件を市有地上に設置して祭事などの宗教的活動を行う限りで、市が土地を無償で提供することを否定したにすぎない。町内会への利用提供が始まった経緯ないし理由について「世俗的、公共的な目的から始まったもの」とフォローしつつ、氏子

*19 無償で神社の敷地として利用されていた市有地を、市が町内会に譲与した行為を憲法20条3項、89条に違反しないとした**富平神社事件**〔最大判平成22年1月20日民集64巻1号128頁〕もある。市有地を神社敷地として無償で使わせるのは違憲である一方、これを是正解消するための譲与は是認されている。

*20 **愛媛玉串料訴訟**では、「一般人に対して、……当該特定の宗教団体を特別に支援しており、それらの宗教団体が他の宗教団体とは異なる特別のものであるとの印象を与え、特定の宗教への関心を呼び起こすものといわざるを得ない」と、特定の個人への侵害とは別の問題として評価されている〔最大判平成9年4月2日民集51巻4号1673頁〕。

*21 最大判昭和63年6月1日民集42巻5号277頁。

*22 小泉純一郎元首相の行った靖国神社参拝に対する違憲訴訟として、最2小判平成18年6月23日判時1940号122頁がある。最高裁は、参拝行為によって個人の信条ないし宗教上の感情が害されたとしても、損害賠償の対象となり得るような法的利益の侵害があったとはいえないと判示した。

*23 明治憲法下では当初神道の国教化が図られたが、他宗教と区別する政策目的から、政府が各神道に介入・改造し、人為的に「国家神道」を形成した。戦前の神社は、国家に功績のあった諸神を祭祀するため国自ら設営したものと位置づけられ、格付け（社格）も政府の管理下におかれたのである。

*24 靖国神社は、戦後犯罪人として処刑された「A級戦犯」も祀っており、参拝が政治問題化する原因ともなっている。A級戦犯の分祀を論じる向きはあるが、祭神資格の決定変更は信教の自由にかかわる事柄であって、靖国神社が宗教団体である以上は国として強制はできない。

集団の活動の平穏性なども指摘して、適正な対価を得ることは排除されないと強調しているのである[19]。裁判所が、神社物件の撤去をしないですむ解決案の方向性を示したのも、新しい流れであった。

3 政教分離原則の意義

（1）信教の自由の保障の確保

津地鎮祭事件以降、最高裁は、政教分離の制度の根本目的が「信教の自由の保障の確保」にあることを確認し、信教の自由が憲法で保障される結果、政教分離は信教の自由との間でいわば相対的に実現されるものと捉えてきた。しかし、政教分離原則が採用されたことにも独自の意義がある。それは、国や公的機関が宗教的中立性をまもる仕組みによって、多様な信仰を有する人々の信教の自由に調和なりバランスをもたらそうとするところである。個別の信教の自由の保障を約束するだけではなく、無宗教も含めた宗教と国家・公共社会との共存を図っている点に注目したい。

（2）政教分離原則違反と個人の信教の自由への侵害

公的機関がいわゆる政教分離規定に違反した場合に、それが特定の個人の「信教の自由」への侵害となるか[20]。最高裁は、憲法20条3項違反については「私人に対する関係で当然には違法と評価されるものではない」と、否定的である。ただし、国などが20条1項前段や同2項に抵触する行為をして信教の自由を「直接」侵害するに至った場合は、別である（**自衛官合祀拒否訴訟**[21]）。

同様に、内閣総理大臣による靖国神社参拝問題がある[22]。国の宗教的活動は禁止されるが、しかし、内閣総理大臣の地位にある者は、私人としての側面において信教の自由をもつ。靖国神社も、宗教法人として信教の自由をもつ。その一方で、靖国神社は、主に戦没者を英霊として合祀し祭神としてきた点に特色があり、陸海軍の後押しを受けて東京招魂社から発展し、軍国主義を精神的に支えた国家神道[23]（神社神道）の重要拠点として機能した過去を有する。かつての大日本帝国の国家的保護を受けた同神社への参拝は、いわゆるA級戦犯合祀問題[24]もからんで、近隣諸国から歴史認識の面で反省に乏しいと批判を浴びている。国内的にも、首相の伊勢神宮参拝に対して訴訟が提起される例は未だないが、靖国神社参拝は対象となるあたり、宗教的という以上に政治的対立を示唆する。この神社を論じることが難しいのは、今でも政治的な意味を背負った宗教団体で、特別視される存在だという側面と、今となってはその他大勢の宗教団体の1つにすぎず、特別であってはならないという側面と、どちらも当てはまるところにある。

*25 愛媛玉串料訴訟でも、「戦没者の慰霊及び遺族の慰謝ということ自体は、……特定の宗教と特別のかかわり合いを持つ形でなくてもこれを行うことができると考えられる」と、特定の宗教に依拠しない慰霊のかたちについて指摘がなされていた。

*26 千鳥ケ淵戦没者墓苑は国立の「無名戦没者の墓」であり、氏名の判別が困難で遺族に引き渡すことができない戦没者の遺骨を納める目的から、設けられている。名前のわかった戦没者に関しては、民間の靖国神社が合祀するところとなっている。

戦没者の慰霊はすべての宗教・宗派の人に開かれるのが望ましいのはいうまでもない*25。実際に、毎年8月15日に国が主催する全国戦没者追悼式は宗教儀式を伴わないものとなっている。多様な信教の自由の共存と国の宗教的中立性を掲げた現行憲法上、一宗教法人の宗教施設に国の戦没者追悼施設としての特別の地位は与えられない。現在そして未来の人々がどう慰霊を続けていくべきかという問題でもあり、国立追悼施設建設の重要性が議論されてきたが、計画は一向に進んでいない*26。誰にも差し障りのない公共の追悼施設ができれば、それは国を代表する慰霊の中心的施設となる。もし、靖国神社の宗教的・社会的存在感の一層の低下を防ぐ目的からその建設が躊躇されてきたのならば、特定の宗教団体への特権付与（20条1項後段）に類する問題といえるだろう。

日本では宗教にこだわりがない人が多いのに、初詣とかクリスマスとか大好きだよね。結婚式やお葬式だって宗教的な行事になるわけだし、どこまでが慣習でどこからが宗教かなんて、裁判官にとっても線引きは難しそう。

現実的な話だと思ったけどな。いくら宗教的に正しいと信じていても、少なくとも法的に悪質な行為をすれば罰せられるわけだし、法で承認されている自由なんだから、どこかで民主主義の社会と折り合っていかないとね。

沖縄の平和祈念公園に行ったときに、各都道府県の慰霊塔もあって、青森県のりんごの形をした碑とか印象的だった。故郷や家族のもとに帰れなかった戦没者の追悼は、個人の信仰の話だとか簡単には割り切れないように思ったよ。

課題

❶ 政教分離原則の対象となる団体は、基本的に宗教法人である。しかし、宗教団体と名乗るわけではない組織・団体の活動に公金を使ったり、公有地を無償提供したりすることも、政教分離原則違反になりうる。それはどういう事情がある場合か、考えてみよう。

❷ 国と宗教とのあるべき関係は、それぞれの国や地域によって考え方が異なる。皆さんの知っている国では政教分離の制度はどうなっているか、調べてみよう。

第11章 スクープなら何を書いても許される？ 表現の自由

授業の休み時間。3人は週刊誌の記事を囲んで話をしています。

ナツキ

この2人、いろんなウワサがあったけど、ついに離婚したんだね。記事には家庭内暴力とかいろいろ書いてあってビックリしちゃったよ。

ハルオ

この週刊誌って、よく名誉毀損とかプライバシー侵害で裁判を起こされているヤツじゃないか。こんなの読むなんて趣味が悪いなあ。

アキ

いくら表現の自由があるからって、プライベートな場所まで追いかけられたり、隠し撮りされたり、デタラメな記事を書かれたらたまらないよね。

フユヒコ先生

人が思想や芸術などさまざまな情報を自由に表現することを保障する「表現の自由」は、憲法上の人権の中でもとくに重要なものとされています。「表現の自由」が重要とされる理由は何でしょうか。また、表現は多種多様な形で行われていますが、どのような場合に制限をされるべきなのでしょうか。今回は「表現の自由」について見ていきたいと思います。

第 11 章 ● スクープなら何を書いても許される？

Ⅰ　なぜ表現の自由は大切なのか？

1　表現の自由の価値

　思想や信仰という人の内面の精神活動は、外部に表明し他者に伝達されてはじめて社会に対して意味を持つ。その意味では、表現の自由は数ある精神的自由の中でもとくに重要な人権である。表現の自由の重要性を支える価値には、以下の2つの価値[*1]が存在する。

（1）自己実現の価値

　自己実現の価値とは、個人が自由に表現活動を行うことが自己の人格を発展させることにつながるという、個人に還元される価値である。人は日々他者の表現を受けとり、自分でも他者に対して表現しながら生活している。それは家族や友人の間の会話のような身近なものから、テレビや新聞のニュース報道等まで、さまざまな規模や形式で行われるが、そのような表現の自由なやり取り、コミュニケーションが自己の人格の成長につながるとする考え方である。

（2）自己統治の価値

　自己統治の価値は、日本が民主主義国家であることと密接に関係している。国民が主権者として政治的意思決定を行うためには、自由な言論活動による多くの情報が流通する社会に身を置く必要がある。そのため表現の自由は、国民が主権者としての十分な判断を行うための材料を提供するという価値を有するのである。表現の自由は、他の人権と同様に個人の利益に資する権利であるが、国民の政治参加のために必要不可欠な社会的な権利でもある点が重要である[*2]。

2　精神的自由の優越的地位

　表現の自由を含む精神的自由は、経済的自由（➡12章）に対して憲法上の優越的地位を占めるとされる。言い換えれば、裁判所に求められる保護の要請の度合いが経済的自由に比べて高い権利であるといえる。

　それでは、なぜ精神的自由は経済的自由に対して優越的地位を有するとされるのだろうか。理由としては、精神的自由が民主主義政治にとって必要不可欠であること、さらに一度不当に法規制されてしまうと民主的政治過程での自浄作用が期待できないことが挙げられる。もう少し具体的に述べれば、民主主義政治、とくにわが国が採用している代表民主制にとって国民の代表を選出する「選挙」という手続が非常に重要となる（➡2章）。精神的自由は、国民が選挙において誰を国民の代表とするべきかを判断する材料

[*1]　これは、アメリカの憲法学者のT. I. エマースンが民主主義社会における表現の自由の果たす機能として示した①個人の自己実現、②真理への到達、③政策決定への参画、④社会の安定と変化の均衡維持、に由来する。

[*2]　裁判所による表現物の出版差止めの仮処分の合憲性が問題となった北方ジャーナル事件において最高裁は、この価値について次のように述べた。「主権が国民に属する民主制国家は、その構成員である国民がおよそ一切の主義主張等を表明するとともにこれらの情報を相互に受領することができ、その中から自由な意思をもって自己が正当と信じる者を採用することにより多数意見が形成され、かかる過程を通じて国政が決定されることをその存立の基礎としているのであるから、表現の自由、とりわけ、公共的事項に関する表現の自由は、特に重要な憲法上の権利として尊重されなければならないものであり、憲法21条1項の規定は、その核心においてかかる趣旨を含むものと解される」〔最大判昭和61年6月11日民集40巻4号872頁〕。

113

を手に入れるために必要不可欠な権利なのである。さらに精神的自由は政府批判を自由に行う自由を含んでいる。そのため政府によって恣意的に法規制が行われてしまう可能性がある。そのような規制が一度行われてしまうと、社会における政府に対する反対意見の表明が抑えられ、結局国政に国民の意見が反映されにくくなってしまう。このような民主的政治過程の歪みを国会や政府が民主的手続の中で自ら是正することは著しく困難なのである。

Ⅱ 表現の自由はどのような場合に制限されるのだろうか？

① 表現の自由の類型と制限の可能性

表現の自由がいくら重要な人権であるといっても他の人権と同様にまったく無制限というわけではない。表現という行為が他者に対して行われる性質を持つ以上は、他者の権利や法的利益との関係で制限を受ける可能性は否定できない。しかし、表現の自由といってもさまざまな表現形態が存在する。憲法も「集会、結社及び言論、出版その他一切の表現の自由を保障する」(21条1項)としており、多種多様な表現手法の存在を前提とした規定となっている。そのため、それに合わせて表現の自由に対する制限の態様も多様であり、その憲法適合性についてもそれぞれについて個別に判断する必要がある。

② 表現の自由に対する各種の制限

（1）表現内容規制

表現内容規制とは、表現に対してその伝達するメッセージ内容そのものを理由に行われる制限である。規制の例としては、性表現や名誉毀損的表現に対する制限などが挙げられる。それぞれ報道や芸術表現に比べて価値が低いと考えられ制限が認められているが、特定の内容を狙い撃ちにして制限するという性質を持つため、どのような表現が制限されるのかを事前に明確にしておく必要がある。

性表現については、刑法175条（わいせつ物頒布等の罪）による制限の合憲性が問題となる。販売、頒布等を行った性表現が「わいせつ物」に該当する場合には刑事罰が科されることにもなるため、とくに処罰対象範囲を規定する「わいせつ物」の定義が問題とされる。最高裁は、「**チャタレイ夫人の恋人**」事件[*3]判決において「わいせつ物」とは、①いたずらに性欲を興奮または刺激し、②普通人の正常な性的羞恥心を害し、③善良な性的道義観念に反するもの、と定義した上で刑法175条を合憲と判断している[*4]。

名誉毀損的表現については、刑法230条（名誉毀損罪）による制限があるが、

刑法　175条1項

わいせつな文書、図画、電磁的記録に係る記録媒体その他の物を頒布し、又は公然と陳列した者は、2年以下の懲役若しくは250万円以下の罰金若しくは科料に処し、又は懲役及び罰金を併科する。電気通信の送信によりわいせつな電磁的記録その他の記録を頒布した者も、同様とする。

*3 D. H. ローレンスの作品『チャタレイ夫人の恋人』がわいせつ物に該当するとして翻訳者と出版者が起訴された事件〔最大判昭和32年3月13日刑集11巻3号997頁〕。

*4 この判決以後、最高裁は、マルキ・ド・サドの著書の翻訳者と出版者が起訴された「**悪徳の栄え**」事件〔最大判昭和44年10月15日刑集23巻10号1239頁〕や永井荷風の性的描写のある作品の雑誌掲載がわいせつ文書の販売の罪に当たるとされた「**四畳半襖の下張**」事件〔最2小判昭和55年11月28日刑集34巻6号433頁〕を通じて表現物のわいせつ物該当性判断の精緻化を試みている。

刑法　230条1項

公然と事実を摘示し、人の名誉を毀損した者は、その事実の有無にかかわらず、3年以下の懲役若しくは禁錮又は50万円以下の罰金に処する。

第 11 章 ● スクープなら何を書いても許される？

刑法　230条の2

1項　前条1項の行為が公共の利害に関する事実に係り、かつ、その目的が専ら公益を図ることにあったと認める場合には、事実の真否を判断し、真実であることの証明があった場合には、これを罰しない。

＊ 5　最高裁は、民事上の名誉毀損についても、この要件を用いて判断している〔最1小判昭和41年6月23日民集20巻5号1118頁〕。また、「**夕刊和歌山時事**」事件で、「真実であることの証明がない場合でも、行為者がその事実を真実であると誤信し、その誤信したことについて、確実な資料、根拠に照らし相当の理由があるときは、犯罪の故意がなく、名誉毀損の罪は成立しない」として、真実性要件を緩和している〔最大判昭和44年6月25日刑集23巻7号975頁〕。

＊ 6　本法は、ヘイトスピーチを日本国外出身者への「差別的意識を助長し又は誘発する目的で公然とその生命、身体、自由、名誉又は財産に危害を加える旨を告知」する行為、「本邦外出身者を地域社会から排除することを煽動する不当な差別的言動」と定義している。この法律の成立を受けて、2019年に全国で初めて違反に対する罰則として刑事罰を含む条例が川崎市で制定された（2020年施行）。

同時に憲法21条との調整条項として戦後追加された刑法230条の2が存在する。刑法230条の2には、名誉毀損罪の免責要件が規定されており、ある表現が仮に刑法230条の名誉毀損罪に該当するとしても、①表現内容が公共の利益に関する事実に係ること（公共性要件）、②表現の目的が専ら公益を図ることにあること（公益性要件）、③表現内容が真実であることの証明があること（真実性要件）、の3つの要件すべてを充足している場合には罰せられないとしている[5]。

また最近では、特定の人種や民族、国籍、思想等、自ら能動的に変えることが不可能な（あるいは困難な）特質を理由に特定の個人や集団を誹謗、中傷、差別するなどし、また他人をそのように扇動したりするヘイトスピーチ（憎悪表現）が問題となっている。このような表現に対する法規制については、消極的な立場と積極的な立場がある。消極的な立場は、ヘイトスピーチも表現の自由で保護されると考え、安易な法規制を認めずに基本的には対抗言論による解消を主張する。これに対して積極的な立場は、憎悪感情に基づくというヘイトスピーチの特質から対抗言論では解消できないとして法規制による抑止、解消を主張する。わが国でも2016年6月に特定の人種や民族に対するヘイトスピーチの抑止、解消を目的とした「ヘイトスピーチ対策法」[6]が施行されているが、規制の対象となるヘイトスピーチの定義や規制の具体的方法などの問題もあり、法律の実効性や恣意的運用への懸念を指摘する見解もある。

（2）表現内容中立規制

表現内容中立規制とは、表現に対して表現の場所や時間、態様など表現の内容に直接関係ない理由で行われる制限である。例としては、病院や学校など一定の施設の付近での騒音の制限や選挙運動の時間制限などが挙げられる。このような制限は、表現内容に関係なく全ての表現に適用される一方、

大事なことは目に見えないから慎重に扱われるんだね。

発　展　「二重の基準」論

精神的自由の優越的地位は、民主主義政治における必要不可欠性と法規制に対する「脆さ」に理由付けられている。そのような精神的自由の持つ重要性や特徴に基づいて「二重の基準」論という考え方が存在する。それは、裁判所は精神的自由の規制立法について経済的自由の規制立法に比べより厳格に憲法適合性について審査するというものである。とい

うのも経済的自由については、精神的自由が確保されてさえいれば、規制立法の是非について国民の多様な意見を反映した国会における議論の中で適切に判断可能であるのに対し、精神的自由の規制立法は、その是非について議論するべき民主的政治過程そのものを歪めてしまう危険性が高いからである。

115

民法 709条

故意又は過失によって他人の権利又は法律上保護される利益を侵害した者は、これによって生じた損害を賠償する責任を負う。

その他の場所・時間・方法でその内容を表現することができるため、特定の内容のみが狙い撃ちにされる危険性が少ないとして表現内容規制に比べて容易に認められる傾向にある。しかし運用によっては表現内容規制と明確に区別できない場合もあるため、憲法適合性の審査について表現内容規制に準ずる扱いを求める見解もある。

（3）事前抑制と検閲の禁止

表現行為に対する制限としては、名誉毀損的表現に対する刑事罰（刑法230条）やプライバシー侵害的表現に対する損害賠償（民法709条）などの事後制裁と、出版差止めのようなあらかじめ表現自体をさせないという事前抑制がある。表現により権利や法益が侵害されることを予防するという観点からは、表現をさせないことが最も効果的である。しかし、事前抑制は効果が大きい反面、表現を世の中に出回る前に押さえ込んでしまうため、規制が権限を持つ者の主観に左右されやすく、同時に規制範囲が広がりやすいため、その分だけ表現行為が萎縮してしまうなど、表現の自由に与える影響が事後規制に比べて非常に大きい。そのため、表現を事前に抑制することは基本的には許されないと考えられている。憲法も「検閲は、これをしてはならない」(21条2項)と規定して、このことを確認している。

そこで、憲法が禁止している事前抑制としての検閲の定義が問題となる。検閲の定義について考えるとき注意しなければならない要素としては、①検閲の主体（誰が）、②検閲の対象（何を）、③検閲の時期（いつ）、④検閲の目的（何のために）、⑤検閲の態様（どのように）の5項目がある（**表11-1**参照）。最高裁は、**札幌税関検査事件** [*7] 判決で検閲概念を狭く限定する姿勢を取っている（狭義説）[*8]。主要な学説はこの解釈に批判的であり、検閲の定義をより広く解している（広義説）。両者の違いでとくに問題となるのが検閲主体の相違に伴う裁判所の仮処分による事前差止めの扱いである。最高裁は検閲

[*7] 外国から輸入した映画フィルム・書籍を「風俗を害する物品」として輸入禁制品と判断した税関検査が検閲概念を狭く解すことにより、検閲に該当しないとされた事件〔最大判昭和59年12月12日民集38巻12号1308頁〕。

[*8] 最高裁は、文部省（現文部科学省）による教科書検定の検閲該当性が問題となった**第一次家永教科書訴訟**判決においても札幌税関検査事件判決における検閲の定義を踏襲しており、狭義説が最高裁の解釈として定着しているといえる〔最3小判平成5年3月16日民集47巻5号3483頁〕。

解説 「パブリック・フォーラム」論

> 公園に行ったらなにかの抗議集会でうるさかったんだけど。

「パブリック・フォーラム」論は、アメリカの判例理論で形成されたもので、集会などの表現活動のために「公共の場所」を利用する権利は、場所によっては、その場所における本来の利用を妨げることになっても保障されるという理論である。この理論は、新聞などの大きなマス・メディアに比べ表現を行うための資力を持たない者にとって、公園や道路などの「公共の場所」が伝統的に表現の場所となってきたことによる。ただこの理論が日本の最高裁によって採用された例はまだ存在しない。ＪＲ駅構内におけるビラ配りが刑法130条不退去罪等に当たるとして被告人が起訴された**吉祥寺駅ビラ配り事件**判決〔最3小判昭和59年12月18日刑集38巻12号3026頁〕における伊藤正己裁判官の補足意見が、駅構内がパブリック・フォーラムに属すると言及しているにとどまる。

第 11 章●スクープなら何を書いても許される？

*9 最高裁は、事前差止めを認めるための要件として、芥川賞受賞作家の私小説の登場人物の描写が、そのモデルとなった原告の名誉権やプライバシー権などを侵害するとして原告が求めた単行本の出版の事前差止めの合憲性が問題となった**「石に泳ぐ魚」事件**において、①侵害行為が明らかに予想され、その侵害行為によって被害者が重大な損失を受けるおそれがあること、②その回復を事後に図るのが不可能ないし著しく困難になると認められること、を示した上で原告の請求を認めた〔最 3 小判平成 14 年 9 月 24 日判時 1802 号 60 頁〕。

*10 新東京国際空港（現成田国際空港）の建設に反対する活動を行ってきた原告が、使用してきた活動拠点に対する「新東京国際空港の安全確保に関する緊急措置法」（成田新法）に基づく工作物使用禁止命令に対して命令の取消と損害賠償を求めた事件。最高裁は当該命令について憲法 21 条に違反しないと判断した〔最大判平成 4 年 7 月 1 日民集 46 巻 5 号 437 頁〕。

の定義を狭く解釈することで憲法による「検閲の禁止」を絶対的禁止（一切例外なし）とする。最高裁によると裁判所の事前差止めは検閲に当たらない。しかし、事前抑制そのものであることから、厳格かつ明確な要件の下で慎重に判断する必要があるとしている。これに対して学説の多くは、検閲主体を司法権をも含む公権力としており、裁判所の事前差止めと検閲との関係を問題とする。その上で、憲法による「検閲の禁止」を原則的禁止（例外あり）として捉え、裁判所の事前差止めはその手続が公正な法の手続によることから、厳格かつ明確な要件の下で例外的に許される場合があるとする*9。

（4）集会やデモ行進の自由とその制限

　集会とは、多数の人が政治や学問、宗教などの問題に関する共通の目的をもって一定の場所に集まることを指す。集まる場所としては公園や広場などの屋外の施設から公会堂や体育館など屋内の施設などまで多岐に渡る。集会の自由は、表現の自由の一形態として重要な意義を有しており、最高裁も成田新法事件*10 判決で集会の自由の民主主義社会における重要性を認めている。しかし、集会の自由は、多数の人が集まる場所での行使が前提となるため、必然的に他者の権利や法益と衝突する可能性が生じる。それらの調整のために必要不可欠な最低限度の制限は認められる。また、集会の自由にはデモ行進のような集団行進や集団示威行動の自由も含まれるとする見解が有力である。この場合もデモ行進などが純粋な言論活動とは異なり、行動を伴うものであることから、やはり他者の権利・法益との調整が必要となり、そのための必要最低限の制限は認められる。

表 11-1　検閲の定義について

学説＼項目	主体 （誰が）	対象 （何を）	時期 （いつ）	目的 （何のために）	態様 （どのように）
狭義説（最高裁）	行政権	思想内容等の表現物	発表時	発表禁止	網羅的・一般的
広義説（主要学説）	公権力	表現物一般	発表＋受領時	発表＋受領禁止	限定なし

Ⅲ　マス・メディアの報道は私たちとどのような関係があるのだろうか？

1　報道の自由の意義

　報道の自由は、憲法 21 条 1 項において明示されていないが当然に表現の自由の保障に含まれるものと解されている。報道という行為の基本的意味は事実の伝達であるが、報道すべき事実の認識や選択に報道主体の意思が働いていることが認められるため、報道の自由も表現の自由に含まれるとされ

117

*11 米原子力空母の日本寄港に反対する活動に参加するために博多駅で下車した学生に対する警察機動隊による駅構内からの排除と持ち物検査の際に、特別公務員暴行陵虐・職権濫用罪に当たる行為があったかどうかを判断するために、地元福岡のテレビ局に対して、裁判所が行った事件当日の取材フィルムの提出命令と報道の自由、取材の自由の関係が問題となった事件。最高裁は、取材の自由の重要性と本件裁判における取材フィルムの必要不可欠性等を比較した上で、取材フィルムの提出命令を合憲と判断した〔最大決昭和44年11月26日刑集23巻11号1490頁〕。

るのである。最高裁も、**博多駅テレビフィルム提出命令事件**[*11]決定(以下、**博多駅事件**決定)において、「報道機関の報道は、民主主義社会において国民が国政に関与するにつき、重要な判断の資料を提供し、国民の『知る権利』に奉仕するものである」ことから「憲法21条の保障のもとにある」と判示し、報道の自由の民主主義社会における重要性を認め、憲法21条による保障を認めている。

❷ 国民の知る権利

(1) 知る権利=憲法にない権利?

最高裁が博多駅事件決定で示すように、マス・メディアの報道の自由の重要性を根拠付けるものとして、国民の「知る権利」という概念が用いられている。しかし、憲法21条に「知る権利」という文言は存在しない。それでは、国民の「知る権利」とはどのような権利なのだろうか。

(2) 知る権利の意義

表現の自由は、本来個人が思想や情報を他者に対して発表し伝達する自由であり、それは表現の「受け手」の存在を前提としている。そのため、表現の「送り手」は、同時に表現の「受け手」でもある。しかし、高度に情報化が進みマス・メディア企業の発達した現代社会においては、マス・メディア企業から日々大量の情報が一方的に流され、一般国民はそれを受け取るだけという状況が常態化し、表現の「送り手」と「受け手」の乖離が顕著になった。そこで、表現の自由を一般国民の現状に即して再構成し、表現の「受け手」の自由としての「知る権利」が含まれると考えられるようになった。

読むのは楽しくても、自分がモデルにされたらイヤかもね。

解説 小説作品とプライバシー権

小説のジャンルの中に「モデル小説」というものが存在する。これは、本来フィクション(虚構)である小説の登場人物に現実世界の特定の人物がモデルとして存在し、作品によっては読者にその人物を意識させながら読ませるものである。モデル小説は、登場人物の描写によって登場人物とモデルとが同定可能なものである場合には、作品に書かれた内容についてモデルの人物の人権侵害の可能性が出てくる。モデル小説が、作者による虚構とモデルの人物の持つ現実の特性等が混在するという特質を持つ以上、プライバシー権や名誉権など複数の権利との関係で問題となるのである。日本の裁判においてモデル小説が問題となった事件としては、前述注9の「**石に泳ぐ魚**」事件や「**宴のあと**」事件※判決〔東京地判昭和39年9月28日判時385号12頁〕などが挙げられる。

※ 東京都知事選に立候補して落選した社会党系の政治家と料亭の女将の男女関係をモデルとした作品であり、モデルとされた政治家が作者の三島由紀夫と出版社に対してプライバシー権侵害を理由に損害賠償を求めた裁判。東京地裁は原告の主張を認め、被告らに損害賠償を命じた。控訴審の途中に原告が死去したため、遺族と被告の間で和解が成立し訴訟は終了した。

第11章 ● スクープなら何を書いても許される？

（3）知る権利の法的性格

「知る権利」は、自由に情報を収集できるというような自由権的性質のみならず、情報を収集することで政治に参加することができるというような参政権的性質や、政府保有情報などの公開を積極的に要求することができるというような社会権的性質*12 をも持つ多面的な権利である。

*12 社会権としての「知る権利」が具体的請求権となるためには、情報公開法（わが国では2001年4月施行）などの具体化立法が必要である。

3 取材の自由

（1）取材の自由と報道の自由

報道は通常、①取材、②編集、③報道という一連の行為により成立している。報道の自由の具体的内容をどのように描き出すのかによって、報道の自由の保障の範囲が変わってくる。

これまで特に問題とされてきたのが、取材の自由の扱いである。最高裁は、博多駅事件決定において「報道のための取材の自由も、憲法21条の精神に照らし、十分尊重に値する」とし、報道の自由との間に表現に差を設けて、保障の程度に差があることを示唆している。取材の自由については、直接憲法21条による保障は及ばず、尊重の程度が「公正な裁判の実現」や「適正迅速な捜査の遂行*13」という利益との比較によって変わってくるというのである。これに対して学説の多くは、取材を報道にとって必要不可欠の前提をなす行為とみなし、取材の自由も報道の自由の一環として憲法21条の保障を受けるとし、最高裁の理解に対し批判的である。

*13 日本テレビビデオテープ押収事件決定〔最2小決平成元年1月30日刑集43巻1号19頁〕。この事件は、リクルート事件を捜査していた東京地検特捜部が同事件に関する贈賄の現場を収録した日本テレビのビデオテープを押収したことが取材の自由との関係で問題となったものである。最高裁は、捜査機関である検察官や警察官による報道機関の取材テープの差押え・押収まで公正な裁判の実現という目的で認めている。裁判所とは異なる捜査機関による押収まで同様の論理で認めることには慎重な検討が求められる。

博多駅事件決定における最高裁の「報道」解釈によると、報道の自由で保障されるのは③報道のみで、少なくとも①取材は報道の自由では保障されない。主要学説は、①～③のすべての行程を報道の自由で保障すると考える。

図11-1 報道活動の一連の流れ

（2）取材の自由と国家秘密

取材の自由をめぐっては、国民の「知る権利」に奉仕するという性格から、国政に関する情報の取材が活発に行われている。国政に関する情報について取材する場合、取材対象の多くは公務員である。そこで取材の自由と国家秘密や公務員の守秘義務との関係が問題となる。公務員は、国家公務員

*14 沖縄返還をめぐる日米交渉に関する秘密の電信文案を外務審議官付の女性事務官が新聞社の記者に漏洩したとして、秘書官が国家公務員法100条1項違反に、記者が同法111条違反に問われた事件。東京地裁は事務官を有罪とした上で、記者については取材目的が正当として無罪とした〔東京地判昭和49年1月31日判時732号12頁〕。検察の控訴を受けた東京高裁が記者についても有罪と判断した〔東京高判昭和51年7月20日〕ため、最高裁の判断が注目された。最高裁は記者の男女関係を利用した取材方法が「人格の尊厳を著しく蹂躙した」不当なものであるとして有罪と判断した〔最大決昭和53年5月31日刑集32巻3号457頁〕。

刑法 35条
法令又は正当な業務による行為は、罰しない。

法で「職務上知ることのできた秘密」の漏洩を禁止され、違反すれば処罰される（国家公務員法100条1項、109条）。公務員に対し秘密の漏洩を「そそのかし」た者も同様に処罰される（国家公務員法111条）。最高裁は、これらの規定と取材の自由の関係が問題となった、**外務省秘密電文漏洩事件**[*14] 決定において、行政機関が形式的に秘密と指定さえすれば、どのような事実でも秘密として保護されるとする「形式秘」説を採らずに、秘密とされる事実の内容に着目し、その内容次第では秘密として保護されないとする「実質秘」説を採用し、保護されるべき秘密であるかどうかは裁判所が判断するとした。また「そそのかし」行為についても、形式的に「そそのかし」に当たる行為であっても「それが真に報道の目的からでたものであり、その手段・方法が法秩序全体の精神に照らし相当なものとして社会観念上是認されるものである限り」、正当業務行為（刑法35条）として違法性が阻却されるとした。

❹ 放送の自由

　マス・メディアには、新聞や雑誌のような紙媒体のものとテレビやラジオのような電波媒体のものがある。わが国では、特に、電波媒体のメディアに対して「放送法」や「電波法」などの法律による規制が存在している。このような規制は、主に放送の送信に使用できる電波の周波数には限界があり、全ての者には使用を認めることができないことに由来している（周波数希少説）。そのため現在は、地上波テレビ放映は免許制となっている。また限られた者のみしか使用できないという性格から、番組内容の編集にも「政治的公平性」が求められ（放送法4条2項）、新聞などの紙媒体のメディアとは異なる独自の規制が存在している。しかし、これらの規定は罰則規定を伴わない「倫理規定」とされることや、さらに近年では放送のデジタル

解説　**特定秘密保護法**

冗談のツイートでスパイ容疑がかかったりしないかしら？

　2013年12月に制定された「特定秘密の保護に関する法律」は、「国及び国民の安全の確保に資する」ために「防衛」「外交」「特別有害活動防止」「テロリズム防止」に関する一定の秘密を「特定秘密」に指定するとした上で、その漏洩について法定刑を10年以下の懲役（情状により1000万円以下の罰金との併科が可能）と通常の秘密の漏洩に比べて厳罰化し、さらに未遂犯や過失犯、さらには実行行為の着手前の共謀、教唆、煽動についても処罰するなど、処罰対象が拡大している点が特徴である。

　本法に対しては、法案審議の段階から特定秘密の定義の曖昧さや特定秘密の指定の恣意的運用の懸念などの問題が指摘されてきた。恣意的運用の懸念に対しては、本法施行と同時に独立公文書管理監とその下に情報保全監察室が設置され、運用の適正性を確保するとされたが、行政機関に特定秘密を強制的に提出させる権限はなく、その検証・監察が十分に機能するか懸念もある。

第11章 ● スクープなら何を書いても許される？

化やBS放送、CS放送などによる多チャンネル時代の到来により、「周波数の希少性」という規制根拠さえ徐々に希薄化しており、規制の有効性や必要性に動揺がみられる。

Ⅳ　学問の自由を憲法が保障する意味は何だろう？

1　学問の自由の意義と内容

憲法23条は「学問の自由は、これを保障する」と規定する。多様な精神活動の中からとりわけ学問の自由を取り上げて憲法で保障する意味は何であろうか。

（1）学問の自由の意義

学問の自由を憲法で保障する意義は、特にその歴史的経緯から見出すことができる。憲法23条は、明治憲法の時代の1933年の**滝川事件**[*15]、1935年の**天皇機関説事件**[*16] に見られるように、国家権力が直接的に学説の内容に干渉し学問の自由を侵害してきた歴史をふまえて規定されたのである。

（2）学問の自由の内容

学問の自由の具体的内容は、①学問研究の自由、②研究発表の自由、③教授の自由、から成る。

①学問研究の自由は、真理の探究を目的とする内面的精神活動であり、思想の自由の一部を構成する。研究発表の自由は、学問研究の成果を発表する自由である。これが認められなければ、学問研究自体の意味を成さないため、当然に学問の自由に含まれる。②研究発表の自由は、外面的精神活動であり表現の自由と重複する部分があるが、憲法23条によっても保障されていると理解されている。③教授の自由は、学問研究の成果を教授す

[*15] 京都帝国大学（現京都大学）法学部教授の滝川幸辰（ゆきとき）の刑法の内乱罪や姦通罪に関する学説が自由主義的に過ぎるとして著書が発禁処分にされ、さらに休職処分が下されたことに対して、法学部の全教官が辞職し抗議、抵抗した事件。

[*16] 君主を国家という法人の最高機関と位置づける国家法人説に基づき、天皇を国家の最高機関と位置づける「天皇機関説」を「国体」に反する異説と断じ、その代表的論者であった美濃部達吉の著書を発禁処分に付し、彼を全ての公職から追放した事件。

ジャーナリズムにとっては重要な問題だよね。

発展　取材源の秘匿の問題

取材活動は、公権力から自由になされなければならない。なぜなら、報道機関と情報提供者との間に十分な信頼関係がなければならないからである。そこで、裁判における新聞記者等の取材源に関する証言拒絶が問題となった。最高裁は、新聞記者の、刑事訴訟法149条による取材源についての証言の拒絶が、同法161条の証言拒絶罪に当たるとして起訴された**石井記者事件**判決〔最大判昭和27年8月6日刑集6巻8号974頁〕において、刑事事件における新聞記者の証言拒絶権を否定しているが、民事事件については、民事訴訟法197条1項3号「職業の秘密」にもとづく民事事件における取材源についての証言拒絶が問題となった**NHK記者証言拒絶事件**決定〔最3小決平成18年10月3日民集60巻8号2647頁〕において、証言により生ずる不利益と裁判の公正との比較衡量によっては証言拒否が認められるとした。

る自由であるが、教授の自由を享有する主体については議論が存在する。従来の支配的見解および最高裁[*17]は、学問の自由が伝統的に大学の自由として発展してきた経緯を重視し、教授の自由の享有を大学その他の高等学術研究教育機関の教員に限定し、初等・中等教育機関の教員には認めないとしてきた。しかし、今日においては、初等・中等教育機関の教員にも一定の教育の自由が認められるべきであるとする見解が支配的であり、最高裁も**旭川学テ事件**[*18]において、合理的範囲において制限されるとしながらも初等・中等教育機関の教員の教育の自由を一定程度認めている。

[*17] 最高裁は、東京大学の学生劇団が演劇発表会を行った際に、学生らが会場にいた私服警官に暴行等を加え、学問の自由や大学の自治が問題となった**東大ポポロ劇団事件**判決において、大学には、学術の中心として広く知識を授けるとともに、深く専門の学芸を教授研究することを目的として掲げていることによって教授の自由が認められるとしている〔最大判昭和38年5月22日刑集17巻4号370頁〕。

[*18] 1956年から1967年にかけて全国で行われた学力テストを阻止しようとして旭川市立中学校でテストの実力阻止に及んだ被告人（教師）が、公務執行妨害罪などで起訴された事件〔最大判昭和51年5月21日刑集30巻5号615頁〕（→14章Ⅲ1、2）。

❷ 大学の自治

学問研究の自主性、自律性を確保するため、とくに大学について**大学の自治**が認められている。最高裁も、**東大ポポロ劇団事件**判決で「大学の自治」を認めており、その具体的内容について、学長や教授などの人事の自治と大学の施設および学生の管理の自治を認めている。学説上は、これに加えて、予算管理の自治（財政自治権）も含まれるとする説が有力である。

❸ 学問の自由の限界

クローン羊ドリーの剥製
ドリーは1996年に世界初の哺乳類の体細胞クローンとして誕生した。クローン研究の倫理性をめぐる論争を引き起こすきっかけとなった。

学問研究は、本来的に自主性や自立性を十分に確保した上で自由に行われるべきである。しかし、近年の科学技術の急速な発展に伴い、原子力発電のような原子力研究やヒトクローンのような遺伝子技術研究、臓器移植や体外受精のような医療技術研究といった先端技術分野の研究に対する規制が問題となっている。今日の主要な学説は、先端技術分野の研究の発展が、人間の生存そのものを脅かし人間の尊厳を根底から揺るがすような側面も

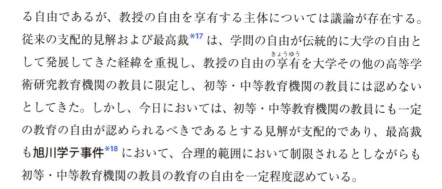

コラム　「コピペ」はなぜダメなのか

学校のレポート課題における「コピペ」や楽曲の違法ダウンロードが大きな問題となっている。どこが問題なのだろうか。倫理的、学術・教育的な問題もあるが、法的な視点からいえば、もともとの表現作品の作者の「著作権」の侵害になるからである。

著作権とは、自分のアイディアや考えをさまざまな作品として表現した「著作物」の作者＝「著作者」に認められる権利のことをいい、「著作者人格権」と「（財産権的）著作権」とに分けられる。

著作権制度は、著作者の作品を産み出す努力（労力や資金）に報いることで、創作活動の活発化を目的としている。コピペや違法ダウンロードは、もともとの作品の著作者のこのような権利を侵害するため問題があるのである。

私たちは、インターネットの普及や発達により、さまざまな表現や情報を容易に入手することができるようになった。しかし、その「容易さ」は、方法を間違えれば、同時に他人の権利を侵害することの「容易さ」にもつながっていることに注意してほしい。

第 11 章 ● スクープなら何を書いても許される？

有しており、研究者の自制に任せておいては技術発展に伴う重大な脅威・危険を除去することができない場合には法律による必要最小限度の規制も許されると考えている。

先端技術研究に対する法律による規制の例としては、ヒトクローンに関する技術を規制する「ヒトクローン技術等規制法」が挙げられる。ヒトクローン技術の研究の自由を規制する根拠として、ヒトクローンの個体を生み出すことが「人の尊厳の保持、人の生命及び身体の安全の確保並びに社会秩序の維持に重大な影響を与える可能性がある」（ヒトクローン技術規制法1条）ことが示されている[*19]。

[*19] その他にも、たとえば「再生医療等の安全性の確保等に関する法律」は、再生医療の提供や、特定細胞加工物の製造についての手続、厚生労働大臣による緊急命令や改善命令、立入検査などについて定めている。

最近はSNSが発達して、誰でも簡単に情報を発信できる時代だから、僕たちのプライバシーだって安全とはいえないよ。公表していいことと悪いことについても自覚しておかないと。

インターネットでは特定の個人を集団で中傷する「炎上」や、SNSで1人だけ仲間はずれにする「ネットいじめ」なんていうのも起きやすいからね。便利な反面、相手の顔が見えないし匿名性も高いから、いじめもエスカレートしそうで怖いな。

どれだけ情報技術が発展しても、やっぱりリアルな場所での表現も重要だと思うわ。だから私は、国が芸術祭への補助金を撤回したってニュースが気になっているんだけど、これって憲法問題なのかな？（→170頁ゼミナール編テーマ3）

課題

❶ 報道機関には、裁判所の傍聴席の優先的提供や、国会等の記者クラブの部屋の提供など一般国民には認められない取材の方法が認められている。この違いの是非について、表現の自由や取材の自由の意義やその内容に留意しながら考えてみよう。

❷ インターネットが表現の自由やプライバシー権等の権利に与えた影響やそれに対する対策について考えてみよう。

どこで何をして暮らしてもいいの？

経済的自由

授業前の休み時間。ナツキは連日のバイトで疲れている様子ですが、ちょっと自慢げに話しています。

この授業が終わったらバイトなんだ。今月はびっしりシフトが入ってるから、バイト代をがっぽりもらわないと。店長からも頼りにされてる感じで、「ナツキくん、このまま社員にならない？」なんて誘われちゃったよ。就活しなくて済むならそれもいいかな。

将来の職業を安易に決めたら後悔するよ。バイトと正社員じゃまったく違うんだからさ。僕はしっかり勉強して資格をとって、楽して稼げる仕事に就こうと思ってるんだ。

楽して稼げる仕事なんかあるのかな。資格が必要な仕事ってそれなりの責任が伴うから大変だと思うよ。私はいまのうちに外国語を勉強して、グローバルに活躍できる仕事に就きたいな。

憲法上、職業選択の自由が保障されています。ですが、実際には医師や弁護士等のように資格試験に合格しないと就けない職業もあるなど、制限は少なくありません。財産権も保障されていますが、所得税などの税金のほかにも制限が課せられることがあります。また、居住・移転の自由も保障されていますが、まったくの無制限というわけではありません。これらの基本的人権は経済活動の前提となっているだけでなく、私たち一人ひとりの生き方にまでかかわります。今回のテーマは「職業選択の自由、居住・移転の自由、財産権」です。これらについて考えることで、私たちのふだんの生活と国家との関係がいかに切実なものか、よくわかるはずです。

第 12 章 ● どこで何をして暮らしてもいいの？

Ⅰ　望めば、どのような職業にも就けるのだろうか？

1　職業選択の自由
（1）一人ひとりが生き方を選択するための人権の１つ

　憲法 22 条１項は、「何人も、公共の福祉に反しない限り、居住、移転及び職業選択の自由を有する」と定めている。現代では、自分の職業は自分で選ぶことができる（実際にその職業に就けるかどうかは別にして）。しかし、かつての封建社会ではそうではなかった。身分制秩序の下、たとえば農奴には職業を変えることは許されていなかった。ところが、18 世紀後半頃から工場制機械工業が発達してくると、それまで親方が弟子を修業させて身に付けさせてきた熟練の技術は必ずしも必要ではなくなり、工場に行けば誰でも賃金労働に就けるようになった。このように、職業の自由は、資本主義の発達の要素といえる。そして、近代社会が成立したとき、それまでの身分制秩序は解体され、人々は平等に権利を享有するものとされるようになった。今では、職業を選ぶ自由は人権として認められている。

　職業選択の自由は、一般に、文字通りに職業を「選択」する自由だけでなく、「遂行」する自由も含むと解されている[*1]。また、お金を稼ぐこと（営利）を目的とする活動の自由である営業の自由をも含むと解されている[*2]。もっとも、お金を稼ぐばかりが職業の目的ではない。職業に従事している人は誰であれ、人生の多くの時間をそこに費やすことになる。職業には、多かれ少なかれ、その人の人生観や世界観が反映されるところがあるだろうし、職業からその人の人生観や世界観が影響を受けることもあるだろう。こう考えれば、職業は、お金を稼ぐということ以上に、その人の生き方そのものにかかわる側面をもつといえる。したがって、職業選択の自由を保障す

[*1]　判例上、（狭義の）職業選択の自由は「職業の開始、継続、廃止」の自由であり、職業遂行の自由は「職業活動の内容、態様」の自由だとされている。**薬局距離制限事件**〔最大判昭和 50 年４月 30 日民集 29 巻４号 572 頁〕。この事件では、薬局の適正配置のために距離制限を求める薬事法（当時。現在はいわゆる「薬機法」へと改正されている）に基づいて、その開設の許可基準につき規定した広島県条例が違憲とされた。

[*2]　判例上、憲法 22 条１項の職業選択の自由には、「いわゆる営業の自由」も含まれるとされている。**小売市場距離制限事件**〔最大判昭和 47 年 11 月 22 日刑集 26 巻９号 586 頁〕。この事件では、小売市場を開設する際の許可基準の１つとして、距離制限規定を設けていた小売商業特別措置法が合憲とされた。

> 仕事の意味や目的によって私の未来が変わっていくのね。

コラム　何のために働くの？

　アイザック・アシモフ（Isaac Asimov）という大作家をご存じだろうか。ＳＦ（Science Fiction）作品では、未来の人類史を描いた『ファウンデーション』（岡部宏之訳、早川書房、1984）シリーズなどが広く知られている。さてアシモフは、推理小説作家としても有名である。連作短編推理小説『黒後家蜘蛛の会 1 ～ 5』（池央耿訳、東京創元社、1974）というシリーズでは、各話に異なる職業のゲストが登場する。ゲストは話のなかで、「あなたは何をもって

ご自身の存在を正当となさいますか？」と聞かれることがある。たとえば第１話のゲストは、自分と社会とのかかわりがどのようなものかを説明するが、わかってもらえない。それで、自分の職業を紹介することになる。ことばで自分を「正当化」するのは難しいが、「職業紹介」なら簡単である。つまり職業とは、手っ取り早く自分と社会とのかかわりを他人に理解させることができ、自分の存在理由の１つを示してくれるものなのである。

125

*3 タトゥー（入れ墨）施術が医師以外には禁じられる「医行為」に該当するか否かが争われた事件で、最高裁は、「医行為」とは「医師が行うのでなければ保健衛生上危害を生ずるおそれのある行為をいう」一方、タトゥー施術は、医師免許取得課程で知識や技能を修得することが予定されておらず、歴史的にも医師が行ってきたものではないため、「医行為」には該当しないとした〔最2決令和2年9月16日 LEX/DB 25571066〕。

小売市場距離制限事件では、憲法が予定する福祉国家（➡8章Ⅱ3）における経済的自由について、次のように述べられました。
「憲法は、国の責務として積極的な社会経済政策の実施を予定しており、個人の経済活動の自由に関する限り、個人の精神的自由等に関する場合と異なって、右社会経済政策の実施の一手段として、これに一定の合理的規制措置を講ずることは、もともと憲法が予定し、許容するところである」。

*4 問題となっている規制の目的は、いつもきれいに区別できるわけではない。公衆浴場の開設距離制限について、当該規制が消極目的と積極目的とを複合的に有するとされたものもある〔最3小判平成元年3月7日判時1308号111頁〕。また租税法上の規制は、「租税の適正かつ確実な賦課徴収を図るという国家の財政目的」を有するとされており（**酒類販売免許制事件**〔最3小判平成4年12月15日民集46巻9号2829頁〕）、消極目的とも積極目的とも異なる目的を有する規制とされている。

るのは、一人ひとりが自分の生き方を自分で決められるようにするためとも考えられる。判例も、職業とは、「各人が自己のもつ個性を全うすべき場として、個人の人格的価値とも不可分の関連を有する」ものとしている（薬局距離制限事件）。

（2）「社会的相互関連性」

　職業には、もう1つの側面がある。それは、経済や社会とのかかわりである。豊かな経済発展は、個人の自由な経済活動によって社会にもたらされるはずである。この想定が、職業選択の自由を保障するもう1つの根拠として考えられる。であるとすれば、職業選択の自由は、豊かな経済発展のためには制限されることもあるということになる。そればかりではない。十分に訓練を受けていない者が専門的な職業に従事すれば、取り返しのつかない事態が生じかねない。たとえば、医師ではない素人から医療行為[3]を受けると、病状は悪化しかねない。ひどいときには死に至ることもあろう。つまり、職業選択の自由は、公共の安全や秩序の維持などの観点から制限されることがある。このように、職業のもつ「社会的相互関連性」の「大きさ」から、職業選択の自由には、「公権力による規制の要請がつよ」く認められている（薬局距離制限事件）。

❷ 職業選択の自由に課される制限

　職業選択の自由は、上に述べたような「公共の福祉」の観点から制限を受けることがある。その理由としてよく知られているものに、次の2つがある。1つは、人々の身体や生命に対する危険を防止するためといった理由である。こうした理由から課される制限を、消極目的規制という。もう1つは、経済の発展や経済的弱者の保護のためといった理由である。こうした理由から課される制限を、積極目的規制という。

　消極目的規制と積極目的規制の2つの区別は、規制が憲法に適合するかどうかを判定する際に用いる基準（違憲審査基準）を決めるのに関連するといわれてきた（➡5章Ⅳ）。問題となっている規制が消極目的である場合には厳しい「厳格な合理性の基準」が、積極目的である場合には緩やかな「明白性の基準」が用いられるべき、といった具合である。このような規制目的二分論は、小売市場距離制限事件と薬局距離制限事件の2つの最高裁判決が結論を異にした理由と考えられてきた。

　しかし現在では、そもそも判例は規制目的二分論を採用していなかったと考えられている[4]。規制目的だけでなく、規制手段やその強度を考慮するというのが、判例の考え方といえるだろう（規制の例については**表12-1**）。

第 12 章●どこで何をして暮らしてもいいの？

表 12- 1　職業選択の自由に対する規制の例

	届出制	許可制	資格制	特許制
定義	行政庁（行政上の意思決定機関）に対する事実の一方的な通知のみで足りるもの。	申請に応じた行政庁による禁止の解除が必要なもの。	一定の資格を取得する必要があるもの。	行政庁の広い裁量の下、公益の観点から特権が付与される必要があるもの。
例	理容・美容業	薬局・医薬品販売業	弁護士、医師、薬剤師	電気、ガス、水道

※ 届出や許可、特許は、学問上の分類である。どれに該当するかは、法令等の文言だけでなく、それぞれの解釈で決まる。

Ⅱ　望めば、どこにでも行けるのだろうか？

1　居住・移転の自由

民法　22 条

各人の生活の本拠をその者の住所とする。

* 5　人が住んでいるけれども、住所ほど結び付きが強くないところをいうとされている。

　憲法 22 条 1 項は、「何人も、公共の福祉に反しない限り、居住、移転及び職業選択の自由を有する」と定めている。この居住・移転の自由は、自分で住所や居所*5 を決めたり、移動したりする自由をいう。職業選択の自由と同様、今ではごく当たり前のように感じられるが、かつての封建社会ではそうではなかった。身分制秩序の下、たとえば農奴には、よその土地に移動することは許されていなかったのである。ところが、18 世紀中頃には、生産効率の高まりから農村部において人口が急増、労働力は潤沢となり、18 世紀後半頃から工業化の進んだ都市部で労働力が求められたことと重なって、居住・移転の自由が事実上、形成されてきたといわれている。こ

解 説　市販薬のインターネット販売

便利で安全なのが一番だね！

　新型コロナウイルス禍以降、薬をもらうためだけに病院や薬局に出向くリスクを避けたい人が増えた。さまざまな事情から外出が困難な人もいる。オンラインによる非対面の情報提供や指導を可能にするための法整備が検討されてしかるべきだろう。

　かつて薬事法施行規則は、一般用医薬品のうち、第一類・第二類医薬品（当時の分類）については対面販売のみを可とし、郵便などでの販売を一律に禁止していたが、最高裁は薬事法の委任の範囲を逸脱するとして違法とした〔最判平成 25 年 1 月 11 日民集 67 巻 1 号 1 頁〕。この判決を受けて薬事法は改正され、一般用医薬品はインターネットなどでの販売が原則として可能となった。ただし、新たに設けら

れた「要指導医薬品」については、薬剤師による対面の情報提供や指導が義務づけられている。

　このため、事業者は、「要指導医薬品」をインターネットなどで販売することができるよう訴えた。東京高裁は、インターネット販売事業者も店舗において「要指導医薬品」を対面販売することはできるのだから、保健衛生上の事故を防止するためには合理的であるとして、この規制を合憲であるとした〔東京高判平成 31 年 2 月 6 日 LEX/DB 25570084〕。この判決では「テレビ電話」等を用いた非対面の情報提供や指導は「万全ではない」とされたが、当時は、感染リスクが今ほどに認識されていなかった。

*6 「居住・移転の自由は、経済的自由の一環をなすものであるとともに、奴隷的拘束等の禁止を定めた18条よりも広い意味での人身の自由としての側面を持つ。のみならず、自己の選択するところに従い社会の様々な事物に触れ、人と接しコミュニケートすることは、人が人として生存する上で決定的重要性を有することであって、居住・移転の自由は、これに不可欠の前提というべきものである」〔熊本地判平成13年5月11日判時1748号30頁〕。居住・移転の自由の複合的な性格をよく示しているといえよう。

小泉純一郎首相（当時）の政治判断により、ハンセン病国賠訴訟熊本地裁判決（＊6）に対する控訴はなされず、判決が確定しました。しかし政府は、2001年5月25日の閣議決定に基づいて、本判決には、国家賠償法、民法の解釈の根幹にかかわる法律上の問題点があるとの声明を出しています。

うした沿革から、前述した職業選択の自由と居住・移転の自由とは、ともに自由な経済活動の前提としての意味をもつ。今では、人々は生活の場を自分で選んだり、各地を旅行したりして見聞を広めることが自由にできる。この側面から、居住・移転の自由は一人ひとりの生き方においても大きな意味をもつともいえよう。

ところで、特定の病気について、公衆衛生と患者の保護の観点から、患者が強制的に入院させられ、隔離されることがある。病気のまん延を防止するため（感染症の予防及び感染症の患者に対する医療に関する法律18～20条）や、自傷・他害を防止するため（精神保健及び精神障害者福祉に関する法律29条）である。これらの制限をしない場合、そうした害悪が発生する可能性は高く、迅速に制限するのでなければ、害悪の発生を未然に防止することは難しい。こうした理由から、これらの制限は合憲とされている。一方、これらの制限が非常に苛酷であることにかわりはない。この点、ハンセン病予防のために患者を療養所に強制的に隔離することを定めていた法律（現在は廃止されている）の規定について、憲法22条1項の「居住・移転の自由」を「包括的に制限」し、かつ患者の人生に「決定的に重大な影響」を与えるという点においては憲法13条の「人格権」を制限するものとしつつ、当該法律の規定は「ハンセン病予防上の必要を超えて過度な人権の制限を課すものであり、公共の福祉による合理的な制限を逸脱して」いるとして違憲とし、当該法律の規定を改廃しなかったという国会議員の立法の不作為について国家賠償法上の違法性を認めた地裁判決[*6]が注目されている。

2 海外渡航の自由

海外に渡航するといっても、一時的な海外旅行なのか、あるいは海外への移住なのかでかなり違う。一時的な海外旅行の場合には日本政府の保護

解説　ハンセン病

病気を理由に差別されるなんて、ひどい。

ハンセン病とは、ノルウェーのアルマウエル・ハンセンによって発見された細菌によって引き起こされる病気で、主として末梢神経と皮膚が慢性的に侵されるものである。その細菌は、ほとんどの人に対して病原性を持たず、感染しても発症するのはまれであり、今では早期発見と早期治療により外来治療によって完治するとされ、仮に発見が遅れ障害が残ったとしても最小限にとどめることができるとされている。しかし、その患者はいわれのない差別の対象となり、強制的な隔離などが行われてきた（より詳しくは、国立ハンセン病資料館のウェブサイト www.hansen-dis.jp も参照のこと）。平成13年の熊本地裁判決を受けて、「ハンセン病療養所入所者等に対する補償金の支給等に関する法律」が制定された。

第12章 ● どこで何をして暮らしてもいいの？

が期待されているのに対して、後述する国籍離脱を伴う海外への移住は、継続的（あるいは永続的）に日本政府の保護から脱し、ほとんどの場合、別の政府の保護下に入ることを意味するからである。このため、外国へ一時旅行する自由は、「公共の福祉」を理由とする制限が明示的に認められている憲法22条1項の居住・移転の自由に含まれると解すべきとする見解がある。この点、判例[*7]は、外国へ一時旅行する自由は憲法22条2項の外国に移住する自由に含まれるとしている。

* 7　元参議院議員が旅券を請求したが、外務大臣がその発給を拒否した事件で、最高裁は、一定の場合に旅券発給の拒否を認めた旅券法の規定を、「公共の福祉」のための合理的な制限と見て、当該規定を合憲とした。**帆足計**（ほあしけい）**事件**〔最大判昭和33年9月10日民集12巻13号1969頁〕。

3　国籍離脱の自由

国籍離脱の自由は、国家から脱退する権利を基本的人権として認めることで、国家への帰属を一人ひとりの生き方の選択の問題として捉えることを可能にしている。この点、明治憲法には、このような規定はなかった。国家への帰属を示す国籍は、判例上、「我が国の構成員としての資格であるとともに、我が国において基本的人権の保障、公的資格の付与、公的給付等を受ける上で意味を持つ重要な法的地位でもある」とされている[*8]。したがって国籍の得喪は、一人ひとりの生き方に（法的にはこれ以上ないといっていいほどの）大きな影響を与えるといえる。ほとんどの人が意識しないで生来的に国籍を取得する制度の下（なお、現行の国籍法は血統主義[*9]を基本的な原則として採用している）、国籍を自分の意思で離脱する自由が基本的人権として認められていることの意義は小さくない。

* 8　届出による国籍取得を父母が法律婚をすることで嫡出子の身分を取得した子にのみ認めていた旧国籍法の規定を、最高裁は、父母の法律婚を要件とするのは不合理な差別と見て、違憲とした。**国籍法違憲訴訟**〔最大判平成20年6月4日民集62巻6号1367頁〕（➡ 15章Ⅱ2）。

* 9　国籍法2条1号は、「出生の時に父又は母が日本国民であるとき」に、子は国籍を取得すると定めている。

Ⅲ　自分のものであれば、好きにできるのだろうか？

1　財産権

1789年のフランス人権宣言17条は、「所有権は、不可侵かつ神聖な権利」であると定めている。このように、所有権としての財産権は18世紀末から

解説　旅券（パスポート）

旅券は、お持ちだろうか。旅券は、身分証明書として国際的に通用する。そこには、日本国外務大臣の名前で「日本国民である本旅券の所持人を通路故障なく旅行させ、同人に必要な保護扶助を与えられるよう、関係の諸官に要請する。」（いわゆる「保護要請文」）と記載されているはずである。このように、海外旅行の際には日本政府の保護が約束されている。このことは、旅券発給に際し、限定的だとしても外務大臣が一定程度の裁量を有する理由にもなりうる（➡注7）。

海外でも日本政府が守ってくれるんだね。

の古典的な人権である。憲法 29 条 1 項の「財産権は、これを侵してはならない」というところに、その趣旨があらわれているといえよう。ところが、その次の 2 項では、「財産権の内容は、公共の福祉に適合するやうに、法律でこれを定める」と規定されている。財産権の内容が「公共の福祉」の観点から法律で決められてしまうのであれば、1 項の「侵してはならない」という表現には、いったいどれだけの意味があるのだろうか。両条項を整合的に説明するのに、憲法 29 条は個人に固有の財産の保有を保障する側面とそのための法制度である私有財産制[*10]を保障する側面との 2 つの側面を有するとする見方がある。こう考えると、「公共の福祉」の観点から財産権に対する制限を法律で課すことは許されるが、私有財産制の本質的内容を侵すことは許されず、そのような制度の下で個人に固有の財産の保有が保障される、と解することになる（制度的保障➡ 8 章IV 3）。

❷ 財産権に課される制限

　それでは、憲法 29 条 2 項にいう「公共の福祉」の観点からの制限とは、いかなるものだろうか。**森林法共有分割制限事件**[*11] 最高裁判決によれば、「財産権は、それ自体に内在する制約があるほか、……立法府が社会全体の利益を図るために加える規制により制約を受ける」。この判決でも、積極目的、消極目的についての言及があったため[*12]、学説では、職業選択の自由だけでなく、財産権についても規制目的二分論が妥当すると考えられた。しかし判例は、その後、あたかもそれを否定するかのように、財産権が問題になった事案において、ほぼ同じ内容の表現を繰り返したにもかかわらず、あえて、積極的、消極的という言葉を削除している[*13]。

　つまり、財産権に制限が課される理由は、職業選択の自由に制限が課される理由とほぼ重なる。森林法共有分割制限事件最高裁判決は次のように続く。「財産権に対して加えられる規制が憲法 29 条 2 項にいう公共の福祉に適合するものとして是認されるべきものであるかどうかは、規制の目的、必要性、内容、その規制によつて制限される財産権の種類、性質及び制限の程度等を比較考量して決すべきものである」。この部分は、職業選択の自由に課される制限が「憲法 22 条 1 項にいう公共の福祉のために要求されるものとして是認されるかどうか」について薬局距離制限事件最高裁判決が述べた部分と「比較考量」のところまでほぼ同文である。一方、薬局距離制限事件最高裁判決では、「慎重に決定されなければならない」（傍点は筆者）と結ばれていた。

　財産権の場合、問題となっている規制が「公共の福祉」に適合するかど

[*10] 私有財産制の本質的内容をめぐり、2 つの学説の対立が知られている。1 つは、生産手段の私有を含む資本主義体制と解する。もう 1 つは、そうではなく、人間に値する生活のための財産を保有する自由と解する。

[*11] 共有林の分割を制限していた旧森林法の規定について、最高裁は、当該規制の目的を森林経営の安定と解しながら、厳格に目的と手段の間の合理性と必要性とを審査し、結論として違憲とした〔最大判昭和 62 年 4 月 22 日民集 41 巻 3 号 408 頁〕。

[*12] この規制は、「財産権の種類、性質等が多種多様であり、また、財産権に対し規制を要求する社会的理由ないし目的も、社会公共の便宜の促進、経済的弱者の保護等の社会政策及び経済政策上の積極的なものから、社会生活における安全の保障や秩序の維持等の消極的なものに至るまで多岐にわたるため、種々様々」であると述べられている。

[*13] 最大判平成 14 年 2 月 13 日民集 56 巻 2 号 331 頁。

うかは、次に述べる憲法29条3項の損失補償の要否とも関連する。裁判所では、職業選択の自由に課される制限と財産権に課される制限とは、ほとんど同じだとしても、まったく同じように審査されるというわけではなさそうである。

3 補償

（1）補償の要否

憲法29条3項は、「私有財産は、正当な補償の下に、これを公共のために用ひることができる」と定めている。法律によって財産権が制限される場合でも、正当な補償が必要となるかどうかは、その制限の態様による。

奈良県ため池条例事件[*14] 最高裁判決では、「災害を防止し公共の福祉を保持する」ために「社会生活上已むを得ない」制限に対しては、憲法29条3項の損失補償は必要ないと判示された。このように、判例上、財産権「それ自体に内在する制約」（**森林法共有分割制限事件**最高裁判決）があると解されている。つまり、財産権はもともと、災害などを引き起こして公共の安全を害するおそれがある場合には自由に行使できるものではないと解されているのである。このほか、隣接する不動産の所有者がお互いにその利用を調整しあう相隣関係上の制限（民法209条1項等）にも損失補償は不要とされている。

上に述べた場合以外で特定の個人に特別の犠牲を強いたとき、損失補償が必要となると一般に解されている（**特別犠牲説**）。この特別犠牲説では、損失補償が不要か必要かについて、①侵害行為の対象が、広く一般の人か、特定の個人や集団か、②侵害行為が社会通念上受忍すべき限度内か否か、の2点から総合的に判断すべきとされている（➡ 166頁ゼミナール編テーマ1も参照）。

なお、損失補償の請求は、ふつうは具体的な法令に基づいて行われるが、判例は、法令に補償規定がなかった場合でも憲法29条3項を直接の根拠として損失補償を請求する「余地が全くないわけではない」としている[*15]。

（2）予防接種禍

損失補償の要否と関連して、「予防接種禍」の問題がある。予防接種は、接種した人やその周囲の人々が病気にかからなくて済むかもしれないという個人の利益だけでなく、流行を防止するという公共の利益のためにも実施されるものである。その一方で、担当医師がどれだけ注意しても、一定の確率で副反応による被害者が生じてしまう。予防接種が実施されると、多数の生命や身体が守られることになるが、少数の生命や身体が犠牲とならざるをえない。当然、何らかの形で犠牲となった人は救済されなければ

---

*14 ため池の堤とうに農作物等を植えるのを禁止した条例の規定について、最高裁は、「ため池の破損、決かいの原因となる」「堤とうの使用行為」は、「財産権の行使の埒外にある」と見て、合憲とした〔最大判昭和38年6月26日刑集17巻5号521頁〕。

ため池（唐古池）周辺

民法 209条1項
土地の所有者は、境界又はその付近において障壁又は建物を築造し又は修繕するため必要な範囲内で、隣地の使用を請求することができる。ただし、隣人の承諾がなければ、その住家に立ち入ることはできない。

*15 川の堤外民有地を賃借して砂利を採取していたところ、その場所が「河川付近地」に指定され、砂利の採取に知事の許可が必要となったが、許可を得なかったため河川附近地制限令違反となったことにつき、同令が補償規定を持たないため違憲であると主張された事件。**河川附近地制限令事件**〔最大判昭和43年11月27日刑集22巻12号1402頁〕。本文のように述べ、最高裁は同令を合憲とした。

ならない。それでは、どのように救済されるべきだろうか。この点、予防接種法 15 条以下に基づく予防接種後健康被害救済制度のような立法による救済のほか、国家賠償と損失補償の 2 つが考えられる。国家賠償によるには、公務員に過失等が認められることが必要で、違法でなければならない（国家賠償法 1 条 1 項）。憲法 29 条 3 項を根拠とする損失補償は、国家賠償法上の要件を満たす必要はないが、生命や身体が犠牲となっているのに、私有財産が適法に「公共のために用ひ」られたと見立てることになる。最高裁は、「特段の事情が認められない限り、被接種者は禁忌者[16]に該当していたと推定するのが相当」とし、担当医師が予診を尽くさなかった点に過失が認定される可能性を認めている[17]。また、東京高等裁判所は、「厚生大臣には、禁忌該当者に予防接種を実施させないための充分な措置をとることを怠った過失があるものといわざるを得」ないとして、当時の厚生大臣に過失を認めたことがある[18]。これらなどから、裁判所は損失補償ではなく国家賠償による救済の途を開いているといえる。一方、学説では、裁判所は憲法 29 条 3 項を根拠とする損失補償による救済を認めるべきとする見解が有力である。その理由として、判例上、憲法 29 条 3 項を直接の根拠にできる財産権の特別犠牲と比べて、生命・身体の特別犠牲が不利に扱われる合理的理由はないことなどが挙げられている[19]。

（3）補償の範囲

「正当な補償」とはどれだけの範囲に及ぶのか。有名な判例が 2 つある。1 つは、終戦直後の農地改革[20]をめぐる事件についてのもので、「合理的に算出された相当な額」として非常に低廉な農地買収価格を憲法 29 条 3 項

*16 「予防接種を受けることが適当でない者」をいう（予防接種実施規則 6 条）。たとえば、「明らかな発熱を呈している者」（予防接種法施行規則 2 条 2 号）など。

*17 最 2 小判平成 3 年 4 月 19 日民集 45 巻 4 号 367 頁。

*18 東京高判平成 4 年 12 月 18 日判時 1445 号 3 頁。

*19 このような立場を採用したものとして、東京地判昭和 59 年 5 月 18 日判時 1118 号 28 頁、大阪地判昭和 62 年 9 月 30 日判時 1255 号 45 頁がある。

*20 自作農創設特別措置法等による改革。

| コラム | 予防接種と報道 |

予防接種は自分のためだけのものではないのね。

　風疹の流行が報道されると、「先天性風疹症候群」ということばも併せて聞くことがある。これは、女性が妊娠初期に風疹にかかることにより、赤ちゃんが胎児のあいだに風疹ウィルスに感染して心疾患・難聴・白内障などになってしまうものである。このため NHK は、「妊娠を希望する女性、妊婦の夫など家族、職場の人」に予防接種をするように勧めている。

　ところで、身の回りに妊娠を希望する女性やその家族、職場の人など一切いない、と断言できる人はどのくらいいるのだろうか。想像してみてほしい。

あなたやあなたの家族が妊娠を希望しているとして、それを知らない人が多かったあなたの職場で風疹が流行してしまったら、と。

　風疹に限らず、病気の流行は決して他人事ではない。新型コロナウィルス禍以降、ようやくこのことが認識されてきた。

　就職活動や試験を間近に控えてインフルエンザにかかってしまうことだってある。報道にはよく注意しよう。

ストップ風疹

NHK ストップ風疹プロジェクトのロゴマーク

*21 最高裁は、「自作農を急速且つ広汎に創設する」ため、「各農地のそれぞれについて、常に変化する経済事情の下に自由な取引によつてのみ成立し得べき価格を標準とすることは」許されないとした。**農地改革事件**〔最大判昭和28年12月23日民集7巻13号1523頁〕。

*22 最1小判昭和48年10月18日民集27巻9号1210頁。

*23 最3小判平成14年6月11日民集56巻5号958頁。ただし「完全な補償」という文言は、同判決には出てこない。

の「正当な補償」とするものである（相当補償説）*21。もう1つは、土地収用法の規定をめぐる事件*22についてのもので、「相当な価格」として「完全な補償、すなわち、収用の前後を通じて被収用者の財産価値を等しく」する補償をなすべきとするものである（完全補償説）。公平の見地からは、占領下で農地改革が行われるような例外的な場合を除き、完全な補償が求められよう。なお最高裁は、近時、土地収用法の規定が問題となった事件で、相当補償説に立つとされる最高裁大法廷判決（➡注21）を判例として引用しつつ、「被収用者は、収用の前後を通じて被収用者の有する財産価値を等しくさせるような補償を受けられるものというべき」としている*23。

就職できればどこでもいいや、なんて思ってたけど、どうせ働くなら興味のもてそうな仕事のほうが楽しいから就活がんばろうっと。やっぱりなにか資格があるほうが有利かなあ。バイトの経験しかアピールできないのもなあ。

資格も語学力も決め手にはならないらしいよ。いちばん大切なのはマッチングなんだってさ。学生のうちに海外ボランティアとかいろんな経験をしてコミュニケーション能力を身につけておくのもいいかもね。

それよりも学生の本分は勉強でしょ。たとえば企業に就職するときだって、公的規制についてもっと詳しくなっておけば、勉強熱心な学生だってことを企業にアピールできるかもよ。

課題

❶ 卒業までに取得可能な資格として、行政書士や宅地建物取引士などのいろいろな資格がある。どのような趣旨で設けられたのかを調べてみよう。

❷ 海外に渡航する際には自国の旅券以外に相手国の査証（ビザ）が基本的には必要である。日本にはどんな種類の査証があるのかを調べてみよう。また海外渡航を考えている人は相手国に滞在するにはどんな査証が必要かも調べてみよう。

❸ 企業活動にも公的規制はある。たとえば、公正かつ自由な競争を促進するために独占禁止法などの法律が制定されている。それらを運用する公正取引委員会の役割について調べてみよう。

第13章 もしも逮捕されたら？
人身の自由

授業前の休み時間。アキたちは、昨日のニュースの話で盛り上がっています。

ナツキ：昨日のニュース見た？ あの未解決事件、ついに容疑者が逮捕されたね。犯人、ふてぶてしい顔してたなあ。あれはほかにもやってる顔だな。間違いない！

ハルオ：容疑者っていうのはマスコミ用語で、法律上は「被疑者」っていうんだよ。ちなみに刑事事件の場合、起訴された後は「被告人」になるんだってさ。

アキ：そんなことより、裁判で有罪が確定していないのに「犯人」って呼ぶのはどうかと思うわ。「疑わしきは被告人の利益に」っていうでしょう。

フユヒコ先生：身体に対する不当な制約を受けないということを核心とする「人身の自由」は、ある意味で、すべての権利の根本にあるといえます。日本国憲法では、とりわけ戦前の反省をふまえ、比較法的にみても詳細に、具体的には、18条および31条から40条まで、（経過規定を除く）憲法全99条のうち、実に10分の1以上が人身の自由の保障に充てられています。そしてその多くは刑事手続における個人の自由の保障に主眼が置かれています（図13-1参照）。今日は、刑事手続の流れを意識しながら「人身の自由」を見ていくことにしましょう。

I どのような手続ならば「適正」といえるのだろうか？

1 手続的保障の展開

犯罪の発生を防止したり犯罪者を処罰するなどして治安や私たちの安全を守ることは国家の重要な役割である。他方、国家が恣意的に刑罰権を行使することで、私たちの自由や安全が奪われてしまう恐れがある。歴史的にこうした国家権力の統制が重要視されてきたのは、その濫用が多く見られたことの証拠である[*1]。日本においても、明治憲法で「日本臣民ハ法律ニ依ルニ非スシテ逮捕監禁審問処罰ヲ受クルコトナシ」（23条）とされていたが、行政命令による処罰が可能であるなど、保護は極めて不十分であった。そこで戦後、アメリカ憲法の影響をうけながら、詳細な規定が置かれることになったのである。

2 憲法31条の意味
（1）手続の法定と適正

図13-1のとおり、憲法は詳細に刑事手続における規定を設けているが、この刑事手続全体に及ぶ「手続一般」について定めるのが、憲法31条だ。

憲法31条は、「法律の定める手続」によらなければ、刑罰等を科せられないと規定する。これを素直に読めば、刑事手続についてのルールは「法律」で定めなければならないということ（手続の法定）だけを求めているようにみえるが、そういうわけではない。法定された手続が不公正・不十分では意味がないからである。そこで通説は、31条は手続の適正をも求めている

*1 手続保障の源流は、イギリスにおけるマグナ・カルタ（1215年）にまで遡ることができる。マグナ・カルタ39条は、「自由人は、その同輩による合法的裁判によるか、または国法によるのでなければ、逮捕、監禁、差押、法外放置、もしくは追放をうけまたはその他の方法によって侵害されることはない」と定めていた。

その趣旨は、権利請願（1628年）、人身保護法（1679年）、権利章典（1689年）などに引き継がれ、さらには海を越え、フランス人権宣言（1789年）やアメリカ合衆国憲法の修正条項などに継受されていった。

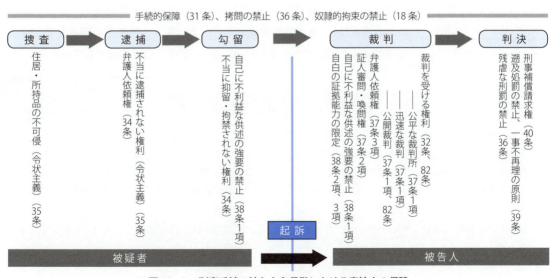

図13-1 刑事手続の流れと各段階における憲法上の保障

と解釈する。最高裁も、**第三者所有物没収事件**[*2]において、「第三者の所有物を没収する場合において、その没収に関して当該所有者に対し、何ら告知、弁解、防禦（ぼうぎょ）の機会を与えることなく、その所有権を奪うことは、著しく不合理であつて、憲法の容認しないところであ」り、そしてそのような機会を与えていない「関税法118条1項によつて第三者の所有物を没収することは、憲法31条、29条に違反する」と述べ、憲法31条から告知・聴聞（ちょうもん）を受ける権利を導き出している。このように憲法31条は、他の条文から導き出すことが困難な権利・自由を導き出すという役割も果たすのである。

（2）罪刑法定主義

また、適正かつ法定された手続が設けられていたとしても、その手続を経て科される刑罰の実体がきちんと法律で定められ、それが適正な内容でなければ、手続だけを保障してもあまり意味はない。そのため、罪刑法定主義が重要となる。罪刑法定主義とは、どのような行為を行ったらいかなる刑罰を科されるかは、あらかじめ法律で定めなければならないという要請である。罪刑法定主義は、近代の刑事上の大原則であるが、憲法はこれを明文で保障していないため、憲法31条によって罪刑法定主義を導き出す解釈が有力となっている[*3]。

罪刑法定主義の要請として重要なのは、構成要件の明確性である。なぜならば、構成要件が明確でないと、「禁止される行為とそうでない行為とを識別するための基準を示すところがなく、そのため、その適用を受ける国民に対して刑罰の対象となる行為をあらかじめ告知する機能を果たさず、また、その運用がこれを適用する国又は地方公共団体の機関の主観的判断にゆだねられて恣意に流れる等、重大な弊害を生ずるから」である。そのため最高裁は、「通常の判断能力を有する一般人の理解」に照らして、構成要件が曖昧（あいまい）不明確である場合には、憲法31条に違反するとしている[*4]。

[*2] 密輸出を試みたとして有罪判決を受けた者から、犯罪に関わる貨物を没収したところ、没収された貨物のなかに本人以外の所有物も含まれていたため、当該第三者に対して何の弁明の機会も与えずにその財産を没収することは憲法に違反するとされた事案〔最大判昭和37年11月28日刑集16巻11号1593頁〕。

[*3] 罪刑法定主義を憲法13条、国会を唯一の立法機関とする憲法41条等から導き出す見解もある。

[*4] **徳島市公安条例事件**〔最大判昭和50年9月10日刑集29巻8号489頁〕。**福岡県青少年保護育成条例事件**〔最大判昭和60年10月23日刑集39巻6号413頁〕でもこの立場が採用されている。

自由と権利は勝手に奪われたくないな

| 解説 | **行政手続と憲法31条** |

私たちの自由や権利は、刑罰の場面だけでなく、行政機関の行為によっても制限される。そのため、憲法31条は刑罰権の発動の場面だけでなく、国民生活と密接にかかわる行政権の発動について定める行政手続にも、その効力が及ぶと解されている。最高裁も、**成田新法事件**〔最大判平成4年7月1日民集46巻5号437頁〕において、「憲法31条の定める法定手続の保障は、直接には刑事手続に関するものであるが、行政手続については、それが刑事手続ではないとの理由のみで、そのすべてが当然に同条による保障の枠外にあると判断することは相当ではない」としている。もっとも、行政手続はその目的に応じて多種多様にあるから、刑事手続とまったく同じ統制が及ぶわけではないとしていることには注意が必要である。なお、1993年に行政手続法が制定され、翌年から施行されている。

第13章●もしも逮捕されたら？

Ⅱ 被疑者段階ではどのような権利・自由が保障されているのか？

*5 最大判平成29年3月15日刑集71巻3号13頁は、GPS捜査は、「個人のプライバシーの侵害を可能とする機器をその所持品に秘かに装着することによって、合理的に推認される個人の意思に反してその私的領域に侵入する捜査手法」であり、「憲法の保障する重要な法的利益を侵害するもの」であるから、「強制の処分」に当たると判断した（➡15章Ⅰ2）。

*6 憲法35条の令状主義は、性質上可能な限り行政手続にも及ぶ。**川崎民商事件**〔最大判昭和47年11月22日刑集26巻9号554頁〕。

*7 憲法35条に違反して違法に収集された証拠について、最高裁は、「令状主義の精神を没却するような重大な違法があり、これを証拠として許容することが、将来における違法な捜査抑制の見地からして相当でないと認められる場合においては、その証拠能力は否定される」としている。**ポケット所持品検査事件**〔最1小判昭和53年9月7日刑集32巻6号1672頁〕。

図13-1を参考に、被疑者段階で保障される憲法上の権利・自由について見ていくことにしよう。

❶ 不当な捜査・逮捕からの自由

（1）令状主義

刑事手続では、強制処分として、人の自由を拘束したり、人の所有物やプライバシーにかかわる物を捜索・押収したりする。それらは、被疑者の逃亡や証拠隠滅を防止し、公平な裁判を実現するためにも必要であるが、その権限が濫用されがちであることは歴史が教えてくれるとおりである。そこで憲法は、裁判官によって事前に発せられる令状に基づかなければ、そうした強制処分をしてはならないと定めた*5（33条、35条）。第三者である裁判官を関与させることで逮捕や捜索・差押えの濫用防止を図り、理由を明示させることで被疑者の身体やプライバシーを保障しているのである*6。

（2）令状主義の例外

逮捕の場面における憲法が定める令状主義の例外として、現行犯逮捕がある。これは、犯罪とその犯人が明らかであり、誤った逮捕の恐れが少ないこと、逃亡や証拠隠滅を防ぐ必要性が高く、令状を取る余裕がない場合が通常であることから認められる例外である（33条、刑事訴訟法〔刑訴法〕212条）。また、正当な逮捕に付随した捜索・差押えであれば、令状は必要とされない*7（35条）。

解説 準現行犯逮捕と緊急逮捕

刑事訴訟法には、さらに2つの令状逮捕の例外が定められている。1つが**準現行犯逮捕**であり、①犯人として追呼されているとき、②贓物又は明らかに犯罪の用に供したと思われる兇器その他の物を所持しているとき、③身体又は被服に犯罪の顕著な証跡があるとき、④誰何されて逃走しようとするとき、のいずれかに該当する者が、「罪を行い終つてから間がないと明らかに認められるときは、これを現行犯人とみなす」というものである（刑訴法212条2項）。もう1つが緊急逮捕であり、一定の重罪を犯したと疑うに足りる充分な理由がある場合で、「急

速を要し、裁判官の逮捕状を求めることができないとき」にその理由を告げて被疑者を逮捕することをいう（同210条1項）。なお、「この場合には、直ちに裁判官の逮捕状を求める手続をしなければならない。逮捕状が発せられないときは、直ちに被疑者を釈放しなければならない」（同条）。

準現行犯逮捕は憲法33条の「現行犯」に該当するとして、緊急逮捕は憲法33条の「令状逮捕」に該当するとして、合憲であると説明されるが、令状主義の趣旨を没却させるような仕方での運用がなされないように厳しいチェックが必要である。

> 令状がなければ犯人は逮捕できないの？

137

❷ 不当な抑留・拘禁からの自由

　逮捕後、さらに身柄の拘束を続ける必要がなければ直ちに釈放しなければならない。一時的に身柄を拘束する留置の必要があると判断したときは、48時間以内（刑訴法203条）に、逮捕した被疑者を書類・証拠物とともに検察官に送付する（身柄送致）。身柄送致を受けた検察官は、弁解の機会を与えて、留置の必要がないと判断すれば直ちに釈放を、留置の必要があると判断したときは、24時間以内（最初の被疑者の身体拘束から72時間以内）に裁判官に勾留を請求しなければならない（刑訴法205条）。検察官の勾留請求に基づき、裁判官が被疑者の身柄をさらに継続して拘束する必要があると認めるときは、勾留状を発して身柄拘束を行う[8]（刑訴法207条）。起訴前の勾留期間は10日、やむを得ない場合に限り10日延長可能である（刑訴法208条）。

　逮捕に引き続くこれらの身柄の拘束の場面について、憲法34条後段は、被疑者が自らを守るための活動を適切に展開できるようにするために、犯罪の嫌疑は何か、抑留（刑訴法上の留置のこと）・拘禁（刑訴法上の勾留のこと）がなぜ必要かについて告知を受ける権利を保障している。

❸ 弁護人依頼権

　憲法34条は弁護人依頼権も保障している。弁護人の活動に関しては刑事訴訟法（刑訴法）が詳細な規定を置き、弁護人依頼権（刑訴法30条）に加え、弁護人依頼権の告知を受けること（刑訴法203条、同204条）、弁護人選任を妨げられないこと（刑訴法78条、同209条）、弁護人選任につき配慮を受けること（被疑者国選弁護制度[9]）など）、「立会人なくして接見し、又は書類若しくは物の授受をすることができる」接見交通権（刑訴法39条1項）を保障するなどしている。これらは、憲法の要請を具体化したものと解されよう。

　しかし憲法に照らして問題とされる規定もある。その1つが、捜査のため必要があるときは、公訴の提起前に限り、検察官等が「その日時、場所及び時間を指定することができる」と定めて接見交通権を制限する刑訴法

---

*8　裁判所は、被疑者を勾留する前に被疑者に対し、被疑事実の要旨を述べて、その陳述を聞かなければならない。この手続きを勾留質問という。

*9　2004年の改正刑事訴訟法37条の2により導入された制度で、重大事件について勾留の段階から国選弁護人が付される。

刑事訴訟法　37条の2
1項　死刑又は無期若しくは長期三年を超える懲役若しくは禁錮に当たる事件について被疑者に対して勾留状が発せられている場合において、被疑者が貧困その他の事由により弁護人を選任することができないときは、裁判官は、その請求により、被疑者のため弁護人を付さなければならない。ただし、被疑者以外の者が選任した弁護人がある場合又は被疑者が釈放された場合は、この限りでない。

逮捕されたらどんな扱いを受けるか心配だなあ。

発展　代用監獄

　本来、被疑者は法務省が管轄する刑事施設である「拘置所」に勾留されることになっているが、刑事収容施設法に、警察署に設置されている留置所を刑事施設に代用させてよいとする例外規定がある（刑事収容施設法14条、15条）。そして現実には、起訴前の被疑者のほとんどがこの留置施設、いわゆる「代用監獄」に勾留されている。しかし、捜査機関のもとに被疑者の身柄をおくことは、自白の強制、過酷な取り調べになる危険性が高くなり、冤罪の温床になるとの批判が多い。

第 13 章 ● もしも逮捕されたら？

39 条 3 項である（接見指定）。最高裁は、憲法 34 条を根拠に接見交通権を憲法上の権利と認め、接見指定は「取調べの中断等により捜査に顕著な支障が生じる場合」に限られるとして、限定解釈を行って当該規定を合憲としたが[*10]、実際の運用において違法判決が出されることも少なくない。

*10　接見交通制限事件〔最大判平成 11 年 3 月 24 日民集 53 巻 3 号 514 頁〕。

4 黙秘権と拷問の禁止

取調べ段階では、憲法 38 条 1 項により、自分に罪が帰せられ刑罰を科せられる根拠となるような自己に不利益な供述を強要されず、黙秘したことによっていかなる不利益も受けない黙秘権が保障されている。なお本条は、「何人も（なんぴと）」と規定していることから、被疑者のみならず、被告人、さらには証人等にも保障されると解される[*11]。

さらに憲法は、36 条で拷問（ごうもん）を禁止する。拷問とは、自白を得るために警察等の捜査機関が被疑者に肉体的・精神的苦痛を与える取調べをいう。36条が「絶対にこれを禁ずる」と強調しているように、拷問はいかなる場合であっても許されない。

*11　刑訴法は、一切の供述を拒否することができる権利を認めている（被疑者段階では刑訴法 198 条 2 項、被告人段階では同 311 条 1 項）。

III 被告人段階ではどのような権利・自由が保障されているのか？

検察官が、被疑者の処罰を求めて裁判所に訴えることを公訴提起（起訴）という[*12]。公訴の提起により、被疑者から被告人となる。起訴後も被告人の逃亡の防止、罪証隠滅の防止のため、裁判所は職権で被告人を勾留することができる（刑訴法 60 条）。被告人は勾留からの解放（保釈）を求める権利があるが、裁判所がこれを認めない場合もある[*13]。また、被告人にも、勾留理由開示を請求する権利が保障されている[*14]（34 条、刑訴法 82-86 条）。

*12　公訴提起の権限は、検察官のみが有している。起訴独占主義（刑訴法 247 条）。しかし 2009 年 5 月 21 日以降、検察審査会が起訴議決した場合には、検察官の判断にかかわらず起訴の手続が進められることになった。

*13　保釈を許す場合には、保釈保証金（保釈金）の額を決めて納入させる。保釈後、正当な理由なく公判に出席しないなどの事由がある場合には、保釈は取り消され、保釈金は没収される。

*14　これは、英米のヘイビアス・コーパス（人身保護令状）に起源を有するとされる。

1 裁判に対する権利

被告人には裁判を受ける権利が保障される（32 条、37 条 1 項、82 条 1 項）。ここでいう裁判は、憲法の要請に適（かな）った裁判制度（➡ 5 章 III）のもとでの公平な裁判所で、迅速かつ公開で行われる裁判である。

（1）迅速な裁判を受ける権利

「裁判の遅滞は正義の否定に等しい（Justice delayed, justice denied）」という法格言が示すように、迅速な裁判は被告人にとって極めて重要である。最高裁も高田事件[*15]において、「単に迅速な裁判を一般的に保障するために必要な立法上および司法行政上の措置を取るべきことを要請するにとどまらず、さらに個別の刑事事件について、現実に右保障に明らかに反し、

*15　事件関係者の多さ、事案の複雑性などから、約 15 年にわたって審理が中断していたため、弁護人が、37 条 1 項を理由に公訴棄却または免訴により審理打ち切りを申し立てた事案〔最大判昭和 47 年 12 月 20 日刑集 26 巻 10 号 631 頁〕。

139

審理の著しい遅延の結果、迅速な裁判を受ける被告人の権利が害せられたと認められる異常な事態が生じた場合には、これに対処すべき具体的規定がなくとも、もはや当該被告人に対する手続の続行を許さず、その審理を打ち切るという非常救済手段が取られるべきことをも認めている趣旨の規定である」として、免訴を言い渡した[*16]。

（2）公開裁判を受ける権利

裁判の対審および判決は、刑事裁判に限らず、原則として公開でなされなければならない（82条1項）。例外的に、裁判官の全員一致で、公の秩序または善良の風俗を害するおそれがあると決した場合、対審を非公開にすることができるが、政治犯罪、出版に関する犯罪、憲法が保障する憲法上の権利が問題となっている事件の対審は、常に公開しなければならない（82条2項）。

（3）被告人の国選弁護人依頼権

先に被疑者段階での弁護人依頼権について説明したが（➡Ⅱ3）、憲法は起訴後の被告人についても弁護人依頼権を保障するとともに、被告人が自分で弁護人を依頼できないときは、国でこれを附するという国選弁護人の制度について定めている（37条3項、刑訴法36条）。そして刑事訴訟法は、一定の刑事事件では弁護人がいなければ開廷することができないとしている（刑訴法289条1項、同316条の29、同350条の9）。

❷ 証拠に関する権利

（1）証人に対する権利

刑事裁判の過程で被告人に保障される権利として、被告人が証人を審問する権利（証人審問権）と、公費により強制的に証人の喚問を請求する権利（証人喚問権）がある（37条2項）。証人審問権により、被告人に尋問の機会が与えられていない手続によって得られた証人の供述を証拠として採用することが禁止される（刑訴法320条：伝聞証拠排除の原則）。しかし、刑事訴訟法上、その例外も少なくなく[*17]、批判も強い。

（2）自白を証拠とすることに対する制限

かつて「自白は証拠の王」と呼ばれ、自白さえ得てしまえばその他の証拠が揃っていなくても有罪とされてしまうことも多かった。拷問が横行した理由の1つはこれである。憲法は、黙秘権（38条1項）の保障（➡Ⅱ4）に加え、強要や強制的な方法を通じて得た自白の証拠能力を否定するとともに（自白排除法則：38条2項、刑訴法319条1項）、本人の自白だけでは有罪とされず、これを補強する証拠を伴わなければ、証拠足りえないと定めることで（自白

[*16] 2005年から裁判迅速化法が施行されている。同法は、「第1審の訴訟手続については2年以内のできるだけ短い期間内にこれを終局させ、その他の裁判所における手続についてもそれぞれの手続に応じてできるだけ短い期間内にこれを終局させること」（裁判迅速化法2条1項）を掲げている。

[*17] 刑訴法321条以下にこの例外が規定されているが、その代表が**検察官面前調書**である。「検察官の面前における供述を録取した書面」は、その供述者が死亡したり、所在不明などの理由により公判で供述できない場合などに証拠とすることができるが、それに加えて、「公判準備若しくは公判期日において前の供述と相反するか若しくは実質的に異なつた供述をしたとき」にも、調書に証拠能力が認められる。

*18 川崎民商事件は、38条1項の保障は「実質上、刑事責任追及のための資料の取得収集に直接結びつく作用を一般的に有する手続には、ひとしく及ぶ」としている。

*19 最大判昭和33年5月28日刑集12巻8号1718頁など。

*20 他方、被告人に不利な判例の変更について、最高裁は、行為の時点で最高裁の判例に従えば無罪となる行為であっても、その判例を変更したうえで処罰することは、憲法39条に違反しないとしている〔最2小判平成8年11月18日刑集50巻10号745頁〕。

再審により無罪判決が確定した近年の事例としては、足利事件（2010年）、東電OL殺人事件（2012年）があります。また、事件発生から48年後の2014年に再審開始が決定された袴田事件、そして、事件発生から38年後の2017年に再審開始が決定された大崎事件も大きな注目を集めましたが、袴田事件は2018年に東京高裁が再審決定を取り消したため、最高裁に特別抗告。2020年に最高裁は高裁の決定を取り消して、審理を高裁に差し戻す決定をしました。大崎事件は2019年に最高裁が再審決定を取り消しました（現在、第4次再審請求中）。

補強法則：38条3項、刑訴法319条2項）、そうした事態の再発を防止しようとしている***18**。しかし残念ながら、これらの規定にもかかわらず、自白の強要などによる冤罪事件がなくなったわけではない。その理由の1つとして、判例上、本人の自白ではなく、共犯者の自白の場合には補強証拠が不要とされていることなどが挙げられる***19**。

③ 適用される法律や刑罰に関する保障

（1）事後法の禁止

憲法39条前段は、実行の時に適法であった行為について、事後に法律で処罰することを禁止する。これを事後法の禁止（または遡及処罰の禁止）というが、これはさらに、実行の時に違法ではあるが刑罰がない行為について、事後に法律で刑罰を科すること、実行の時に刑罰が法定されている場合でも、事後により重い刑罰を定めて付加することの禁止（刑法6条）もまた含むものである***20**。

（2）一事不再理

憲法39条後段は、「既に無罪とされた行為」について、再度審理することを禁止するとともに、有罪が確定した行為について、再度刑事上の責任を問うことを禁止する。これは、被告人保護の観点から、事件が確定した後に再度被告人に不利となるような危険に晒すことを禁止するものである。したがって、被告人に有利な場合、すなわち、「既に有罪とされた行為」について再び審理し、確定した有罪判決を覆す再審制度は憲法に違反しない。再審は、最も典型的には、無罪もしくは免訴を言い渡すべき「明らかな証拠」を「あらたに発見したとき」に認められるものであり、再審により、無罪判決を勝ち取り冤罪を晴らした事案も少なくない。

（3）疑わしきは被告人の利益に

裁判所は、審理の結果、検察官が有罪を立証する責任を果たして、「合理的な疑いをいれる余地がない」程度に有罪であることの証明に成功したと判断した場合に限り、有罪判決を下して刑を宣告する。逆に、これに失敗したと判断した場合には無罪判決を下さなければならない。これは「疑わしきは被告人の利益に」という考え方であり、憲法に明文で規定されているわけではないが、手続的保障を定める憲法31条等に照らして導かれる憲法上の原則であると解される。最高裁もこれを「刑事裁判の鉄則」と述べている。

（4）残虐な刑罰の禁止

有罪が確定すると刑が執行される。刑罰は全部で7種類ある（表13-1）。

*21 最大判昭和23年6月23日刑集2巻7号777頁。

*22 最大判昭和23年3月12日刑集2巻3号191頁。同判決は、死刑の「執行の方法等がその時代と環境とにおいて人道上の見地から一般に残虐性を有するものと認められる場合には、勿論これを残虐な刑罰といわねばならぬ」と述べたが、別の判決で「現在わが国の採用している絞首方法が他の方法に比して特に人道上残虐であるとする理由は認められない」としている〔最大判昭和30年4月6日刑集9巻4号663頁〕（➡発展）。

憲法上、刑罰を科す場合に限り、「意に反する苦役」を課すことが許されるが（憲法18条）、残虐な刑罰を科すことは「絶対に」禁止される（36条）。残虐な刑罰とは、「不必要な精神的、肉体的苦痛を内容とする人道上残酷と認められる刑罰」をいうが[*21]、死刑は残虐な刑罰ではないかが問題となってきた。しかし最高裁は、戦後間もない時期の1948年の判決[*22]で、憲法13条、31条が死刑を当然に想定していることを根拠に、死刑それ自体の合憲性を確認し、以降現在に至るまで、死刑制度は違憲であるという主張を退け続けている。

表13－1　刑罰の種類

死　刑	刑事施設内において、絞首して執行（刑法11条）
懲　役	無期及び有期とし、有期懲役は、1月以上20年以下。刑事施設に拘置して所定の作業を行わせる（刑法12条）。
禁　錮	無期及び有期とし、有期禁錮は、1月以上20年以下。刑事施設に拘置（刑法13条。労役義務はないが請願作業は可能）。
罰　金	1万円以上（刑法15条）
拘　留	1日以上30日未満。刑事施設に拘置（刑法16条）
科　料	千円以上1万円未満（刑法17条）
没　収	犯罪行為に伴う物の没収（独立して言い渡されないため、「附加刑」という。）

※ 166頁の「過料」は上の「科料」とは別のもので、刑罰には該当しない金銭上の制裁である。

身体への直接的な侵害を内容とする、いわゆる身体刑（ムチ打ち刑など）は、憲法36条の「残虐な刑罰」に該当するため、許されません。

発展　死刑執行方法

死刑執行はどんな方法で行われているのかな。

死刑は絞首して執行する（刑法11条1項）が、具体的な絞首の方法について定める法令は、明治憲法制定前の1873年に出された太政官布告第65号のみであり、現在もこれが有効な法令とされている。

しかし実際の執行は地下絞架式（右図）で行われている。このことの是非、さらには絞首刑という死刑執行方法の残虐性（36条）もまた考える必要がある。

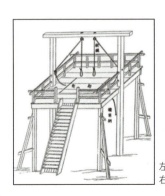
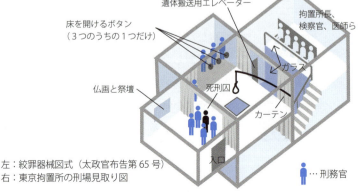

左：絞罪器械図式（太政官布告第65号）
右：東京拘置所の刑場見取り図

（5）刑事補償請求権

憲法 40 条は、抑留または拘禁された後、無罪の裁判を受けた者に対して、国にその補償を求める**刑事補償請求権**を保障している（刑事補償法により具体化[*23]）。身柄を拘束されたが不起訴となり釈放された場合には本条の適用はないとされるが、法務省訓令「被疑者補償規程」が、被疑者が「罪を犯さなかったと認めるに足りる十分な事由があるとき」には補償する旨を定めている（2条）。

[*23] 原則として「その日数に応じて、1日 1000 円以上 1万 2500 円以下の割合による額の補償金を交付する」（刑事補償法4条1項）。

授業を受けて刑事裁判に興味を持ったアキたちは、後日、刑事裁判の傍聴に行きました。
初めての経験で、傍聴後も興奮冷めやらぬ様子です。

裁判制度と司法権については前にならったけど（→5章）、自分で裁判を傍聴すると、より身近に感じるね。裁判の公開って、被告人のためだけのものではないんだね。こんなに真剣に話を聞いて、メモを取ったのは初めてかもしれない。

ちなみに、法廷内でのメモに関して、**レペタ訴訟**っていう重大な最高裁判決〔最大判平元年3月8日民集43巻2号89頁〕があることを知っていたかい？　今は自由にメモが取れるけど、レペタさんというアメリカの弁護士が裁判を起こすまでは、傍聴人はメモが禁止されていたんだってさ！

授業を聴いて、憲法では被疑者・被告人の自由や権利を厚く保障していることがよくわかったけど、それでも冤罪事件がなくならないのは悲しいことね。あと、私たちが傍聴した裁判で犯罪被害者の方が出廷していたけど、憲法では犯罪被害者の権利については何も規定されていないことに気付いたわ。

課題

❶ 刑事手続に関するさまざまな刑事訴訟法の規定のうち、どこまでが憲法上の保障であり、どこからが立法政策上の保障であるのかを考えてみよう。
❷ 裁判を傍聴してみよう。
❸ 現行法上、犯罪被害者にはどのような権利が保障されているのか調べてみよう。

第14章 もっと支え合える社会へ
社会権

新型感染症の流行拡大により、人に会う感染リスクと人に会わない感染回避リスクとを天秤にかけるような状況のなかで、労働者は職場を失う危機にも直面しています。

ハルオ: 大学生の就職内定率が大幅に悪化したというニュースを見ると、将来の就職活動はどれだけ厳しくなるんだろうって、今から暗い気持ちになるよ。

アキ: 早く問題が収束するように感染防止策を徹底していくしかないのかな。世帯収入が減って、学費を払うのが難しいという学生が増えているから、ぜひ対策してほしい。

ナツキ: 貯蓄がなくなって生活に困窮したときでも、生活保護があるって本当に大事だなと思ったよ。どんな社会福祉の制度があるのか、興味をもつようになったな。

フユヒコ先生: 国に生活の各方面でのサポートを求めるさまざまな権利を総合して、「社会権」といいます。今回は、その中の「生存権」や「教育を受ける権利」、「労働基本権」を取り上げます。予算は有限ですから、国は財政面も考えて社会福祉を実現しないといけません。しかし、すべて国の都合だけで決められるものでしょうか。

144

第14章●もっと支え合える社会へ

I 経済的に困窮して生活できない状況に自由はあるだろうか？

1 社会権

シンプルで質素な暮らしを好む人もいるだろうが、欠乏や貧困にあえぐ人の多くは、望んでそうなったのではない。十分な経済力がある人は、国の支援など必要としないかもしれないが[*1]、誰にも頼らずに困難を自分の力量で解決できる人など、一握りしかいない。個人が自由に生活できる社会でありさえすれば、困窮した生活を余儀なくされる人を放置しても、それでよいのか。日本国憲法ではこれを否定し、広く国民が社会生活を営んでいけるように、国は自由権だけではなく、別の種類である社会権も尊重することとしている（➡8章Ⅱ3）。国に対して、社会福祉の実現のために各方面で適切に対応するよう求める権利をまとめて、社会権という。その原点ともいえる生存権（25条）や、教育を受ける権利（26条）、勤労の権利（27条）、労働基本権（28条）は、国の介入やサポートがとくに必要となる場面を踏まえて、生きることへの権利たる社会権の内容を特定して定めたものである[*2]。

2 社会権の特徴

社会権の各規定の解釈には、注意を要する。憲法上の社会権は、具体的な規模の金銭や設備を要求できるものではなく、国に対して適切な措置や配慮を求めるといった、どこか内容がふわふわとした「権利」だからである。したがって、いかなる時期に、いかなる内容で対応するかは国の専門的、政策的判断による部分が大きいとされている。

日本国憲法は、社会権を各種保障することで、国がこれらの権利のために必要で適切な措置をとる責務を負った、持続的に支え合うための仕組みをそなえる福祉国家（社会保障国家）であることを明らかにしている。たとえば、生活保護[*3]は社会保障制度の最たるものだが、生活保護を受給すると国民年金保険料や医療費の負担が免除され、住宅費や生活費にあたる給付が支給される。このように社会権は、国の適切な介入による、国民相互の日常生活の支え合いを要求する点で、国（ときには他者）に不介入を求める個人の自由権と根本的に異なる。しかし、その一方で、社会権の保護が行われる以上、当然に基本的自由は諦めさせてよい、とはならない。社会権は、現実的にみて基本的自由がないのも同然という状況の人に、自由を正しく確保させるものとして保障される。まもられるべき社会とは、個人の自由が尊重される社会であるだけに、社会権の保障という国の目的だけで、個人の自由権へのどのような制限でも当然かつ正当な措置だとはならない。

---

*1　日本国憲法の認める経済的自由と、公共の福祉に基づくその制約の可能性については12章を参照。

*2　条文では明記されていないが、憲法25条の生存権や13条の幸福追求権に基づいて**環境権**を主張する立場がある（➡15章Ⅰ2）。環境権は、健康で文化的な生活をすべての人が享受するために重要であり、その意味ではみんなで分かち合う、シェアする権利といえる。公衆衛生の面でいえば、感染症対策も個人のレベルを超えた問題であることは明らかである。適切な環境・衛生・健康規制を含めて、国が率先して対策を講じることが不可欠な課題であろう。

*3　生活保護とは、憲法25条に規定する理念に基づいて、国が生活に困窮するすべての国民に対し、その困窮の程度に応じて必要な保護を行い、健康で文化的な最低限度の生活を保障するとともに、その自立を助長する制度である（生活保護法1条）。利用しうる資産や能力等すべてを活用してもなお生活に困窮する場合に保護を受けられる（同4条）が、まさしく日本国憲法の特徴を示している国民の権利の1つといえる。

145

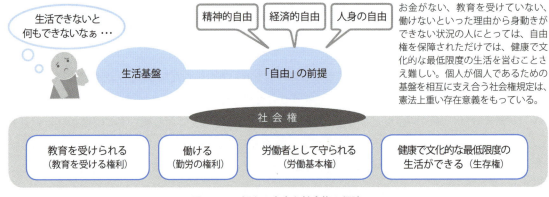

図 14-1　個人の自立と社会権の保障

II 「健康で文化的な最低限度の生活」とはどのような生活か？

1 生存権とその保障

社会権の規定の中心となる憲法 25 条は、「すべて国民は、健康で文化的な最低限度の生活を営む権利を有する」(1 項) と定めており、「健康で文化的な最低限度の生活」の具体化に向けた積極的な制度設計や法の整備を国に求める権利 (生存権) を根拠づけている。しかし、この権利は「生活」の内容にある程度の未知の部分を残した権利であり、国会 (立法) でのしかるべき調整をまって、生存権はようやく具体化される。つまり、憲法上の生存権が保障するのは、生活の維持の実現に向けて、国が具体的かつ適切に取り組むことであると解される。憲法 25 条 2 項にも、「国は、すべての生活部面について、社会福祉、社会保障及び公衆衛生の向上及び増進に努めなければならない」と明記されている。それを受けて、国会で、各種の主だった法律が制定・改正されてきた。たとえば、児童福祉法 (1947 年)、子ども・子育て支援法 (2012 年)、障害者総合支援法 (2013 年)[*4]、生活保護法 (1950 年)、労働者災害補償保険法 (1947 年)、国民年金法 (1959 年)[*5]、介護保険法 (1997 年) などから、比較的最近では、2020 年の年金制度改正法によって、会社などに雇用されて働く「被用者」を対象とする厚生年金保険や健康保険のカバー範囲を、短時間労働者にも拡大するよう図られている。

2 生存権の性格

生存権の規定の解釈をめぐって、理論的には、法的権利が保障されているのではないと否定するプログラム規定説のほか、権利性を認める立場をとる抽象的権利説、国が生存権を具体化する立法をしない場合でも、司法による救済を求められるようにと考案された具体的権利説に、従来の憲法

[*4] 障害者及び障害児を権利の主体と位置づけた基本理念を明確にし、地域社会における共生の実現などに向けて、自立生活援助や就労定着支援といった地域生活支援事業その他の必要な「支援」を総合的に行うための法律である。対象疾病も追加された。

[*5] 日本国内に居住する 20 歳以上 60 歳未満の人はすべて、法律で国民年金への加入を義務付けられている (国民皆年金)。老後 (老齢年金)、思わぬ事故や病気で障害が残った際 (障害年金)、家族の働き手が亡くなった際 (遺族年金) に支給され、若者世代にとっても非常に重要である。なお、学生については申請すれば保険料の納付が猶予される「学生納付特例制度」がある。

第14章 ● もっと支え合える社会へ

学説の見解は分かれる（➡8章Ⅳ2）。

　多数の支持が集まる抽象的権利説では、個々の国民は法的権利を与えられていると認めつつ、その性質は「それを具体化する法律によってはじめて具体的な権利となる」ものと考える。国会の立法化を待たずに具体的な生存権侵害など生じないという立場は、プログラム規定説とそう変わらない。しかし、抽象的権利説は、国には立法や予算を通じて生存権を実現する法的な義務があり、それに従って法律が制定されていくことで憲法の拘束力も発揮されると考える点で、少し違いがある[*6]。憲法で生存権について書かれてあるといっても、時代によって経済・財政の状況は変化し、敗戦直後の貧しさの中での「最低限度」は、現代社会と比較したときには相当低質なものに感じられるであろう。そして、個人の生活への最適な公的保護のあり方を調整する現実の営みにあっては、どうしても選択や決断が不可避である。それを担う意味では、国会の存在は無視しがたい。

　具体的権利説には、抽象的権利説からさらに踏み込んで、憲法25条を直接の根拠として、「最低限度」を呈示しつつ具体的な請求をし、判決による救済を求めることができるとの見解も主張されている。では、裁判所はどういった考え方を示してきたのか、みてみよう。

*6　制定された法律の内容が不十分である場合には、憲法25条を基準として、その違憲性を判断することができると考えられている。

簡単には切り下げられない事情があるはず。

発展　国の裁量の幅の適正化

　人々の望むサポートすべてを提供することは財政的に不可能であるから、必要度に応じた優先順序を考えなければならない[※]。裁判所が国に代わってそうした総合調整の役割を果たすのは難しいかもしれないが、その一方で、「何が最低限度の生活水準であるかは、特定の時代の特定の社会においては、ある程度客観的に決定できる」との有力な見方がある。裁判所は、国会に対して過剰に遠慮せず、福祉の改悪などには、ダメなものはダメと言ってもよさそうである。

　裁判所は、立法裁量の幅を広く認めすぎて、まったく介入しないという批判から、憲法学説では、**「制度後退禁止原則」** に基づく裁量統制の必要性が一部で主張されている。制度後退禁止原則とは、いったん国が創設した社会保障制度（とくに「最低限度の生活」の実現にかかわる制度）を廃止し

たり、従前の保護水準を不利益なかたちで変更したりするような場合には、憲法25条違反を疑い、自由権への侵害と同様に正当化できるのかを審査すべきだとする考え方である。もっとも生活保護基準の老齢加算廃止を合憲とした最高裁判決は、この制度後退禁止原則の考え方を採用しなかった〔最判平成24年2月28日民集66巻3号1240頁、最判平成24年4月2日民集66巻6号2367頁〕。

※　国は、少子超高齢化社会での保険料の減少によって公的年金の財源が不足するのを補うため、GPIF（年金積立金管理運用独立行政法人）が運用する年金積立金について、より高い収益を得るため2014年10月から株式の割合を増やしている。年金制度を支える側の世代にも日々の生活があり、賃金も上がらないから窮余の策といえるが、価値が変動するリスク商品への投資となるため、年金積立金に頼った年金額の維持にも限界があると指摘されている。

❸ 生存権保障に対する判例の考え方

判例は、プログラム規定説に近いことを述べてきた。戦後の食糧難の時期、食糧管理法により食糧の配給が厳しく制限されていたところ、不足する分を補うため、闇市場で米を購入して持ち帰ろうとしたのを検挙され起訴された者が、自らの行為を憲法25条によって直接保障された現実的な生活権の行使であると主張した**食糧管理法違反事件**[*7]において、最高裁の最初の考え方は示された。最高裁は、憲法25条は国家の任務や責務を宣言したものと指摘して、この規定により直接に個々の国民は具体的、現実的にその生活水準の確保向上への権利を保障された、とする見方を否定した。主食不足の事情があるから食糧管理法は必要で、「国民全般の福祉のため、能う限りその生活条件を安定せしめるための法律であって、まさに憲法第25条の趣旨に適合する立法であると言わなければならない」とも述べて、非正規ルートでの食糧の購入・運搬を禁止する同法を合憲としたのである[*8]。

その後、**朝日訴訟**[*9]では、「厚生大臣が最低限度の生活水準を維持するにたりると認めて設定した保護基準による保護を受け得ること」[*10]が生活保護法を通じて具体的権利として与えられると述べつつ、そこで大臣（国）の定める保護基準は「憲法の定める健康で文化的な最低限度の生活を維持するにたりるものでなければならない」と、国の裁量権に対する憲法25条の規範的効力に関して、もう少し積極的な議論がみられた。最高裁は、最低限度の生活水準の設定についての国の広汎な裁量を認めたが、その一方で、「現実の生活条件を無視して著しく低い基準を設定する等憲法および生活保護法の趣旨・目的に反し、法律によって与えられた裁量権の限界をこえた場合または裁量権を濫用した場合には、違法な行為として司法審査の対象となることをまぬかれない」と、一応の枠をはめたのである。

とはいえ、生存権の具体的な保障のあり方をもっぱら国の裁量権に属すべき問題だとして、裁判所が審査に及び腰になりがちなのも否めない。従来の最高裁の考え方を明確化した**堀木訴訟**[*11]も、同様である。この事案は、視力障害者で障害福祉年金を受給していたひとり親家庭の母が、子どもの養育のため当時の児童扶養手当法に基づく児童扶養手当の受給資格の認定を申請したところ、年金と手当との二重受給になるというので、同法の併給調整規定に該当し受給資格を欠くと却下されたものであった。当該規定は憲法25条などに違反すると、この母親は処分の取消を求めて訴えた。しかし、最高裁は、「憲法25条の規定の趣旨にこたえて具体的にどのような立法措置を講ずるかの選択決定は、立法府の広い裁量にゆだねられており、それが著しく合理性を欠き明らかに裁量の逸脱・濫用と見ざるをえないよ

[*7] 最大判昭和23年9月29日刑集2巻10号1235頁。

[*8] 食糧管理法違反事件は、問題の法令を合憲と決定した。つまりは、合憲性審査（違憲審査）を行っているわけで、憲法25条に照らして何かしら解釈をしたことになる。そうすると、単なる訓示を超えた効力が認められていたとも言えなくない。

[*9] 国立の療養所に入所する患者が兄から毎月仕送りを受けだしたのを契機に、生活扶助を打ち切って医療費の一部を負担させる決定が行われた。その結果、従前受給した額しか残らないため、同患者が生活扶助基準の違法性を訴えた事案である〔最大判昭和42年5月24日民集21巻5号1043頁〕。

[*10] 現在、生活保護の適用は、厚生労働大臣が定める基準で計算される最低生活費と収入（年金や就労収入等）とを比較して判断されており、収入が最低生活費にみたない場合に、最低生活費から収入を差し引いた差額（不足分）が保護費として支給される。

[*11] 最大判昭和57年7月7日民集36巻7号1235頁。この母親のように、障害福祉年金を受けることができる地位にある者は、児童扶養手当を受給できず、地位に基づいて扱いを分けられたことになるため、児童扶養手当の受給資格の制限は、合理性のない差別として、憲法14条違反が主張されていた。現在は法改正により（2021年3月分から）、児童扶養手当の額が障害年金の子の加算部分の額を上回る場合、その差額を児童扶養手当として受給できる。

148

第 14 章 ●もっと支え合える社会へ

*12　1989 年改正前の国民年金法が、高等学校の生徒、大学の学生など所定の 20 歳以上の生徒または学生について、国民年金の強制加入による被保険者とせず、任意加入のみ認めていたことなどの措置が憲法 25 条、14 条 1 項に違反しないとされた事例〔最 2 小判平成 19 年 9 月 28 日民集 61 巻 6 号 2345 頁〕。

うな場合を除き、裁判所が審査判断するのに適しない事柄である」と、立法府の裁量を広範に承認し、その理由として、社会権を「現実の立法として具体化するに当たっては、国の財政事情を無視することができず、また、多方面にわたる複雑多様な、しかも高度の専門技術的な考察とそれに基づいた政策的判断を必要とする」ことに結びつけた。生活保護関連以外の福祉が問われる場面に、より消極的な立場に傾くのは、後の**学生無年金訴訟**[*12]でも踏襲されているといってよい。

III　どうすれば自立して生活していけるだろう？

*13　「教育を受ける権利」の「教育」には、小・中、高等学校はもとより、大学などでの専門教育、図書館、博物館、公民館その他の社会教育施設で行われる社会教育も含まれており、すべての人にかかわる権利であることに違いない。ただ、要保護性に応じたレベルがある点で注意を要する。

1　教育を受ける権利

　教育を受ける権利にも、個人の生活への公的介入も含めて、基本的サポートを求める側面がある。国には、特別支援教育も含めて教育制度を維持し、教育条件を整備し、各世帯の経済的事情などにかかわらず、個人が現実に教育を受ける機会をもてるよう措置を講ずることが要請される。

　教育は、個々の将来的自立や社会参加を支える力となるが、たとえば、学齢期に適切な教育機会を得られなかった不利益は、子が将来自分で背負っていかねばならない。そこで、無教育のまま放置される子どもは、知的社会的能力の獲得のため、できるだけ早く学習を継続させる必要性がある。憲法 26 条 2 項が「すべて国民は、法律の定めるところにより、その保護する子女に普通教育を受けさせる義務を負ふ」と、あえて親らに対する義務を説いたのは、子どもが置かれる、他者に依存しなければ生活できない弱い立場のためである。学説は、「教育は、個人が人格を形成し、社会において有意義な生活を送るために不可欠な前提をなす」として、まず「**子どもの学習権**」が、憲法 26 条によって保障されるものと解している[*13]。学習指導要領の法的効力などが争われた**旭川学テ事件**[*14]も、同様の趣旨を述べている。

*14　昭和 36 年度全国中学校一斉学力調査を阻止する目的で、教師らが校長の制止にもかかわらず校舎内に侵入し、校長に暴行した行為につき建造物侵入罪、および校長の学力調査の実施は適法な公務の執行であったとして公務執行妨害罪の成立が認められた事案〔最大判昭和 51 年 5 月 21 日刑集 30 巻 5 号 615 頁〕。

*15　海外ではホームスタディへの権利が比較的支持されている。学校に頼らず、親が自宅などで子を自主的に教育するホームスクーリングである。その理由としては、教育内容、教師の質、集団生活への懐疑などが挙げられる。さらにバーチャルスクール、オンライン教育など、日本でも多様な教育の選択権がテーマとなってくるだろう。それでも、保護者まかせではなく、子どもが教育を適切に受けられていることの公的な保証と確認は、憲法 26 条 2 項の要請といえる。

2　誰が子どもの教育について責任を負うか

　自宅学習できる環境がなく公教育に頼るしかない子と、塾や通信教育も受けさせられる保護者をもつ子との、容易に挽回しがたい教育格差の拡大は、個人の自由の格差にもつながる課題である。（公）教育を受ける権利に関して誰が責務を引き受けるべきかという観点から、教育内容について決定する権利（**教育権**）の所在が、論じられてきた。まずは、親の教育権が考えられるところ[*15]、保護者のネグレクト(養育放棄)が疑われるような場合では、それ以外の者が権利を有しないとなると、公正な成育環境を保障しきれな

149

い可能性がある。親と、さらに教師を中心とした教育権を考えるべきか（国民の教育権説）、国が教育の外的条件整備のみならず、教育内容に関与・決定する権限を有しているべきなのか（国家教育権説）、議論は分かれた。

　旭川学テ事件は、親、教師、国のすべてが分担する考え方に立った。独立した人格である子どもの学習権の確保という出発点からすれば、妥当といえる。しかし、親、教師に「それぞれ限られた一定の範囲」で認められる教育の自由以外の領域においては、国に「必要かつ相当と認められる範囲」で教育内容決定権があるとした。その後も、教科書使用義務違反等の教育関係法規に違反する授業をしたこと等を理由とする公立高校教諭に対する懲戒免職処分が争われた伝習館高校事件などで、国の広範な権限を承認する最高裁の立場は、維持された。

　なお、教育基本法は、公教育を担う私立学校が「公の性質」（教育基本法6条1項）を有することを明らかにする一方で、私立学校に宗教教育の自由を認めている（同9条1項）。建学の精神に基づく教育活動や学校運営の独自性はある程度尊重されるといっても、当然、障害学生支援の拒否や、生徒・学生に対する差別的な取扱いは正当化されない。私立学校の公共的側面は、一部大学の医学部医学科の入学者選抜における不適切事案の発覚を契機に、再認識されている。

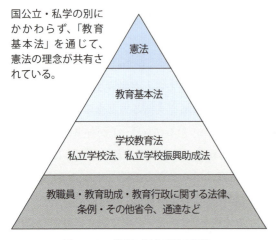

国公立・私学の別にかかわらず、「教育基本法」を通じて、憲法の理念が共有されている。

図14-2　教育に関する法の規律

すべての人にとって教育は権利だということだね！

コラム　「学びたい」多様な要請にこたえるために

　2016年12月、「義務教育の段階における普通教育に相当する教育の機会の確保等に関する法律」（教育機会確保法）が成立した。この法律では、「不登校児童生徒」の定義が示され（2条3号）、「不登校児童生徒が学校以外の場において行う多様で適切な学習活動の重要性」や「休養の必要性」（13条）を踏まえつつ、学校はもちろん、学校以外の場での学習活動（たとえば、教育支援センター（適応指導教室）や民間のいわゆるフリースクールがある）への国・自治体の支援についても定められている。

　不登校の理由は、学校での集団生活になじめなかったり、いじめがあったりと個々に異なり、学校に行きたい場合、学校自体を拒絶する場合、養育環境の影響下で学校から脱落する場合などでも、とるべき対応は異なってくる。学校現場だけで多種多様なパターンに個別的・効果的に対応するのは難しい。心のケアにあたるスクールカウンセラー、福祉面の環境ケアにあたるスクールソーシャルワーカー、法的側面からのアドバイスを行うスクールロイヤーなど、子どもの教育への関与者を拡大していくことが望ましいが、各々の職業の立場や専門性の違い、行動原理の違いをどう乗り越えるか、課題である。

3 勤労の権利・労働基本権

契約自由の原則（→ 9 章 Ⅲ 1）がある以上、契約は、基本的に当事者間の合意があれば成立する。しかし、そもそも「労働者」（勤労者）と「使用者」（会社や団体などの事業主）という対等とはいいがたい関係性では、知識・情報量に差（非対称性）があり、弱者の側に立たされがちな労働者は、生活していくために劣悪な条件でも我慢するかもしれない。だからこそ最高裁は、「憲法 25 条に定めるいわゆる生存権の保障を基本理念とし、勤労者に対して人間に値する生存を保障すべきものとする見地にたち……経済上劣位に立つ勤労者に対して実質的な自由と平等とを確保するための手段として」団結権・団体交渉権・団体行動権のいわゆる労働基本権が保障されていると述べた（**全逓東京中郵事件**[16]）。

国に対して、求職者の雇用の促進、若者の使い捨て防止（いわゆる「ブラック企業」対策）なども含めて労働者保護のためのサポートを求める根拠も憲法にある（27 条 2 項、28 条）。具体的には、憲法は、最低労働条件を私人間の取り決めに委ねず、労働者の勤労権のために法定主義をとっており（27 条 2 項）[17]、さらに労働者と使用者とを対等の立場に立たせようとする。たとえば、団結権は、労働組合を作り、加入する権利である。そればかりか、数による労働組合の交渉力確保のため、使用者が、その雇用する労働者のうち、協定締結組合に加入しない労働者や組合員の資格を失った労働者を原則として解雇する義務を負わせるユニオン・ショップ協定（ユ・シ協定）[18] も、憲法上正当化されるという。

[16] 最大判昭和 41 年 10 月 26 日刑集 20 巻 8 号 901 頁。

[17] この規定を受けて、労働基準法（1947 年）は「労働条件は、労働者と使用者が、対等の立場において決定すべき」（2 条）として、両者の合意によっても変更できない基準を定め、労働者を保護する。男女同一賃金の原則（4 条）、産前産後休業（65 条）、休業補償（76 条）などが設けられている。

[18] ユ・シ協定の目的は、協定締結組合への加入を原則強制し、組合の組織の拡大強化を図ることにある。判例は、締結組合以外の労働組合に加入した労働者に配慮し、使用者の解雇義務を定める同協定の一部を無効としている〔最 1 小判平成元年 12 月 14 日民集 43 巻 12 号 2051 頁〕。

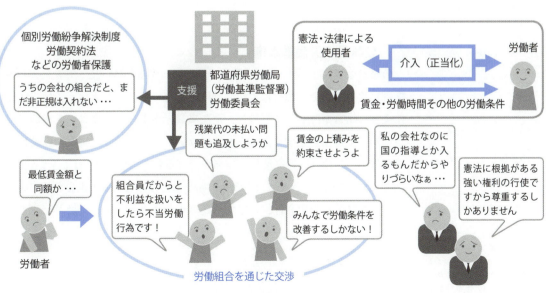

図 14-3　労働基準の公的なコントロール

*19 憲法を根拠として、使用者が労働者に支払う賃金にも一定の法的規制がかかっている。国が最低賃金法に基づいて下限を定め、使用者にその額以上の賃金を支払わせるのを最低賃金制度という。雇用形態に関係なく、すべての労働者とその使用者に適用されるので、自分の時間給を調べてほしい。不足分は請求できるし、労働基準監督署でも相談にのってくれる。

最低賃金啓発ポスター
（厚生労働省ウェブサイトより）

*20 最大判昭和48年12月12日民集27巻11号1536頁（➡9章Ⅲ2）。

労働基準法　3条
使用者は、労働者の国籍、信条又は社会的身分を理由として、賃金、労働時間の他の労働条件について、差別的取扱をしてはならない。

*21 卒業時の景気に採用数が左右され、「内定」目指し不安定な就職活動に挑む学生は、弱い立場にある。50年前の三菱樹脂事件でいう「採用」と、今の採用とでは社会・経済状況が異なる。採用の自由に対する適切な制限は、重要な法律事項といってよい。

*22 全農林労組の幹部が争議行為への参加をあおったなどの理由によって国家公務員法違反の罪に問われたもので、法による労働基本権の制限の合憲性が争われた事案〔最大判昭和48年4月25日刑集27巻4号547頁〕。

　このように、労働者と使用者との私人間の関係において、憲法は直接、使用者の自由に法的な規律を加えており*19、労働基本権は、私人間に直接適用されると解されている（➡9章注26）。団体行動権の保障によって、正式なストライキ（争議行為）などの組合活動で会社に営業上の損害が発生しても、労働組合またはその組合員に賠償責任は生じない（労働組合法8条）。こうした労働基本権の保護のために、労働組合法は使用者の「不当労働行為」（労働組合法7条）を定めて権利侵害を禁じるとともに、不当労働行為救済制度を用意している。もっとも、組合員が雇用者全体に占める割合を示す組織率は2020年6月現在で推定17.1％であり、労働者個人に対する法の保護を高めるべき時代といえる。非正規労働者は、雇用者の4割弱を占める。正規・非正規の「労働者」格差の是正の一環として、2020年4月から不合理な待遇差の禁止等を内容とした、いわゆる「パートタイム・有期雇用労働法」が施行されている。賃金面、その他手当・休暇・福利厚生面での均等待遇が進むことが期待される。

　なお、就職活動に関して、採用前の学生につき特定の思想・信条を有することを理由に不合格とすることは、「法律その他による特別の制限がない限り、原則として自由にこれを決定することができる」との最高裁の判断がある（三菱樹脂事件*20）。ただし、法律による特別の制限ができれば、企業の採用の自由も制限を受けることになる。実際、男女雇用機会均等法などによっても、採用の自由には一定の法規制がかけられているし、従業員になった後の労働条件に関して、労働基準法3条は差別的解雇を禁止するものと解されている*21。

4　公務員の労働基本権

　公務員も憲法28条にいう「勤労者」に該当するとはいえ、一般企業の労働者に比べて、その権利は大幅に制限されている。たとえば、各種の法律により、①自衛隊員、警察職員、消防職員、海上保安庁職員、刑事施設職員については団結権すら認められていない。②一般職の非現業の職員は職員団体の団結権と団体交渉権の一部が認められている（交渉はできるが団体協約は締結できない）。公務員の身分、給与などは国の制度上保護されているが、それは公務の中立性、安定性の確保のためでもある。労働者としての権利への制約が大きすぎるのは、憲法28条の要請に照らしてバランスを欠くといってよい。

　国家公務員の団体行動権への制約に関して判例は、公務員の争議行為の全面一律禁止を定めた国家公務員法の規定は合憲であるとして、その労働

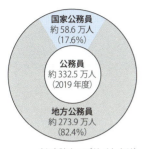

図14-4　公務員の数と種類
（人事院ウェブサイトより）

基本権の「やむをえない限度の制限」は「公務員の地位の特殊性」、「職務の公共性」などを根拠に認められると判断した（**全農林警職法事件** [*22]）。雇用・収入不安のなか、公務員の給与の財源は主として税収によって賄われる。国民が公務員の給与を払っている以上、ある程度の労働条件は、民主主義の過程で議論され定められるべきであろう。しかし、公務員の給与などの引き下げには正負の両面がある。適正に行われないと、公務員の労働意欲は減退するし、一般企業の人件費削減の口実ともなって賃金上昇の抑制効果が広がりうる。また、私たちの暮らしは、行政の各種のサービスによって維持されているが、動かしているのは、結局のところ人である。使命感頼みで問題をなおざりにせず、一般企業の労働者との適当な線引きはどこなのか、すべての労働者のためにという憲法の視点をふまえつつ、検討する必要がある。

社会権は個人が自由をシェアする権利を認める一方で、支え合いの負担も求めているんだね。少子超高齢化社会を支えていく仕組みをもっと勉強したい。

子どもの1年と成人の1年とでは、まったく意味が違うよね。自分たちも学校の長期休校の経験があったから、教育権も「生きることへの権利」だと実感できるようになったよ。

政治や法律に無関心だと、自分たちの生活のことなのにニセ情報に振り回されたりしがち。心地いい意見だけ聞くとかじゃなくて、専門家のいろんな解説を調べて考えたり、短期的・長期的な目線をもったりしないとダメだな。

課題

❶ 最低賃金には、地域別最低賃金があり、47都道府県の最低額が定められているが、働く地域によって最低賃金が異なるのは、なぜだろうか。全国一律の額にすることに、どんな問題があるだろうか。

❷ 2016年4月から障害者差別禁止法が施行された。大学も、障害のある学生の学生生活上、必要とされる合理的配慮を提供していく義務がある。皆さんにも、ぜひ相談窓口を活用してほしい。風通しのよい環境は、きっと大学の提供する配慮の質を向上させていく。すべての人に扉が開かれたキャンパスとなるために、まずは、当事者であるとないとにかかわらず、周囲の環境の改善すべき点について、見つけてみよう。

第15章 自由って、何をしてもいいってこと？ 幸福追求権と平等

ナツキ: 友だちが、卒業して就職したらすぐに結婚したいって言ってるんだけど、早すぎないかな。仕事に慣れないうちから家庭をもつのは大変じゃない？

ハルオ: それは人によるんじゃないか？ 家族がいれば、仕事がキツくてもがんばれるかもしれないよ。一人暮らしも気楽でいいけどね。

アキ: 子どもをもつかどうかも関係ありそう。働きながら子どもを育てるのって女性にとっては負担が増えすぎないか心配だな。

フユヒコ先生: 戦前は、子は親に従い、妻は夫に従うべきという考えに基づいたさまざまな法律の規定によって、ある種の家族観が強制されていました。戦後、憲法13条や14条は、一人ひとりが自分で生き方を選択し、自由に生きていくことを可能にしています。どのような家庭をつくっていくのかも、今日では、一人ひとりの手に委ねられていると考えるべきでしょう。今日のテーマは、「幸福追求権と平等」です。これらについて考えることで、最初は縁遠いと感じられたかもしれない憲法も、実は長い年月をかけて人々が身近な幸せを願い努力した成果の1つということがわかると思います。

第15章●自由って、何をしてもいいってこと？

I 幸せとは、いったい何だろうか？

1 幸福追求権

（1）憲法13条前段と後段の関係

憲法13条は、前段と後段とに分けることができる。前段は、「すべて国民は、個人として尊重される」と定めている（個人の尊重）。後段は、「生命、自由及び幸福追求に対する国民の権利については、公共の福祉に反しない限り、立法その他の国政の上で、最大の尊重を必要とする」と定めている（幸福追求権）。個人の尊重と幸福追求権との関係は、いったいいかなるものなのだろうか。

通説的見解によれば、個人の尊重は個人主義と同一視される。個人主義は、日常会話などでは利己主義と混同されることがあるが、ここでは、一人ひとりが「人間の固有の尊厳[*1]」に由来する人権の享有主体であることを認める原理を指す（➡8章Ⅰ1、2）。幸福追求権は、個人の尊重の原理に基づくものとされ、憲法の個別的な人権規定（憲法14条以下）に列挙されていない人権（新しい人権）を認める根拠となる包括的な人権規定[*2]とされている。

（2）憲法13条の解釈

幸福追求権を理解するのに、2つのよく知られた学説がある。1つは、個人の人格的生存に不可欠な権利であるとするもの（人格的利益説）、もう1つは、他者を害しないかぎりあらゆる行為の自由と同義だとするもの（一般的行為自由説）である。両者は結論においてはさほど差はないにもかかわらず、理論的には深刻に対立しているといわれる[*3]。

[*1] 「経済的、社会的及び文化的権利に関する国際規約」（「社会権規約」、「国際人権Ａ規約」とも呼ばれる）および「市民的及び政治的権利に関する国際規約」（「自由権規約」、「国際人権Ｂ規約」とも呼ばれる）の前文に登場することばである。

[*2] 憲法13条と14条以下の人権の個別的な規定は、いわゆる一般法と特別法との関係に立ち、憲法14条以下の人権の個別的な規定が妥当しない場合に限り憲法13条が適用される余地がある（補充的保障説）。

[*3] 両説の対立の背景には、人間観の相違があると説明されることがある。人格的利益説は最善の生き方を自分で選び取る自律的な人間、一般的行為自由説は最善の生き方をあらかじめ知ることができないので選択を繰り返し失敗しながら学び取る人間を想定しているという。だが、これら二つの人間観は必ずしも二律背反の関係にはない。

飲食店にとって自粛は死活問題。手厚い対策が必要だよ。

発展　「自粛」と「自由」

2020年、新型コロナウイルス禍に際して、政府は人々に活動の自粛を要請した（➡166頁ゼミナール編テーマ1も参照）。法的な強制を伴わない「自粛」の要請は、一部には好意的に受け止められた。つまり、防疫が政府の強制によるのではなく個人に委ねられることで、「自由」が守られたというのである。

一方、自粛が可能だったのは、それなりに貯蓄があるか、あるいは所得が実質的に保障されている者だけだった、という見方もある。そうでない者は、路頭に迷うリスクを背負って経済活動を自粛するか、いわゆる「自粛警察」や「村八分」におびえながら活動を続けるかの二択であった。業種によっても、自粛や非対面型への転換がどれだけできるかは違ってくる。たとえば、100人を超える大人数で受講する大学の授業はインターネットを介した非対面型のほうがむしろ教員と学生とのバーチャルな距離は近いかもしれない。だが、飲食業は「持ち帰り」やデリバリーサービスで経営を維持できるとは限らない。国や地方からの各種給付金や助成金、協力金は「自粛」の「自由」を裏づけるのに十分だろうか。

個人の置かれた状況を不問にした自粛要請は、はたして本当に「自由」なものと言えるのだろうか。仮にそうでないとすれば、どのような制度設計が望ましいのか、考えてみてほしい。

最近では、憲法13条前段から、「人権」は多数者の利益（公共の福祉）を理由にしては制限されえない「切り札」としての権利であると理解し、同条後段から一般的行為自由を引きだす立場もある（➡発展「自粛」と「自由」）。

（3）具体的権利性

かつて、憲法13条は憲法14条以下を総称するものにすぎず、そこからは具体的権利[*4]を引きだすことができないと解されていた。しかし今日では一般に、13条から具体的権利を引きだすことはできると解されている。

警察官が道路交通法違反の証拠を集めようとデモ隊の写真を撮影したことが問題となった京都府学連事件[*5]で、最高裁は、13条から「承諾なしに、みだりにその容ぼう・姿態を撮影されない自由」（いわゆる肖像権）を引きだした。なお、最高裁は、この事件で、「証拠保全の必要性および緊急性」があり、「その方法も一般的に許容される限度をこえない」として、警察官の写真撮影を適法とした。

また、公職の立候補予定者の名誉を毀損する記事を掲載した雑誌の出版等を仮処分[*6]によって出版前に差し止めたことが問題となった北方ジャーナル事件[*7]で、最高裁は、「人格権としての個人の名誉の保護（憲法13条）」を引きだしている。なお最高裁は、この事件で、表現行為の事前の差止めは憲法21条の趣旨から厳格かつ明確な要件の下でのみ許容されるとしつつも、問題となった事前の差止めを例外的なものとして認めている（➡11章Ⅱ2）。

さらに、住基ネット[*8]を用いて個人の情報を収集、管理又は利用する行政機関の行為が問題となった住基ネット訴訟[*9]で、最高裁は、憲法13条から導かれる「私生活上の自由の一つ」（この判決文中では京都府学連事件最高裁判決が引用されている）としての「個人に関する情報をみだりに第三者に開示又は公表されない自由」を引きだしている。なお、最高裁は、この事件で

[*4] 裁判所に対して法的な救済を求めることが「できる」権利をいう。対義語として、それのみでは裁判所に対して法的な救済を求めることが「できない」抽象的権利がある（➡8章Ⅳ2）。

[*5] 最大判昭和44年12月24日刑集23巻12号1625頁。

[*6] 訴訟が決着するまで、権利を保全するために裁判所が行う一時的な手続。

[*7] 最大判昭和61年6月11日民集40巻4号872頁。

[*8] 住民基本台帳ネットワークシステムの略称で、住民基本台帳に記載された氏名・住所等の本人確認情報を市町村・都道府県・国の機関等で共有するための仕組み。

[*9] 最1小判平成20年3月6日民集62巻3号665頁。

| 解説 | 「個人の尊厳」とハンセン病患者家族訴訟 |

> 子どもが欲しかった、と泣いていた元患者さんもいたわね。

1931～96年まで存在した新旧の「癩予防法」等に基づき、あるいはその影響下で、ハンセン病（➡**解説 ハンセン病**）患者や患者の配偶者の胎児の中絶・不妊手術、患者らの子らのハンセン病療養所併設の保育施設への収容・隔離、患者や患者家族への監視が広く行われた。熊本地裁は、これらによる差別被害を「個人の尊厳にかかわる人生被害」とし、遅くとも1960年にはこのような隔離政策を採る必要性はなかったとして、厚生（労働）大臣に対しては同法の「廃止義務」、1996年の同法廃止以降は、厚生（労働）大臣だけでなく法務大臣や文部（科学）大臣に対して「偏見差別除去義務」を認めた〔熊本地判令和元年6月28日 LEX/DB 25564529〕。安倍晋三首相（当時）は控訴を断念、患者家族に謝罪し、法整備が急がれることとなった。

*10 「言論、出版等の表現行為により名誉侵害を来す場合には、人格権としての個人の名誉の保護（憲法13条）と表現の自由の保障（同21条）とが衝突し、その調整を要することとなるので、いかなる場合に侵害行為としてその規制が許されるかについて憲法上慎重な考慮が必要である」とされた。

パイワン族の冠をかぶり支持者に手を振る台湾民進党の蔡英文主席〔2016年1月〕（毎日新聞社提供）

*11 NHK・JAPANデビュー訴訟〔最1小判平成28年1月21日判時2305号13頁〕。

*12 東京高判平成25年11月28日判時2216号52頁。

*13 最3小判昭和56年4月14日民集35巻3号620頁。

民法　709条
故意又は過失によって他人の権利又は法律上保護される利益を侵害した者は、これによって生じた損害を賠償する責任を負う。

問題となった行為は「個人に関する情報をみだりに第三者に開示又は公表するものということはできず、当該個人がこれに同意していないとしても、憲法13条により保障された上記の自由を侵害」しないとしている。

最高裁が憲法13条から引きだしたこれらの権利は、後述する新しい人権に数えられることがある。

(4) 人格権としての名誉権と表現の自由

前述した北方ジャーナル事件では、憲法13条から引き出される名誉権と憲法21条の表現の自由との調整が問題となった*10。表現行為の対象が私人の場合でも、表現行為（小説の公表、出版等）が個人の「名誉、プライバシー、名誉感情」といった「人格権としての名誉権等」を侵害すれば制限されることがある（「石に泳ぐ魚」事件➡11章注9、解説118頁）。

テレビ番組も同様に、表現行為といえる。1910年の日英博覧会で台湾の先住民であるパイワン族が後に「人間動物園」と呼ばれるような見せ物にされたという内容のテレビ番組によって、その番組に出演したパイワン族の女性が名誉を毀損されたと訴えた事件で、最高裁は、一般の視聴者が番組内で登場した女性や女性の父親を「動物園の動物と同じように扱われるべき者」と受け止めるとは考え難いとして、女性の名誉の毀損を認めなかった*11。このような「一般視聴者の基準」は、メディア側にとっては名誉毀損の成否を予測可能にするので、表現の萎縮を防止でき、表現の自由の保護に資するという評価がある。一方、原審の東京高裁は、「人間動物園」ということばの「過激性」や「人種差別的な意味合い」を重視し、女性の社会的評価の低下を認めていた*12。この事件もまた、名誉権と表現の自由との調整が問題となった例といえよう。

2　新しい人権

(1) プライバシーの権利

新しい人権として主張されるものは多岐にわたる。最高裁が認めているとされる新しい人権の1つに、プライバシーの権利がある。その根拠として、すでに見た京都府学連事件最高裁判決や住基ネット訴訟最高裁判決のほか、地方公共団体が弁護士からの前科の照会に漫然と応じて犯罪の種類・軽重を問わず前科等のすべてを報告したことが問題となった事件で「前科及び犯罪経歴」を「みだりに公開されない」のは「法律上の保護に値する利益」とした前科照会事件*13最高裁判決や、早稲田大学で開催された中国の江沢民国家主席（当時）の講演会の参加者の氏名等が記入された名簿の写しを大学が無断で警察に提出したことがプライバシーを侵害する不法行為（民法709

条）とされた江沢民講演会参加者名簿提出事件[*14]最高裁判決が挙げられる。

近年の技術革新に伴って生じた新たな問題もある。警察が捜査対象者の車両に密かにGPS端末を取り付け、その位置情報を把握するGPS捜査について、最高裁は、令状のないGPS捜査で得られた証拠を証拠として使うことはできないとし、今後、新たに立法措置を講ずべきであるとした[*15]。この最高裁判決は、GPS捜査を直接的には憲法35条の問題を提起するものとしているが、「個人の行動」の「継続的、網羅的な把握」によるプライバシー侵害の危険を重くみているといえる。

（2）プライバシーと検索エンジンサービス

今や、インターネットと検索エンジンサービスが発展し、それらを利用することによって簡単に個人情報を入手できるようになっている。このこととの関連で、次のような事件が注目される。

ある男性が、児童買春（児童買春禁止法違反）の容疑で逮捕された。その後、男性は同罪で罰金刑に処せられたが、逮捕されたという事実に関する報道内容はインターネット上の掲示板等に多数書き込まれており、検索エンジンを利用すれば誰でも容易にそのことを知りうる状態になっていた。そこで男性は、人格権ないし人格的利益に基づき、インターネット検索サイト「グーグル」に対して検索結果の削除を求める仮処分命令の申立てをした。さいたま地裁は、「一度は逮捕歴を報道され社会に知られてしまった犯罪者といえども、人格権として私生活を尊重されるべき権利を有し、更生を妨げられない利益を有するのであるから、犯罪の性質等にもよるが、ある程度の期間が経過した後は過去の犯罪を社会から忘れられる権利を有する」[*16]として仮処分命令を認可した。

ところが東京高裁がそれを取り消したので、男性は許可抗告[*17]を申し立てた。最高裁は、児童買春の容疑で逮捕された事実は他人にみだりに知られたくないプライバシーに属するとしつつも、児童買春は「社会的に強い非

[*14] 最2小判平成15年9月12日民集57巻8号973頁。

[*15] GPS捜査は、「個人の行動を継続的、網羅的に把握することを必然的に伴うから、個人のプライバシーを侵害し得るものであり、また、そのような侵害を可能とする機器を個人の所持品に秘かに装着することによって行う点において」、「公権力による私的領域への侵入を伴うもの」であって、憲法35条が「『住居、書類及び所持品』に限らずこれらに準ずる私的領域に『侵入』されることのない権利」を保障しているところからすると、「個人の意思を制圧して憲法の保障する重要な法的利益を侵害する」とされた〔最大判平成29年3月15日判時2333号4頁〕（→13章Ⅱ 1)。

[*16] さいたま地決平成27年11月22日判時2282号78頁。

[*17] 高裁の決定や命令に不服があるとき、判例違反やその他重要な法令の解釈に関わるなどとして高裁が認めた場合に限り、最高裁に抗告することができる（民事訴訟法337条）。

> 私の個人情報はどこまで私のものなんだろう。

| 解説 | 昔ながらのプライバシーと情報プライバシー権 |

「宴のあと」事件東京地裁判決〔昭和39年9月28日判時385号12頁〕（→11章解説118頁）は、「個人の尊厳を保ち幸福の追求を保障するうえにおいて必要不可欠」なものとして「私生活をみだりに公開されないという法的保障ないし権利」を認め、その後の最高裁判決に影響を与えたといわれている。近時、プライバシーの権利とは、このような「～されない」という消極的な自由を超えて、自分に関する情報の閲読を可能にしたり訂正したりするように行政機関に対して求める、いわば「～させる」という積極的な自由をも指す（情報プライバシー権、または自己情報コントロール権）とする見解が有力である。

難の対象」とされていることから「今なお公共の利害に関する事項」であるなどとして、男性の抗告を棄却した[*18]。この最高裁判決は、逮捕歴がプライバシーにあたるか否かという論点について、プライバシーに属する事実であると明言し、検索結果については、情報発信者の表現行為ではなく、検索事業者自身の表現行為として捉えた。そのうえで、場合によっては検索結果の削除を認める余地を残している。

[*18] 最高裁は、検索結果の提供が違法となるか否かは「当該事実を公表されない法的利益と当該URL等情報を検索結果として提供する理由に関する諸事情を比較衡量して判断すべきである」とした〔最3小決平成29年1月31日判時2328号10頁〕。

（3）自己決定権

プライバシーの権利のほか、人格権や私生活上の自由と考えられるものを<u>自己決定権</u>ということばでまとめて呼ぶことがある。これには、①自分の生命・身体の処分にかかわるもの、②子どもにかかわるもの、③そのほか家族にかかわるもの、④髪形や身なり、服装といった生活習慣等にかかわるもの、などが含まれるとされている。

もっとも、今のところ、自己決定権を真正面から認めた判例は存在しないといわれている。この点、最高裁は、「エホバの証人」の患者が輸血拒否の意思を明確に示し、「エホバの証人」のあいだで輸血をせずに手術したことがあるとして知られていた医師の手術を受けたところ、救命のために必要となったので輸血をされたことが問題となった事件（エホバの証人輸血拒

「罪を憎んで人を憎まず」って言葉があるもんな。

発展　「更生を妨げられない利益」と「忘れられる権利」

インターネット上の情報は、削除しない限り、半永久的に残存する。また、インターネットを用いて情報を発信することは容易である。しかし、そのような情報も、検索エンジンを用いた検索にかからないのであれば、見つけ出すのは困難である。そこで、情報発信者にその情報の削除を求めるのではなく、検索事業者に対して検索結果の削除を求める事案が増えている。

さて、本文で紹介したように、さいたま地裁は「更生を妨げられない利益」のために逮捕歴を「忘れられる権利」があるとして検索結果の削除を認めたのに対し、最高裁は、それらには触れず、逮捕歴はプライバシーにあたるが社会的に強い非難の対象となる犯罪については公共の利害に関する事項であり検索結果の削除は認められないとした。さいたま地裁と最高裁とのあいだには、逮捕歴の扱いにかなりの温度差があるといえる。

過去に罪を犯した人が社会に受け入れられるのは、決して簡単なことではない。過去に犯した罪が「忘れられ」れば、その人の生活は平穏なものになるかもしれない。しかし、だからといって、過去に罪を犯したという事実を隠して生きることが、その人の更生なのだろうか。また、社会はその人の犯した罪を「忘れる」ことによってしか、その人を受け入れられないのだろうか。「忘れられる権利」は、社会が罪を犯した人を受け入れるためには、何が必要かという議論と実は関わっている。

例えば、刑務所で受刑者が行う刑務作業の一環として、職業訓練が行われている。伝統工芸やマンガの背景を描く技能を身につける人もいる。こうした技能を生かす場を提供し、社会に居場所を準備することも大切である。「忘れられる権利」の是非と併せて、何が更生のために必要かも考えてみてほしい。

[*19] 最3小判平成12年2月29日民集54巻2号582頁。

否事件[*19]）で、「宗教上の信念」に基づき「輸血を伴う医療行為を拒否する」「意思決定をする権利」は、「人格権の一内容として尊重されなければならない」と判示し、医師に不法行為責任を認めている。最高裁が「自己決定権」ということばを（原審とは異なり）用いなかったことが注目される。

（4）環境権

新しい人権の1つとして「良き環境を享受しうる権利」をいう環境権が主張されることもある。もっとも、最高裁は、憲法13条に基づく環境権について判断を明らかにしていない（**大阪空港公害訴訟**[*20]）。その内容（環境とは自然環境だけをいうのか、あるいは文化的なものも含むのか、など）や法的性格（裁判上、損害賠償や差止めの請求ができるのか、など）の曖昧さから、環境権は憲法上の権利とするにはなじまないとする見解もある。

[*20] 大阪国際空港での航空機の騒音・振動・排気ガスにより生活環境等が害されたとして争われた事件〔最大判昭和56年12月16日民集35巻10号1369頁〕。

II 人は、みな、平等なのだろうか？

1 平等

（1）平等の観念の歴史

平等の観念は古くからあるが、近代以降についていえば、1776年のアメリカ独立宣言や1789年のフランス人権宣言を経て、1948年の世界人権宣言1条が「すべての人間は、生れながらにして自由であり、かつ、尊厳と権利とについて平等である」と規定するに至り、世界的な広がりを見せている。

世の中には持てる者と持たざる者がいるという事実から、人は生まれな

コラム　どうしてギャンブルはいけないの？

勤労は健康で文化的な社会の基礎なんだね。

刑法185条以下は、賭博などに刑罰を科している。賭博をしたからといって、金銭等のやりとりなどについては当事者間で合意済みである以上、誰にも迷惑をかけないはずなのに、なぜだろうか。

この点、賭場の開帳が罪に問われた事件で、憲法13条は「公共の福祉」に反しない限りあらゆる自由を保障しており、刑法の当該規定は「公共の福祉」に反しない娯楽を制限しているため憲法違反であると主張されたことがあった。最高裁は、「勤労その他正当な原因」でなく、「単なる偶然の事情」で金銭等を得ようと争うことは「国民をして怠惰浪費の弊風を生ぜしめ、健康で文化的な社会の基礎を成す勤労の美風（憲法第27条1項参照）を害する」などとして、このような主張を容れなかった〔最大判昭和25年11月22日刑集4巻11号2380頁〕。

他方で、国や地方公共団体の行う宝くじや競馬等にはそれぞれ根拠となる法律（当せん金付証票法、競馬法等）がある。これらの法律には、地方財政の健全化や各種スポーツ・産業の振興のために資金を調達するという目的がある。

誰も興味をもたないことにお金は集まらない。未成年者には、勝者を予想して投票することは禁じられているが、レースを楽しむことは禁じられていない。楽してお金を得られることではなく、誰でも楽しめることが娯楽の本質であろう。

第 15 章 ● 自由って、何をしてもいいってこと？

*21 ものごとがいかに「ある」かという命題。

*22 ものごとがいかに「あるべき」かという命題。

*23 肌の色や容姿など。

*24 宗教上の信仰のみならず、思想や政治的主張などを含む。

*25 男女の別。労働条件などにおける差別が深刻である。

がらにして平等であるという命題を事実命題[*21]としては誤りと捉えて空疎な建前論と見ると、平等の観念を見誤ってしまう。平等の観念は、まず、国家は活動の機会に関しては各人を法的に平等に取り扱うべきである（**形式的平等**〔**機会の平等**〕）という当為命題[*22]として理解された。次に、20 世紀に入り、平等な機会の下での各人の自由な活動の結果、経済格差が広がったときには国家はその格差を是正すべきである（**実質的平等**〔**結果の平等**〕）という当為命題としても理解されるに至った。平等の観念は、今日では一般に、これら 2 つの当為命題として理解されている。

（2）法の下の平等

　憲法 14 条前段は、「すべて国民は、法の下に平等」であると定めている。かつて、この「法の下」という文言に着目して、憲法 14 条 1 項後段列挙事由として定められている「人種[*23]、信条[*24]、性別[*25]、社会的身分又は門地[*26]」以外に関しては、法律の内容が平等なものか不平等なものかを問わず、法律が平等に適用さえされていれば「法の下の平等」の趣旨に適うと

自分さえよければいいっていう社会じゃ生きにくいよね。

発展　実質的平等と「格差」

　実質的平等ということばの用法は二つある。本章では一般的な用法、つまり**結果の平等**と互換可能なものとする用法を用いている。**機会の平等**を出発点における平等とすれば、**結果の平等**は、到着点における平等である。これを所得についていうと、所得平準化を指向し、税や社会保障による所得再分配政策につながる。もう一つは、家庭環境などの各人の差違に着目せずに一律に扱うことを形式的平等とし、そうした各人の差違に配慮して扱うことを実質的平等とする用法である。たとえば、みなが残業しているのだからあなたも残業すべきだというのは形式的平等に、みなが残業していてもあなたに迎えに行くべき子どもやデイサービスから帰ってくる親がいるなどの事情があれば残業しなくてよいというのは実質的平等に関連している。子どもや親などどうでもいいというのでない限り、あなたがほかの人と同様に（「平等」に）その仕事を続けていくためには、実質的平等の観点から、残業の免除は必須である。

　ところで近年、フランスの経済学者トマ・ピケティは、フランスや、アメリカ、そして日本などの長期にわたる膨大な課税記録を歴史的・統計的に研究し、富める者はますます富み、貧しい者はますます貧しくなる「格差スパイラル」が世界的に生じていることを客観的に明らかにし、現状を「グローバル世襲資本主義」と呼んだ（トマ・ピケティ〔山形浩生ほか訳〕『21 世紀の資本』みすず書房、2014）。

　教育格差ということばもある。親（保護者）がお金持ちなほど、子どもは高学歴の傾向がある。これは、単に進学するための学資の問題ではない。親が子どもを塾に通わせられるお金をもっているほど、子どもの学力は高くなる傾向にある。つまり、入学試験等に合格するための学力を身につけられるか否かという段階で教育格差はある。他方、親の年収とは関係なく、親が子どもに絵本の読み聞かせをしたりするなどしていれば、子どもの学力は高くなる傾向にある（耳塚寛明ほか「お茶の水女子大学委託研究（平成 20 年度）」文部科学省）。

　親の事情で子どもの所得や学歴が左右されているのだとすれば、格差是正を結果の平等の問題として捉えると、ことの本質を大きく見誤ることになる。格差是正は難しい課題だが、わたしたちの将来を決める重要な課題である。

*26 社会的身分とは、判例上、「人が社会において占める継続的な地位をいう」〔最大判昭和39年5月27日民集18巻4号676頁〕とされている。学説上は、「人が社会において一時的ではなく占めている地位で、自分の力ではそれから脱却できず、それについて事実上ある種の社会的評価が伴っているもの」とする見解があり、これによれば、親や子、嫡出や嫡出でない（親が法律婚をしているかどうか）といった事柄は「社会的身分」に含まれる。門地とは、家柄をいうとされている。

解されたことがあった（また、この立場は憲法14条1項後段列挙事由に関してだけは、法律の内容についても差別は絶対的に許されないと解していた）。つまり、14条1項後段列挙事由以外に関しては、平等の原則に従わなければならないのは行政権と司法権のみというのであった（立法者非拘束説〔法適用平等説〕）。この立場からだと、たとえある法律が差別的な内容をもっていたとしても、14条1項後段列挙事由以外に関するものであったならば、裁判所はその法律に対して違憲審査を行うことができないということになるはずである。しかし、14条1項後段列挙事由以外に関しては法律の内容が差別的であってもよいとする実質的な理由は見当たらないことなどから、今日では一般に、14条1項後段列挙事由以外に関しても、法律の内容自体もまた平等でなければならないと解されている。つまり、行政権と司法権のみならず、立法権も平等の原則に従わなければならないとされているのである（立法者拘束説〔法内容平等説〕）。実際、裁判所も、法律が憲法14条に違反するかどうか違憲審査を行う際に、この立場に立っていると考えられる。また、後述するように、最高裁が、ある法律の規定を憲法14条に違反し無効としたことも一度ではない。

差別

（1）絶対的平等と相対的平等

上に述べたように、裁判所は憲法を保障すべく、法律が平等の原則に反しているかどうか審査することができる。このとき、平等とは、いかなる例外も許さない絶対的平等ではなく、各人の性別などの事実上の違いを前提と

解説　最高裁と、税の公平かつ平等な負担

僕のバイト代から引かれる所得税も公平な負担なんだね。

旧所得税法の給与所得課税が必要経費の実額控除を認めていなかったことが事業所得者等に比べて著しく不公平として争われたサラリーマン税金訴訟〔最大判昭和60年3月27日民集39巻2号247頁〕で、最高裁は次のように述べた。「租税法の定立については、国家財政、社会経済、国民所得、国民生活等の実態についての正確な資料を基礎とする立法府の政策的、技術的な判断にゆだねるほかはな」い。したがって、裁判所は、基本的にはその裁量的判断を尊重せざるを得ず、「租税法の分野における所得の性質の違い等を理由とする取扱いの区別は、その立法目的が正当なものであり、かつ、当該立法において具体的に採用された区別の態様が右目的との関連で著しく不合理であることが明らかでない限り、その合理性を否定することができず、これを憲法14条1項の規定に違反するものということはできない」。

このように最高裁は、税という日常生活に直接的に影響する負担について、法律をつくる立法府である国会に広い裁量を認めている。税の公平かつ平等な負担が適切なものとなっているかどうか（自分の財布に関係することである！）、有権者の一人ひとりが関心をもち、きちんと考えていくことが大切である。

第 15 章 ● 自由って、何をしてもいいってこと？

*27 最高裁は、憲法 14 条
1 項について、「絶対的な平
等を保障したものではなく、
差別すべき合理的な理由な
くして差別することを禁止
している趣旨と解すべきで
あ」るとしている〔最大判
昭和 39 年 5 月 27 日民集 18
巻 4 号 676 頁〕。

尊属殺重罰規定は、
1995 年に刑法が改正さ
れるまで残っていまし
た。しかし、判決以後、
最高検察庁は尊属殺事
件についても普通殺人
罪（刑法 199 条）で起
訴するように指示する
通達を出し、それに基づ
いて実務が行われてき
ました。また、本判決以
前の尊属殺事件の確定
判決については、
個別恩赦によって救済
が図られました。

*28 最大判昭和 48 年 4 月
4 日刑集 27 巻 3 号 265 頁。

しつつ、同一の事情と条件の下では同一に扱う相対的平等*27 と解されるこ
とになる。つまり、各人の事実上の違いに着目して設けられている法的な
取扱いにおける合理的な理由のある違い（合理的な区別）は合憲とされ、合
理的な理由のない違い（不合理な差別）は違憲とされる。

（2）憲法 14 条 1 項後段列挙事由

憲法 14 条 1 項後段列挙事由については、歴史上、差別が存在してきた。
すでに見たとおり、法律の適用のみならず法律の内容についても差別が絶
対的に禁止される事由を限定するために列挙しているものと解されたこと
がかつてあった。しかし今日では一般に、例として列挙したものであり（例
示説）、それ以外の事由についても不合理な差別は法律の内容と適用とにわ
たりすべて禁止されると解されている。この例示説を前提としつつ、14 条
1 項後段列挙事由が問題となる事件では、裁判所は合憲性を推定せずに違憲
審査基準を厳しくすべきとする見解も有力であるが、判例は、そこまでの
態度を明らかにしてはいない。なお、憲法 14 条 1 項等が問題となる具体的
な場面の例は、次頁の表 15-1 に示している。

（3）裁判所の平等問題へのアプローチ

裁判所は、平等原則違反につき、「不合理な差別」かどうかを判断基準と
している。それでは、何が「不合理な差別」にあたるのだろうか。最高裁
の判断枠組みとして注目されるのは、**尊属殺重罰規定違憲判決** *28 で示され
たものである。

コラム　LGBTQ ＋と憲法

悩んでいる当事者を苦しめないですむ
社会になればいいよね！

セクシュアルマイノリティを指す LGBT という略語
は、レズビアン（Lesbian）、ゲイ（Gay）、バイセクシュ
アル（Bisexual）、トランスジェンダー（Transgender）
の頭文字からきており、前三者は性的指向、後者は
性自認（心の性）にかかわる。さらに、それらのど
れでもないクエスチョニング（Questioning）や、そ
うしたマイノリティを包括する概念としてクィア
（Queer）を加え、LGBTQ ＋という略語が用いられる
こともある。

身体の性と心の性とが一致しない性同一性障害者
（トランスジェンダー）について、「性同一性障害者の
性別の取扱いの特例に関する法律」に定められる性別
変更の審判（法律婚ができるか否かに関係する）が認

められるためには、生殖腺がないことや生殖腺を除去
することが求められている（同法 3 条 4 号）。この規
定が争われた事件で最高裁は、本人が望んでいない
手術を受けない自由を制約する面があるとしつつも、
同法の目的や現在の社会的状況を考えた場合、憲法
13 条と 14 条 1 項に違反していないとした。その補足
意見では、「性同一性障害者の性別に関する苦痛は、
性自認の多様性を包容すべき社会の側の問題」とされ
た〔最 2 決平成 31 年 1 月 23 日判タ 1463 号 74 頁〕。

この事件では、トランスジェンダーのみが問題と
なっていたことを見過ごすべきではない。当事者に寄
り添うためには、それぞれの違いに留意した細やかな
理解が必要である（➡ゼミナール編テーマ 2 も参照）。

163

表 15-1　憲法 14 条 1 項後段列挙事由が問題となる場面の例

事　由	場　面	裁判所の立場
人　種	公衆浴場経営者が、マナーの悪い外国人客のせいで客が減ると考え、（外国人のように見える）肌の色・容姿等をもつ者の入浴を一律に拒否した。	公共性を有する公衆浴場である限り、国籍・人種を問わず、その利用は認められるべきであり、憲法 14 条 1 項等の趣旨に照らし、マナー違反のおそれの有無を問わない一律の入浴拒否は、人種差別であって、不合理な差別として不法行為にあたる〔札幌地判平成 14 年 11 月 11 日判例時報 1806 号 84 頁〕。この判決は控訴審でもほぼ維持され、最高裁は憲法問題ではないとして上告を受理しなかった。
信　条	企業が、反社会的活動に参加する者は不適格と考え、採用選考中に学生運動参加歴等を聴取し、学生運動に参加したことがあるのにない旨の虚偽の回答があったとして、いったん雇用した者を試用期間後に解雇した。	企業は契約締結の自由を有する。また雇用関係においては相互信頼も求められるため、採否決定に際して思想・信条を調査すべく関連事項の申告を求めても、直ちに不法行為にはならない。ただし試用期間後の解雇は、企業が一般に被用者よりも優位で被用者は他企業への就職可能性を放棄したことに照らし、採用後の調査で判明した事実から当該解雇に合理的理由があり社会通念上相当である場合にのみ許される。**三菱樹脂事件**〔最大判昭和 48 年 12 月 12 日民集 27 巻 11 号 1536 頁〕（➡ **9 章Ⅲ 2、14 章Ⅲ 3**）。
性　別	企業が、男女間の労働力の差に基づく合理的な定年制であるとして、男子 55 歳・女子 50 歳を定年とした。	女子の職務は広範囲にわたっており、個人の能力から離れて一律に女子を「従業員として不適格」とすることに合理な理由は認められない。したがって、女子の若年定年制は性別のみによる不合理な差別として「民法 90 条の規定により無効であると解するのが相当である（憲法 14 条 1 項、民法 1 条ノ 2 参照）」（**日産自動車事件**〔最 3 小判昭和 56 年 3 月 24 日民集 35 巻 2 号 300 頁〕）。
	法律（民法 733 条 1 項）が、女性のみに 6 ヶ月の再婚することができない期間（「再婚禁止期間」）を定めていた。	民法 733 条 1 項が再婚禁止期間を規定する目的は、反証のない限り誰が子どもの父親かが法的に決まる（「父性の推定」）期間（民法 772 条）の重複を避けることにある。民法 772 条により父性の推定が前婚と後婚とで重複する期間は 100 日であることから、民法 733 条 1 項の定める 6 ヶ月の再婚禁止期間のうち 100 日を超える部分は、合理性を欠き、憲法 14 条 1 項に違反する〔最大判平成 27 年 12 月 16 日民集 69 巻 8 号 2427 頁〕。なお民法 733 条は、この後、改正され、再婚禁止期間は 100 日に短縮された。
社会的身分又は門地（家柄）	法律（民法 900 条 4 号ただし書）が、嫡出でない子（法律婚をしていない父母から生まれた子）について、法定相続分を嫡出子の半分としていた。	相続制度は、国民の意識等から離れて定めることはできず、立法裁量に委ねられている。同規定につき合憲判断がなされた平成 7 年最大決〔最大決平成 7 年 7 月 5 日民集 49 巻 7 号 1789 頁〕の時点から国民の意識が変わったこと等を総合考慮すれば、「父母が婚姻関係になかったという、子にとっては自ら選択ないし修正する余地のない事柄を理由としてその子に不利益を及ぼすこと」に合理性はなく、憲法 14 条 1 項に違反する〔最大決平成 25 年 9 月 4 日民集 67 巻 6 号 1320 頁〕。なお民法 900 条 4 号ただし書の該当部分は、この後、削除された。
	法律（国籍法 3 条 1 項）が、日本人父と外国人母との子のうち、嫡出でない子について、父母が婚姻して嫡出とならない限り、届出による国籍の取得を認めていなかった。	国籍法 3 条 1 項の目的は、国籍法の基本原則である血統主義を基調に法律上の親子関係に加えてわが国との密接な結び付きをもつ場合に国籍の取得を認めることにある。「子にとっては自らの意思や努力によっては変えることのできない父母の身分行為に係る事柄」により日本国籍という重大な法的地位の取得の要件に区別を設けることは、社会的環境の変化等により、もはや上記目的との間に合理的関連性を有さず、憲法 14 条 1 項に違反する〔最大判平成 20 年 6 月 4 日民集 62 巻 6 号 1367 頁〕。なお国籍法 3 条 1 項は、この後、改正され、日本人父母から認知された子は、嫡出とならなくても、届出により国籍を取得できるようになった。
その他	法律（公職選挙法の諸規定）が、議員一人あたりの有権者数において各選挙区間に較差をもたらし、一票の価値が不平等となっていた（「議員定数不均衡」問題）。	憲法 14 条 1 項には、投票価値の平等も含まれる。ただし、投票価値は選挙制度の仕組みと密接に関わるため、差異が生じることを避け難く、数字的に同一であることまでは求められない。もっとも投票価値の不平等は、「重要な政策的目的ないしは理由に基づく結果として合理的」といえなければならない〔最大判昭和 51 年 4 月 14 日民集 30 巻 3 号 223 頁〕。近時の最高裁判決では、衆院議につき 1：2.129 で違憲状態〔最大判平成 27 年 11 月 25 日民集 69 巻 7 号 2035 頁〕、参院議につき 1：4.77 で違憲状態〔平成 26 年 11 月 26 日民集 68 巻 9 号 1363 頁〕と判示された（➡ **2 章Ⅲ**）。

第 15 章 ● 自由って、何をしてもいいってこと？

　尊属（親）を卑属（子）が殺害した場合、死刑または無期懲役に処すると定めていた旧刑法の規定（現在は削除）が問題となった事件で、最高裁は、立法目的である「尊属に対する尊重報恩」は「刑法上の保護に値する」としつつも、尊属殺の法定刑は「あまりにも厳し」く、「立法目的達成の手段として甚だしく均衡を失」する不合理な差別であり、「憲法 14 条 1 項に違反して無効である」とした（尊属殺重罰規定違憲判決）。このように、最高裁は、立法「目的」の段階とそれを達成する「手段」との 2 つの段階で審査しているとみることができる。その後、この法律の規定は削除され、また、それまで判例上[*29]、合憲とされていた尊属傷害致死罪の規定も削除された。

*29　最 1 小判昭和 49 年 9 月 26 日刑集 28 巻 6 号 339 頁。

そういえば、就職した先輩が、周りの目が厳しくて産休や育休をとりにくいと言っていたよ。法律だけつくったり変えたりしてもダメかもね。職場での意識や慣行も変えていかないと。

産休や育休は、女性の負担がもともとそれだけ重いという現実の裏返しなのかもね。親としての責任をきちんと果たす。仕事をしっかりやる。どっちもあたりまえのことだよね。二者択一なのはおかしいよ。

この少子高齢社会で、子育てをしにくくしてどうするんだろう。介護の必要な高齢の家族を抱える人だっている。誰もが幸福を追求できるようにすることが、結局は自分たちのためになるんじゃないかな。

課　題

❶ 人権ということばは、実はさまざまな意味をもっている。「背景的権利」の意味を調べて、人権ということばを使う意味を考えてみよう。
❷ 労働基準法には、性別による差別的取扱いの禁止や産休、また、育児・介護休業法には育休や家族介護休業についての規定がある。これらについて調べ、十分か不十分か議論してみよう。
❸ ある差別を是正するためにとられる「積極的差別是正措置」は、行き過ぎると「逆差別」とされることがある。なぜか、調べて考えてみよう。

プレステップ憲法　ゼミナール編

身の回りの問題を憲法の視点から考えるゼミナールです。ちょっとむずかしいテーマもありますが、4つのテーマについてゼミナール参加の学生に意見を述べてもらいました。社会で起きるさまざまな問題に憲法がどう関係しているか、何が論点になるのかを感じていただければ幸いです。

フユヒコ先生

テーマ 1　自粛と補償はセットだろ？

新型コロナウィルスのまん延で、私たちの生活は大きく変わりました。大学もリモートが中心になっています。政府や自治体は、不要不急の外出の自粛や、営業の自粛や休止・休業要請、人が集まるイベントの自粛などを要請し、またそれを呼びかける報道も多く見られます（➡ 15章155頁　発展）。

商売をしている人などは、休業要請に従った結果、大きな財産上の損失を受けていますが、それを補填するのに十分な補償は受けていません。「自粛と補償はセットだろ」という議論もありますが、この問題を憲法の観点から考えてみたいと思います。

ええと、憲法29条3項は「私有財産は、正当な補償の下に、これを公共のために用ひることができる」とあります。この損失補償を受けることができるのは、財産権の制限が特定の人に「特別の犠牲」を強いているような場合です。今回は、特定の職業の人たちに、財産上の損失が出ていますし、コロナウィルスの広がりを防ぐというのは「公共のため」ですから、補償がなければ憲法上許されないと思います。

休業や営業自粛のお願いをしているだけの段階でも、財産権の制約といえるのかが気になります。罰則や過料があるなら、制約されているといえると思いますが。

自粛・休業要請は、新型インフルエンザ等特別措置法に基づいて行われます。これまでは、緊急事態宣言が出された後でも、対象地域の知事は「要請」、これに従わない場合の「指示」、そして「指示」の公表までしかできませんでした。しかし2021年の法改正により、対象地域の都道府県知事は要請に従うように「命令」を出し、正当な理由なくこれに従わない場合に「過料」ができるようになりました。さらに、緊急事態宣言が出されていなくても、「新型インフルエンザ等まん延防止等重点措置」の対象地域の知事は「命令」を出し、その違反に「過料」を科すことができるようになりました。どちらの対象にもなっていない地域の場合、知事は「要請」ができるだけです。

休業要請に従っていないことが公表されるというのは、とても強い萎縮の効果があります。実際、営業を強行したお店はネットなどで誹謗中傷を受けました。ですから、過料がなくても財産権を制約しているといってよいと思います。

対象地域で客商売をしている人や、人が集まる施設のほとんどに対して営業自粛や休業が要請されていましたが、これを特定の人に「特別の犠牲」を強いているといえるのかも気になります。また授業では、「特別の犠牲」に当たるかは、侵害行為が社会通念上受忍すべき限度内か否かも含めて総合的に判断すべきとされていましたので（➡12章Ⅲ）、この点からも考える必要があると思います。

僕は補償しないことが憲法に違反するとはいえないと思います。講義で、奈良県ため池条例事件〔最大判昭和38年6月26日刑集17巻5号521頁〕を勉強しました（➡12章Ⅲ3（1））。この判決では、公共の福祉を保持するために社会生活上やむを得ない制限を行う場合には、憲法29条3項の損失補償はする必要はないと述べられています。今回は、このような場合に該当するのではないでしょうか。

たくさんの争点が出てきましたので、整理しましょう。みなさんからは、①休業要請は、損失補償を必要としない社会生活上やむを得ない制約であるか否か、②休業の「要請」は、財産権をそもそも制約しているか否か、③財産権を制約するものだとして、それは「特別の犠牲」に該当するといえるか否か、が指摘されましたね。その他に論点はありますか。

補償を受けることができるとしても、その額が問題になります。憲法上の「正当な補償」というためには、生じた損失のすべてを補償しなければならないとする立場と、合理的に算出された額であればよいとする立場があります。今回、営業自粛等により特に大きな影響を受けた事業者に対しては、国から持続化給付金が支給されましたし、自治体独自の給付金もありました。これらは、生じた損失をすべて補償する額ではありませんが、立場によって「正当な補償」とされる可能性があります。

損失補償をしなければ憲法に違反する、という議論は難しいとしても、営業自粛に補償をすることが憲法で禁止されているわけではありません。政策論としても、自粛と補償をセットにすべきかどうかを考えましょう。

テーマ 2　性の多様性を認めない制度は許される？

先日の講義で、LGBTQ＋の問題について教えていただきました（→15章163頁コラム）。とても重要な問題だと思いましたので、私たちのグループは、LGBTQ＋に関する憲法問題について調べてきました。まず、同性カップルが結婚することができないという問題について、ナツキ君から説明してもらいます。

愛し合う者同士が一緒になりたいと思うのは自然なことですし、それを国家は邪魔してはいけません。憲法24条1項も、「婚姻は、両性の合意のみに基いて成立し、夫婦が同等の権利を有することを基本として、相互の協力により、維持されなければならない」と定めています。でも同性カップルは、今の法律では結婚することができないのです。
民法739条は、「婚姻は、戸籍法の定めるところにより届け出ることによって、その効力を生ずる」とあり、同性婚を禁止していないように見えます。しかし、民法が他の箇所で男と女の婚姻を想定しており、戸籍法はその民法を前提としている、という理由で、同性カップルが婚姻届を提出しても、受理してもらえないのです。結婚できないと、たとえば、パートナーの遺言がなければ遺産相続ができないなどの不利益もあります。

2015年に渋谷区と世田谷区は、同性カップルが婚姻に相当する関係にあることの証明書を発行するという同性パートナーシップ制度を導入しました。同様の制度を導入する自治体が増えてきていますが、法律上の婚姻を認めるものではありません。そこで、同性婚を認めないことは憲法に違反するのではないかを考えたいと思います。
憲法24条1項は、「両性」や「夫婦」という言葉を使っており、男女間の婚姻を想定していることは確かです。政府も、現行憲法の下では同性カップルに婚姻の成立を認めることは想定されていないと述べています。
憲法が同性婚を想定していないということの意味について、憲法上同性婚は認められないと解釈する立場と、憲法は同性婚を禁止しているわけではないとする立場に分かれます。さらに、「個人の尊重」を定める憲法13条前段や、憲法14条1項の平等なども踏まえて、同性婚を認めないことは憲法違反であるとする説もあります。どの説に説得力があるかは、後で議論したいと思います。

同性婚は、主にLGBに関係しますが、今度はTに関する問題を取り上げます。
心の性別と身体の性別が一致しないことに強い違和感を覚え、心の性別と同じ身体に変更したいと願うトランスジェンダーの人もいます。2003年に制定された「性同一性障害者の性別の取扱いの特例に関する法律」は、「生物学的には性別が明らかであるにもかかわらず、心理的にはそれとは別の性別……であるとの持続的な確信を持ち、

かつ、自己を身体的及び社会的に他の性別に適合させようとする意思を有する者であって、そのことについてその診断を的確に行うために必要な知識及び経験を有する二人以上の医師の一般に認められている医学的知見に基づき行う診断が一致しているもの」と定義される「性同一性障害者」（2条）が、家庭裁判所に性別の取り扱いの変更を求めることができると定めています（3条1項）。

ただし、それには条件があり、①20歳以上であること（3条1項1号）。②現に婚姻をしていないこと（同2号）。③現に未成年の子がいないこと（同3号）。④生殖腺がないこと又は生殖腺の機能を永続的に欠く状態にあること（同4号）。⑤その身体について他の性別に係る身体の器官に係る部分に近似する外観を備えていること（同5号）、という5つのすべてに該当していなければなりません。
これらの条件のいくつかは、憲法に違反するのではないかと訴訟になっており、最高裁判所の判決もいくつかあります。

それらの判決を紹介します。まず、③は、改正前は「現に子がいないこと」という規定でしたが、その合憲性について最高裁判所は、家族秩序の混乱を防ぎ、子の福祉の観点からも、合理性を欠くものとはいえないとしました〔最決平成19年10月19日家庭裁判月報60巻3号36頁〕。②についても最高裁判所は、異性間にのみ婚姻が認められている現在の婚姻秩序に混乱を生じさせかねない等の配慮に基づく規定であるとして、合理性を欠くものとはいえないとしています〔最決令和2年3月11日裁判所HP〕。

私が特に問題があると思ったのは④です。世界的に見ると、性別の変更に④の要件を不要とする国が増えているようですが、最高裁判所は、親子関係等に関わる問題や社会の混乱を防ぐこと、急激な変化を避けるといった配慮に基づく規定であり、現時点では、憲法に違反するとはいえないとしました〔最決平成31年1月23日判タ1463号74頁〕。しかし、「その意思に反して身体への侵襲を受けない自由を制約する面もあることは否定できない」とも述べました。私はこの点が重要だと思いますので、みんなで議論したいと思います。

よく調べてきましたね。いくつか問題提起がありました。これを参考にみなさんでディスカッションしてみてください！

テーマ 3　芸術に援助しないと憲法違反？

事例紹介◆ 2019年8月1日から10月14日まで、芸術祭「あいちトリエンナーレ2019」が開催された。そのなかの企画展「表現の不自由展・その後」の展示作品に反感を抱いた人たちから、多くの批判が寄せられた。特に批判が多かったのが、元慰安婦を象徴する「平和の少女像」、昭和天皇の肖像をガスバーナーで燃やすなどのシーンのある映像作品「遠近を抱えて Part Ⅱ」である。中には「ガソリン携行缶をもってお邪魔する」という脅迫まであり、主に安全上の理由から、あいちトリエンナーレ実行委員会（会長は愛知県知事）は展示中止を決定。「不自由展」はわずか3日で展示中止に追い込まれる。さまざまな制限付きながら展示が再開されたのは、閉会直前の10月8日であった。

この事件には、憲法の観点から考えるべき多くの論点がありますが、まず、展示中止という判断には、どのような憲法上の問題があると思いますか。

講義で習った憲法21条2項が禁止する「検閲」に該当するので、憲法違反になるのではないかと思います（➡11章Ⅱ2(3)）。あるいは、作品の内容も展示中止に関係しているので、表現内容規制（➡11章Ⅱ2(1)）に当たり、やはり憲法に違反するのではないかと考えました。

最高裁判所が示した検閲の定義には批判もありますが、今回の展示中止は、行政ではなく実行委員会の判断であることや、発表を禁止したわけではないことなどから、判例の立場からすると、「検閲」とするのは難しいでしょう。また、表現をするための場所や機会の提供を拒否しただけで、表現活動自体を禁止してはいませんし、指摘があったように、表現の「内容」ではなく、安全上の理由による展示中止なので、そもそも表現活動の「内容」に基づく「規制」だといえるかも問題になりますね。

あいちトリエンナーレの事件は、表現の自由の制約が問題となった典型的な事件とは異なるということですね。展示が中止されたとしても、表現自体はできるので「制約」とはただちにはいえないということがよくわかりました。

そうすると、展示しなかっただけだという今回の事件は、表現の自由とは関係がないということになるのでしょうか。公金が使われていますから、その使い道に口をだしているだけともいえるような気がしました。

憲法は、表現活動のための援助を義務づけているわけではありません。だからといって、援助する場合には、展示内容も含めて、自由に口を挟んでもよいとなると、国家や自治体にとって都合のよい表現しか利益を受けられなかったり、援助を受けるために言いたいことを我慢したり曲げたりするような事態も起こりかねません。

そのため憲法学では、どのように表現に対する助成を憲法により統制するかが議論されています。たとえば、パブリック・フォーラム論（➡ 11章116頁 解説）を応用して、芸術助成を受ける憲法上の権利の存在は否定しつつも、いったん芸術助成の仕組みが作られた場合、観点中立的に援助を行わなければならず、恣意的に口を出すことは憲法上禁止されるなどと論じる学説もあります。

来場者の安全を守るための展示中止であれば、作品の内容に恣意的に口を出しているわけではないので、許されることになるのではないかと思います。

でもそれでは、反対する人たちが騒動を起こせば、展示中止してもよいということになりませんか。騒いだ者勝ちとなってしまうのは、なんだか腑に落ちません。

集会の自由に関する判例ですが、反対者が騒動を起こして公の秩序が乱されるおそれがあることを理由に集会のための場所の使用を不許可とすることは、原則として許されず、警察の警備等によってもなお混乱を防止することができないなど特別な事情がある場合に限られるとした判例（泉佐野市民会館事件〔最判平成7年3月7日民集49巻3号687頁〕）があります。「敵意ある聴衆の法理」と呼ばれる考え方で、これによれば、安全を理由とした展示中止が認められるケースは限定されることになります（上尾市福祉会館事件〔最判平成8年3月15日民集50巻3号549頁〕）。

展示中止の問題以外にも、文化庁による補助金の不交付などがあったようですね。

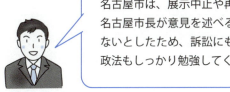
文化庁は主に手続上の理由から補助金の不交付を決定しました（後に減額支給）。また名古屋市は、展示中止や再開が、実行委員会会長の独断で行われ、会長代行であった名古屋市長が意見を述べる機会が奪われたことなどを理由に、負担金の一部を支払わないとしたため、訴訟にもなっています。これらは主に行政法に関わりますので、行政法もしっかり勉強してください。

テーマ 4　憲法解釈って変更していいの？

「平和について考えてみよう！」（7章）の講義で触れたように、これまで政府は、集団的自衛権の行使は憲法上許されないという立場を採ってきました。しかし、2014年7月1日の閣議決定「国の存立を全うし、国民を守るための切れ目のない安全保障法制の整備について」によってその憲法解釈を変更し、集団的自衛権の行使の一部については、憲法上許容されるとしました。ここでは、政府がこれまでの憲法解釈を変更することの是非について、議論してみたいと思います。

集団的自衛権に関する憲法解釈の変更に対しては、「立憲主義に反する」という批判が多く向けられました。最初の講義で、立憲主義とは、「統治や政治が憲法に基づいて行われなければならないという考え方」だと習いましたが（➡1章Ⅰ1））、政治を縛るはずの憲法の意味を、政治の側が解釈によって自由に変更してしまうことができるのはおかしいと思います。法的な安定性が失われてしまうし、立憲主義にも反しています。

憲法解釈を変更するというのは、事実上、憲法を改正するのと同じくらい大きなことではないでしょうか。憲法には改正手続が設けられているのだから（➡1章Ⅲ1）、解釈を変えたいのであれば、憲法を変えて実現するのが本筋ではないかと思います。

政府が恣意的に憲法解釈を変更することにはもちろん賛成できませんが、政府が憲法解釈を一切変更してはならないという主張にも賛成できません。たまたまある時期の政府が示した憲法解釈に、のちの政府も縛られ続けるというのは、納得できないからです。憲法に解釈の余地が広い条文がたくさんあるのは、時代の変化に応じて柔軟に対応できるようにするためではないでしょうか。

憲法解釈の変更に関する政府見解として、次のような立場が示されています。内閣の補助機関である内閣法制局（➡4章Ⅱ2）の歴代の長官も、国会答弁などで同様の見解をたびたび提示しています。この立場についてみなさんはどのように考えますか？

> **2004年6月18日　衆議院議員島聡君提出政府の憲法解釈変更に関する質問に対する答弁書**
>
> 　憲法を始めとする法令の解釈は、当該法令の規定の文言、趣旨等に即しつつ、立案者の意図や立案の背景となる社会情勢等を考慮し、また、議論の積み重ねのあるものについては全体の整合性を保つことにも留意して論理的に確定されるべきものであり、政府による憲法の解釈は、このような考え方に基づき、それぞれ論理的な追求の結果として示されてきたものであって、諸情勢の変化とそれから生ずる新たな要請を考慮すべきことは当然であるとしても、なお、前記のような考え方を離れて政府が自由に憲法の解釈を変更することができるという性質のものではないと考えている。仮に、政府において、憲法解釈を便宜的、意図的に変更するようなことをするとすれば、政府の憲法解釈ひいては憲法規範そのものに対する国民の信頼が損なわれかねないと考えられる。
> 　このようなことを前提に検討を行った結果、従前の解釈を変更することが至当であるとの結論が得られた場合には、これを変更することがおよそ許されないというものではないと考えられるが、いずれにせよ、その当否については、個別的、具体的に検討されるべき (以下略)

政府が憲法解釈を便宜的、意図的に変更してしまうと、憲法それ自体に対する国民の信頼が失われてしまうと述べている部分に説得力を感じます。きちんとした理由があって憲法解釈を変更し、それに国民が納得できるならば、立憲主義は必ずしも絵に描いた餅にはならないのかなと思いました。

議論の積み重ねがある場合には、それとの整合性に留意すべきだとしているところに注目しました。何度も繰り返して示されてきた憲法解釈は、たまたまある時期の政府が示した憲法解釈よりも重視されなければならないと考えます。政府の憲法解釈も、強いものと弱いものに区別することができるのではないかと思います。

結局、政府が憲法解釈を変更することそれ自体よりも、具体的にどのような解釈をどのように変更したのかについて見ていくことが重要なんだということがわかりました。

これ以前に政府が憲法解釈を明示的に変更した例は、憲法66条2項の「文民」の解釈（➡4章41頁　解説）だけです。集団的自衛権に関する政府の憲法解釈の変更は、これまでの議論の積み重ねを踏まえた、国民が納得できるものだったでしょうか。改めて、どの部分がどのように変更されたかについて、復習してみましょう！

次のステップのための文献案内

この講義を通じて、「憲法っておもしろい！」「もっと詳しく知りたい！」と思ってもらえたら、これに勝る喜びはありません。そうしたみなさんのさらなる学習のために、本書で参考にした代表的な文献などを紹介しておきたいと思います。どれも読みごたえ十分ですよ!!

先生は最近の代表的な教科書をいくつか紹介してくれたわ。さっそく本屋さんに行ってみよう！
- 辻村みよ子『憲法〔第7版〕』日本評論社、2021年
- 佐藤幸治『日本国憲法論〔第2版〕』成文堂、2020年
- 高橋和之『立憲主義と日本国憲法〔第5版〕』有斐閣、2020年
- 芦部信喜・高橋和之 補訂『憲法〔第7版〕』岩波書店、2019年
- 長谷部恭男『憲法〔第7版〕』新世社、2018年
- 安西文雄・巻美矢紀・宍戸常寿『憲法学読本〔第3版〕』有斐閣、2018年

僕は、授業で取り上げられたいろんな事件をもっと詳しく知りたいな。憲法判例をまとめた本で先生のおすすめは、
- 憲法判例研究会『判例プラクティス憲法〔第3版〕』信山社、2022年
- 小泉良幸・松本哲治・横大道聡『憲法判例コレクション』有斐閣、2021年
- 木下昌彦 編集代表『精読憲法判例［統治編］』弘文堂、2021年
- 長谷部恭男・石川健治・宍戸常寿 編『憲法判例百選 I・II〔第7版〕』有斐閣、2019年
- 木下昌彦 編集代表『精読憲法判例［人権編］』弘文堂、2018年

だったね。有名な事件や新しい最高裁の判決は裁判所のウェブサイトからも見られるらしいから、調べてみようっと!!

僕は、具体的な事件に憲法を適用し、活かしていく方法が知りたいな。先生が挙げてくれたのは、
- 横大道聡 編『憲法判例の射程〔第2版〕』弘文堂、2020年
- 小山剛『憲法上の権利の作法〔第3版〕』尚学社、2016年
- 宍戸常寿『憲法 解釈論の応用と展開〔第2版〕』日本評論社、2014年
- 駒村圭吾『憲法訴訟の現代的転回』日本評論社、2013年

などだったよ。個別の論点は、学者の先生たちが書いた論文を探す必要があるね。インターネットからだと、サイニィ（CiNii Article）や、国立国会図書館サーチ（NDL Search）が手軽で便利みたいだね。読むのが楽しみだな！

プレステップ憲法〔第3版〕● 索引

■あ〜お

「悪徳の栄え」事件……………………………114
旭川学テ事件……………………122, 149, 150
朝日訴訟……………………………………148
芦田修正………………………………………72
芦田均…………………………………………72
新しい人権…………………………………157
安全保障理事会………………………………78
安保法制懇……………………………………77
委員会中心主義………………………………36
違憲審査権……………………………………57
違憲審査制……………………………………11
石井記者事件………………………………121
「石に泳ぐ魚」事件……………117, 118, 157
「板まんだら」事件…………………………52
一般的行為自由説…………………………155
疑わしきは被告人の利益に………………141
「宴のあと」事件……………………………118
浦和充子事件…………………………33, 57
営業の自由…………………………………125
恵庭事件………………………………………75
NHK記者証言拒否事件…………………121
NHK・JAPANデビュー訴訟……………157
愛媛玉串料訴訟………………108, 110, 111
エホバの証人輸血拒否事件………………159
LGBTQ+……………………………………163
オウム真理教解散命令事件………………106
大阪空港公害訴訟…………………………160
大阪地蔵像事件……………………………109
大津事件………………………………………57

■か〜こ

会期……………………………………………33
外国に移住する自由………………………129
外国へ一時旅行する自由…………………129
解散権……………………………………47, 48
外務省秘密電文漏洩事件…………………120
閣議……………………………………………41
学生無年金訴訟……………………………149
加持祈祷事件………………………………104
河川附近地制限令事件……………………131
環境権……………………………………145, 160
間接適用説………………………………99, 100
間接民主制（代表民主制）…………………21
完全補償説…………………………………133
議院自律権……………………………………32
議員定数不均衡…………………………25, 164
議院内閣制……………………………12, 45〜48
議会の世紀……………………………………11
機会の平等…………………………………161
規制目的二分論………………………126, 130
吉祥寺駅ビラ配り事件……………………116
記帳所事件……………………………………63
基本権保護義務論…………………………100
君が代……………………………………66, 67
9.11同時多発テロ……………………………79
教育を受ける権利…………………………149
行政裁判所……………………………………51
強制処分……………………………………137
京都府学連事件………………………156, 157
協約憲法………………………………………9
居住・移転の自由………………………127, 128
緊急逮捕……………………………………137

近代選挙の原則………………………………21
近代的意味の憲法……………………………10
近代立憲主義…………………………………10
欽定憲法………………………………………9
具体的権利（説）…………………90, 147, 156
具体的な争訟…………………………………51
警察予備隊訴訟…………………………58, 73
形式的意味の憲法……………………………9
形式的平等（機会の平等）………………161
形式的法治国家観……………………………11
形式秘…………………………………………120
刑事補償請求権……………………………143
警備隊…………………………………………73
契約自由の原則……………………………151
結果の平等…………………………………161
血統主義………………………………………95
検閲……………………………………………116
現行犯逮捕…………………………………137
剣道実技拒否事件…………………………105
憲法改正権……………………………………16
憲法裁判所……………………………………58
憲法習律………………………………………48
憲法制定権……………………………………16
権利性質説……………………………………96
権力分立……………………………………11, 31
公共の福祉……………………87, 106, 126, 130
公権力行使等地方公務員……………………97
皇室会議………………………………………64
皇室自律主義…………………………………61
皇室典範………………………61, 63, 67, 68
皇室費…………………………………………65
公私二分論……………………………………10
控除説…………………………………………43
硬性憲法………………………………………9
拘束名簿式（選挙）…………………………23
江沢民講演会参加者名簿提出事件………158
公的行為………………………………………63
皇統譜…………………………………………64
幸福追求権…………………………………155
小売市場距離制限事件…………………125, 126
合理的期間論…………………………………27
勾留……………………………………………138
国際連合安全保障理事会……………………77
国際連合憲章…………………………………71
国事行為……………………………62, 63, 68
国政調査権……………………………………33
国籍……………………………………………164
国籍法違憲訴訟……………………………129
国籍法違憲判決………………………………59
国籍離脱の自由……………………………129
国体護持………………………………………12
告知・聴聞を受ける権利…………………136
国民主権…………………………………21, 61
国民内閣制（論）………………………48, 49
国立国会図書館………………………………32
個人主義………………………………………10
個人の尊厳…………………………………156
個人の尊重………………………………83, 155
国会単独立法の原則…………………………35
国会中心立法の原則…………………………34
国家神道……………………………………110
国家賠償……………………………………132
国権の最高機関…………………………31, 43

子どもの学習権……………………………149

■さ〜そ

在外国民選挙権剥奪違憲判決………………59
罪刑法定主義………………………………136
最高裁判所裁判官国民審査制度……………53
最高法規………………………………………85
再婚禁止期間………………………………164
財産権……………………………129, 130, 131
再審制度………………………………………141
裁判員制度……………………………………55
裁判官弾劾裁判所……………………………56
札幌税関検査事件…………………………116
三審制…………………………………………54
参政権…………………………………………21
自衛権…………………………………………76
自衛隊…………………………………………74
自衛のための必要最小限度の実力……75, 76
自己決定権………………………………159, 160
事後制裁……………………………………116
事後法の禁止………………………………141
事情判決の法理………………………………28
私人間直接適用……………………………152
事前抑制……………………………………116
実質的意味の憲法……………………………9
実質的平等（結果の平等）………………161
実質的法治国家観……………………………11
実質秘…………………………………………120
執政権説………………………………………43
私的自治の原則………………………………98
自白排除法則・自白補強法則……………140
GPS捜査……………………………………158
司法権の独立…………………………………56
社会契約説……………………………………84
社会権………………………………………145
社会的権力……………………………………99
社会的相互関連性…………………………126
集会の自由…………………………………117
衆議院解散権…………………………………47
衆議院議員定数配分違憲判決………………59
衆議院の解散…………………………………43
衆議院の優越…………………………………31
住基ネット訴訟………………………156, 157
私有財産制…………………………………130
自由主義…………………………………10, 84
集団安全保障…………………………………77
集団的自衛権……………………………77, 78
取材の自由…………………………………119
酒類販売免許制事件………………………126
準現行犯逮捕………………………………137
純粋代表説（自由委任説）…………………21
消極的権利……………………………………88
消極目的規制………………………………126
小選挙区選挙…………………………………22
上訴……………………………………52, 54
肖像権………………………………………156
象徴天皇制………………………………61, 62
証人喚問権…………………………………140
証人審問権…………………………………140
条約憲法………………………………………9
職業選択の自由…………………125〜127, 131
食糧管理法違反事件………………………148
女系天皇………………………………………68

女性再婚禁止期間規定違憲判決…………59
所有権…………129
知る権利…………118
人格権…………157〜160
人格的利益説…………155
信教の自由…………103, 107
人種差別…………164
新日米安全保障条約…………73
森林法共有分割制限事件…………59, 130, 131
吹田黙祷事件…………57
枢密院…………71
砂川事件…………74
生活保護…………145
政教分離原則…………105, 107
政治的代表説（社会学的代表説）…………21
政治的美称説…………31
正戦論…………71
生存権…………146, 148
性同一性障害者の性別の取扱いの特例に関する
　法律…………163
制度的保障…………90
成文憲法…………9
積極的権利…………88
積極目的規制…………126
接見交通権…………138
摂政…………64
絶対的平等…………162
前科照会事件…………157
選挙区選挙…………23
全国民の代表…………32
全逓東京中郵事件…………151
全農林警職法事件…………153
総合調整機関説…………31
相対的平等…………163
相当補償説…………133
遡及処罰の禁止…………141
空知太神社事件…………109
損失補償…………131, 132
尊属殺重罰規定違憲判決…………59, 163, 165

■た〜と
第一次家永教科書訴訟…………116
大選挙区制…………24
滝川事件…………121
タトゥー施術…………126
地方自治の本旨…………35
嫡出子…………164
「チャタレイ夫人の恋人」事件…………114
中間団体否認の法理…………83
抽象的違憲審査制…………58
抽象的権利（説）…………90, 147, 156
中世立憲主義…………10
中選挙区制…………24
重複立候補…………23
直接民主制…………21
津地鎮祭事件…………107
敵意ある聴衆の法理…………171
適用違憲…………58
手続の適正…………135
手続の法定…………135
伝習館高校事件…………66, 150
天皇機関説事件…………121
天皇コラージュ事件…………66

天皇の生前退位…………68
天皇の退位等に関する皇室典範特例法…………68
統括機関説…………31
当然の法理…………97
東大ポポロ劇団事件…………122
統治行為論…………48, 52, 75
特定秘密保護法…………120
特別犠牲説（特別の犠牲）…………131, 166
独立行政委員会…………45
苫米地事件…………52
ドント式…………23

■な〜の
内閣不信任決議…………47
内閣法制局…………45
長沼ナイキ基地事件…………75
奈良県ため池条例事件…………131
成田新法事件…………117
軟性憲法…………9
「二重の基準」論…………115
日米安全保障条約…………73
日米相互防衛援助協定（MSA協定）…………74
日米防衛協力のための指針（新ガイドライン）
　…………78
日曜日授業参観事件…………106
日産自動車事件…………164
日本テレビビデオテープ押収事件…………119
人間の尊厳…………93, 95
農地改革事件…………133
能動的権利…………89

■は〜ほ
陪審制度…………55
博多駅テレビフィルム提出命令事件…………118
パターナリズム…………89
八月革命説…………17, 69
パブリック・フォーラム…………116
パリ不戦条約…………71
ハンセン病…………128, 156
半大統領制…………46
半直接民主制…………21
ピアノ伴奏拒否訴訟…………67
非拘束名簿式（選挙）…………24
非嫡出子法定相続分違憲判決…………59
人の支配…………11
百里基地事件…………75
表現内容規制・表現内容中立規制…………114, 115
表現の自由…………157
平等…………160, 161
平賀書簡事件…………57
比例代表選挙…………23
不起立訴訟…………67
福祉国家…………87, 99
付随的違憲審査制…………58
不逮捕特権…………38
普天間基地移設問題…………73
不文憲法…………9
部分社会の法理…………52
プライバシーの権利…………157, 159
フランス人権宣言…………10
武力行使の三要件（新三要件）…………76
プログラム規定（説）…………90, 146, 147
分担管理…………44

ヘイトスピーチ…………115
平和安全法制…………77, 79, 80
平和維持活動…………77
弁護人依頼権…………138
帆足計事件…………129
保安隊…………73
放送の自由…………120
法適用平等説…………162
報道の自由…………117
法内容平等説…………162
法の支配…………11
法律上の争訟…………51
法令違憲…………58
牧会活動事件…………104, 105
ポツダム宣言…………12
北方ジャーナル事件…………113, 156, 157
堀木訴訟…………148

■ま〜も
マグナ・カルタ…………10
マッカーサー・ノート…………13, 62, 71
三菱樹脂事件…………152, 164
箕面忠魂碑訴訟…………109
民政局…………62
民定憲法…………9
無差別戦争観…………71
名誉権…………157
命令委任…………21
免責特権…………38
目的・効果基準…………107, 108
黙秘権…………139

■や〜よ
夜警国家…………85
靖国神社…………110, 111
薬局距離制限事件…………59, 125, 126, 130
優越的地位…………113
「夕刊和歌山時事」事件…………115
郵便法違憲判決…………59
ユニオン・ショップ協定（ユ・シ協定）…………151
予算…………32
「四畳半襖の下張」事件…………114
予防接種禍…………131
予防接種後健康被害救済制度…………132

■ら〜ろ
立憲主義…………10
立憲的意味の憲法…………10, 83
立法者拘束説・立法者非拘束説…………162
留置…………138
両院制…………31
臨時会（国会）…………48
連合国軍総司令部（GHQ）…………61
連帯責任…………44
労働基本権…………151, 152
老齢加算廃止訴訟…………147

■わ
忘れられる権利…………158, 159
湾岸戦争…………78

② 検察官は、最高裁判所の定める規則に従はなければならない。

③ 最高裁判所は、下級裁判所に関する規則を定める権限を、下級裁判所に委任することができる。

第七十八条 裁判官は、裁判により、心身の故障のために職務を執ることができないと決定された場合を除いては、公の弾劾によらなければ罷免されない。裁判官の懲戒処分は、行政機関がこれを行ふことはできない。

第七十九条 最高裁判所は、その長たる裁判官及び法律の定める員数のその他の裁判官でこれを構成し、その長たる裁判官以外の裁判官は、内閣でこれを任命する。

② 最高裁判所の裁判官の任命は、その任命後初めて行はれる衆議院議員総選挙の際国民の審査に付し、その後十年を経過した後初めて行はれる衆議院議員総選挙の際更に審査に付し、その後も同様とする。

③ 前項の場合において、投票者の多数が裁判官の罷免を可とするときは、その裁判官は、罷免される。

④ 審査に関する事項は、法律でこれを定める。

⑤ 最高裁判所の裁判官は、法律の定める年齢に達した時に退官する。

⑥ 最高裁判所の裁判官は、すべて定期に相当額の報酬を受ける。この報酬は、在任中、これを減額することができない。

第八十条 下級裁判所の裁判官は、最高裁判所の指名した者の名簿によつて、内閣でこれを任命する。その裁判官は、任期を十年とし、再任されることができる。但し、法律の定める年齢に達した時には退官する。

② 下級裁判所の裁判官は、すべて定期に相当額の報酬を受ける。この報酬は、在任中、これを減額することができない。

第八十一条 最高裁判所は、一切の法律、命令、規則又は処分が憲法に適合するかしないかを決定する権限を有する終審裁判所である。

第八十二条 裁判の対審及び判決は、公開法廷でこれを行ふ。

② 裁判所が、裁判官の全員一致で、公の秩序又は善良の風俗を害する虞があると決した場合には、対審は、公開しないでこれを行ふことができる。但し、政治犯罪、出版に関する犯罪又はこの憲法第三章で保障する国民の権利が問題となつてゐる事件の対審は、常にこれを公開しなければならない。

第七章 財政

第八十三条 国の財政を処理する権限は、国会の議決に基いて、これを行使しなければならない。

第八十四条 あらたに租税を課し、又は現行の租税を変更するには、法律又は法律の定める条件によることを必要とする。

第八十五条 国費を支出し、又は国が債務を負担するには、国会の議決に基くことを必要とする。

第八十六条 内閣は、毎会計年度の予算を作成し、国会に提出して、その審議を受け議決を経なければならない。

第八十七条 予見し難い予算の不足に充てるため、国会の議決に基いて予備費を設け、内閣の責任でこれを支出することができる。

② すべて予備費の支出については、内閣は、事後に国会の承諾を得なければならない。

第八十八条 すべて皇室財産は、国に属する。すべて皇室の費用は、予算に計上して国会の議決を経なければならない。

第八十九条 公金その他の公の財産は、宗教上の組織若しくは団体の使用、便益若しくは維持のため、又は公の支配に属しない慈善、教育若しくは博愛の事業に対し、これを支出し、又はその利用に供してはならない。

第九十条 国の収入支出の決算は、すべて毎年会計検査院がこれを検査し、内閣は、次の年度に、その検査報告とともに、これを国会に提出しなければならない。

② 会計検査院の組織及び権限は、法律でこれを定める。

第九十一条 内閣は、国会及び国民に対し、定期に、少くとも毎年一回、国の財政状況について報告しなければならない。

第八章 地方自治

第九十二条 地方公共団体の組織及び運営に関する事項は、地方自治の本旨に基いて、法律でこれを定める。

第九十三条 地方公共団体には、法律の定めるところにより、その議事機関として議会を設置する。

② 地方公共団体の長、その議会の議員及び法律の定めるその他の吏員は、その地方公共団体の住民が、直接これを選挙する。

第九十四条 地方公共団体は、その財産を管理し、事務を処理し、及び行政を執行する権能を有し、法律の範囲内で条例を制定することができる。

第九十五条 一の地方公共団体のみに適用される特別法は、法律の定めるところにより、その地方公共団体の住民の投票においてその過半数の同意を得なければ、国会は、これを制定することができない。

第九章 改正

第九十六条 この憲法の改正は、各議院の総議員の三分の二以上の賛成で、国会が、これを発議し、国民に提案してその承認を経なければならない。この承認には、特別の国民投票又は国会の定める選挙の際行はれる投票において、その過半数の賛成を必要とする。

② 憲法改正について前項の承認を経たときは、天皇は、国民の名で、この憲法と一体を成すものとして、直ちにこれを公布する。

第十章 最高法規

第九十七条 この憲法が日本国民に保障する基本的人権は、人類の多年にわたる自由獲得の努力の成果であつて、これらの権利は、過去幾多の試錬に堪へ、現在及び将来の国民に対し、侵すことのできない永久の権利として信託されたものである。

第九十八条 この憲法は、国の最高法規であつて、その条規に反する法律、命令、詔勅及び国務に関するその他の行為の全部又は一部は、その効力を有しない。

② 日本国が締結した条約及び確立された国際法規は、これを誠実に遵守することを必要とする。

第九十九条 天皇又は摂政及び国務大臣、国会議員、裁判官その他の公務員は、この憲法を尊重し擁護する義務を負ふ。

第十一章 補則

第百条 この憲法は、公布の日から起算して六箇月を経過した日から、これを施行する。

② この憲法を施行するために必要な法律の制定、参議院議員の選挙及び国会召集の手続並びにこの憲法を施行するために必要な準備手続は、前項の期日よりも前に、これを行ふことができる。

第百一条 この憲法施行の際、参議院がまだ成立してゐないときは、その成立するまでの間、衆議院は、国会としての権限を行ふ。

第百二条 この憲法による第一期の参議院議員のうち、その半数の者の任期は、これを三年とする。その議員は、法律の定めるところにより、これを定める。

第百三条 この憲法施行の際現に在職する国務大臣、衆議院議員及び裁判官並びにその他の公務員で、その地位に相応する地位がこの憲法で認められてゐる者は、法律で特別の定をした場合を除いては、この憲法施行のため、当然にはその地位を失ふことはない。但し、この憲法によつて、後任者が選挙又は任命されたときは、当然その地位を失ふ。

第四十九条　両議院の議員は、法律の定めるところにより、国庫から相当額の歳費を受ける。

第五十条　両議院の議員は、法律の定める場合を除いては、国会の会期中逮捕されず、会期前に逮捕された議員は、その議院の要求があれば、会期中これを釈放しなければならない。

第五十一条　両議院の議員は、議院で行つた演説、討論又は表決について、院外で責任を問はれない。

第五十二条　国会の常会は、毎年一回これを召集する。

第五十三条　内閣は、国会の臨時会の召集を決定することができる。いづれかの議院の総議員の四分の一以上の要求があれば、内閣は、その召集を決定しなければならない。

第五十四条　衆議院が解散されたときは、解散の日から四十日以内に、衆議院議員の総選挙を行ひ、その選挙の日から三十日以内に、国会を召集しなければならない。
②　衆議院が解散されたときは、参議院は、同時に閉会となる。但し、内閣は、国に緊急の必要があるときは、参議院の緊急集会を求めることができる。
③　前項但書の緊急集会において採られた措置は、臨時のものであつて、次の国会開会の後十日以内に、衆議院の同意がない場合には、その効力を失ふ。

第五十五条　両議院は、各々その議員の資格に関する争訟を裁判する。但し、議員の議席を失はせるには、出席議員の三分の二以上の多数による議決を必要とする。

第五十六条　両議院は、各々その総議員の三分の一以上の出席がなければ、議事を開き議決することができない。
②　両議院の議事は、この憲法に特別の定のある場合を除いては、出席議員の過半数でこれを決し、可否同数のときは、議長の決するところによる。

第五十七条　両議院の会議は、公開とする。但し、出席議員の三分の二以上の多数で議決したときは、秘密会を開くことができる。
②　両議院は、各々その会議の記録を保存し、秘密会の記録の中で特に秘密を要するものと認められるもの以外のものは、これを公表し、且つ一般に頒布しなければならない。
③　出席議員の五分の一以上の要求があれば、各議員の表決は、これを会議録に記載しなければならない。

第五十八条　両議院は、各々その議長その他の役員を選任する。
②　両議院は、各々その会議その他の手続及び内部の規律に関する規則を定め、又、院内の秩序をみだした議員を懲罰することができる。但し、議員を除名するには、出席議員の三分の二以上の多数による議決を必要とする。

第五十九条　法律案は、この憲法に特別の定のある場合を除いては、両議院で可決したとき法律となる。
②　衆議院で可決し、参議院でこれと異なつた議決をした法律案は、衆議院で出席議員の三分の二以上の多数で再び可決したときは、法律となる。
③　前項の規定は、法律の定めるところにより、衆議院が、両議院の協議会を開くことを求めることを妨げない。
④　参議院が、衆議院の可決した法律案を受け取つた後、国会休会中の期間を除いて六十日以内に、議決しないときは、衆議院は、参議院がその法律案を否決したものとみなすことができる。

第六十条　予算は、さきに衆議院に提出しなければならない。
②　予算について、参議院で衆議院と異なつた議決をした場合に、法律の定めるところにより、両議院の協議会を開いても意見が一致しないとき、又は参議院が、衆議院の可決した予算を受け取つた後、国会休会中の期間を除いて三十日以内に、議決しないときは、衆議院の議決を国会の議決とする。

第六十一条　条約の締結に必要な国会の承認については、前条第二項の規定を準用する。

第六十二条　両議院は、各々国政に関する調査を行ひ、これに関して、証人の出頭及び証言並びに記録の提出を要求することができる。

第六十三条　内閣総理大臣その他の国務大臣は、両議院の一に議席を有すると有しないとにかかはらず、何時でも議案について発言するため議院に出席することができる。又、答弁又は説明のため出席を求められたときは、出席しなければならない。

第六十四条　国会は、罷免の訴追を受けた裁判官を裁判するため、両議院の議員で組織する弾劾裁判所を設ける。
②　弾劾に関する事項は、法律でこれを定める。

第五章　内閣

第六十五条　行政権は、内閣に属する。

第六十六条　内閣は、法律の定めるところにより、その首長たる内閣総理大臣及びその他の国務大臣でこれを組織する。
②　内閣総理大臣その他の国務大臣は、文民でなければならない。
③　内閣は、行政権の行使について、国会に対し連帯して責任を負ふ。

第六十七条　内閣総理大臣は、国会議員の中から国会の議決で、これを指名する。この指名は、他のすべての案件に先だつて、これを行ふ。
②　衆議院と参議院とが異なつた指名の議決をした場合に、法律の定めるところにより、両議院の協議会を開いても意見が一致しないとき、又は衆議院が指名の議決をした後、国会休会中の期間を除いて十日以内に、参議院が、指名の議決をしないときは、衆議院の議決を国会の議決とする。

第六十八条　内閣総理大臣は、国務大臣を任命する。但し、その過半数は、国会議員の中から選ばれなければならない。
②　内閣総理大臣は、任意に国務大臣を罷免することができる。

第六十九条　内閣は、衆議院で不信任の決議案を可決し、又は信任の決議案を否決したときは、十日以内に衆議院が解散されない限り、総辞職をしなければならない。

第七十条　内閣総理大臣が欠けたとき、又は衆議院議員総選挙の後に初めて国会の召集があつたときは、内閣は、総辞職をしなければならない。

第七十一条　前二条の場合には、内閣は、あらたに内閣総理大臣が任命されるまで引き続きその職務を行ふ。

第七十二条　内閣総理大臣は、内閣を代表して議案を国会に提出し、一般国務及び外交関係について国会に報告し、並びに行政各部を指揮監督する。

第七十三条　内閣は、他の一般行政事務の外、左の事務を行ふ。
一　法律を誠実に執行し、国務を総理すること。
二　外交関係を処理すること。
三　条約を締結すること。但し、事前に、時宜によつては事後に、国会の承認を経ることを必要とする。
四　法律の定める基準に従ひ、官吏に関する事務を掌理すること。
五　予算を作成して国会に提出すること。
六　この憲法及び法律の規定を実施するために、政令を制定すること。但し、政令には、特にその法律の委任がある場合を除いては、罰則を設けることができない。
七　大赦、特赦、減刑、刑の執行の免除及び復権を決定すること。

第七十四条　法律及び政令には、すべて主任の国務大臣が署名し、内閣総理大臣が連署することを必要とする。

第七十五条　国務大臣は、その在任中、内閣総理大臣の同意がなければ、訴追されない。但し、これがため、訴追の権利は、害されない。

第六章　司法

第七十六条　すべて司法権は、最高裁判所及び法律の定めるところにより設置する下級裁判所に属する。
②　特別裁判所は、これを設置することができない。行政機関は、終審として裁判を行ふことができない。
③　すべて裁判官は、その良心に従ひ独立してその職権を行ひ、この憲法及び法律にのみ拘束される。

第七十七条　最高裁判所は、訴訟に関する手続、弁護士、裁判所の内部規律及び司法事務処理に関する事項について、規則を定める権限を有する。

会的関係において、差別されない。

華族その他の貴族の制度は、これを認めない。

栄誉、勲章その他の栄典の授与は、いかなる特権も伴はない。栄典の授与は、現にこれを有し、又は将来これを受ける者の一代に限り、その効力を有する。

第十五条　公務員を選定し、及びこれを罷免することは、国民固有の権利である。

② すべて公務員は、全体の奉仕者であつて、一部の奉仕者ではない。

③ 公務員の選挙については、成年者による普通選挙を保障する。

④ すべて選挙における投票の秘密は、これを侵してはならない。選挙人は、その選択に関し公的にも私的にも責任を問はれない。

第十六条　何人も、損害の救済、公務員の罷免、法律、命令又は規則の制定、廃止又は改正その他の事項に関し、平穏に請願する権利を有し、何人も、かかる請願をしたためにいかなる差別待遇も受けない。

第十七条　何人も、公務員の不法行為により、損害を受けたときは、法律の定めるところにより、国又は公共団体に、その賠償を求めることができる。

第十八条　何人も、いかなる奴隷的拘束も受けない。又、犯罪に因る処罰の場合を除いては、その意に反する苦役に服させられない。

第十九条　思想及び良心の自由は、これを侵してはならない。

第二十条　信教の自由は、何人に対してもこれを保障する。いかなる宗教団体も、国から特権を受け、又は政治上の権力を行使してはならない。

② 何人も、宗教上の行為、祝典、儀式又は行事に参加することを強制されない。

③ 国及びその機関は、宗教教育その他いかなる宗教的活動もしてはならない。

第二十一条　集会、結社及び言論、出版その他一切の表現の自由は、これを保障する。

② 検閲は、これをしてはならない。通信の秘密は、これを侵してはならない。

第二十二条　何人も、公共の福祉に反しない限り、居住、移転及び職業選択の自由を有する。

② 何人も、外国に移住し、又は国籍を離脱する自由を侵されない。

第二十三条　学問の自由は、これを保障する。

第二十四条　婚姻は、両性の合意のみに基いて成立し、夫婦が同等の権利を有することを基本として、相互の協力により、維持されなければならない。

② 配偶者の選択、財産権、相続、住居の選定、離婚並びに婚姻及び家族に関するその他の事項に関しては、法律は、個人の尊厳と両性の本質的平等に立脚して、制定されなければならない。

第二十五条　すべて国民は、健康で文化的な最低限度の生活を営む権利を有する。

② 国は、すべての生活部面について、社会福祉、社会保障及び公衆衛生の向上及び増進に努めなければならない。

第二十六条　すべて国民は、法律の定めるところにより、その能力に応じて、ひとしく教育を受ける権利を有する。

② すべて国民は、法律の定めるところにより、その保護する子女に普通教育を受けさせる義務を負ふ。義務教育は、これを無償とする。

第二十七条　すべて国民は、勤労の権利を有し、義務を負ふ。

② 賃金、就業時間、休息その他の勤労条件に関する基準は、法律でこれを定める。

③ 児童は、これを酷使してはならない。

第二十八条　勤労者の団結する権利及び団体交渉その他の団体行動をする権利は、これを保障する。

第二十九条　財産権は、これを侵してはならない。

② 財産権の内容は、公共の福祉に適合するやうに、法律でこれを定める。

③ 私有財産は、正当な補償の下に、これを公共のために用ひることができる。

第三十条　国民は、法律の定めるところにより、納税の義務を負ふ。

第三十一条　何人も、法律の定める手続によらなければ、その生命若しくは自由を奪はれ、又はその他の刑罰を科せられない。

第三十二条　何人も、裁判所において裁判を受ける権利を奪はれない。

第三十三条　何人も、現行犯として逮捕される場合を除いては、権限を有する司法官憲が発し、且つ理由となつてゐる犯罪を明示する令状によらなければ、逮捕されない。

第三十四条　何人も、理由を直ちに告げられ、且つ、直ちに弁護人に依頼する権利を与へられなければ、抑留又は拘禁されない。又、何人も、正当な理由がなければ、拘禁されず、要求があれば、その理由は、直ちに本人及びその弁護人の出席する公開の法廷で示されなければならない。

第三十五条　何人も、その住居、書類及び所持品について、侵入、捜索及び押収を受けることのない権利は、第三十三条の場合を除いては、正当な理由に基いて発せられ、且つ捜索する場所及び押収する物を明示する令状がなければ、侵されない。

② 捜索又は押収は、権限を有する司法官憲が発する各別の令状により、これを行ふ。

第三十六条　公務員による拷問及び残虐な刑罰は、絶対にこれを禁ずる。

第三十七条　すべて刑事事件においては、被告人は、公平な裁判所の迅速な公開裁判を受ける権利を有する。

② 刑事被告人は、すべての証人に対して審問する機会を充分に与へられ、又、公費で自己のために強制的手続により証人を求める権利を有する。

③ 刑事被告人は、いかなる場合にも、資格を有する弁護人を依頼することができる。被告人が自らこれを依頼することができないときは、国でこれを附する。

第三十八条　何人も、自己に不利益な供述を強要されない。

② 強制、拷問若しくは脅迫による自白又は不当に長く抑留若しくは拘禁された後の自白は、これを証拠とすることができない。

③ 何人も、自己に不利益な唯一の証拠が本人の自白である場合には、有罪とされ、又は刑罰を科せられない。

第三十九条　何人も、実行の時に適法であつた行為又は既に無罪とされた行為については、刑事上の責任を問はれない。又同一の犯罪について、重ねて刑事上の責任を問はれない。

第四十条　何人も、抑留又は拘禁された後、無罪の裁判を受けたときは、法律の定めるところにより、国にその補償を求めることができる。

第四章　国会

第四十一条　国会は、国権の最高機関であつて、国の唯一の立法機関である。

第四十二条　国会は、衆議院及び参議院の両議院でこれを構成する。

第四十三条　両議院は、全国民を代表する選挙された議員でこれを組織する。

② 両議院の議員の定数は、法律でこれを定める。

第四十四条　両議院の議員及びその選挙人の資格は、法律でこれを定める。但し、人種、信条、性別、社会的身分、門地、教育、財産又は収入によつて差別してはならない。

第四十五条　衆議院議員の任期は、四年とする。但し、衆議院解散の場合には、その期間満了前に終了する。

第四十六条　参議院議員の任期は、六年とし、三年ごとに議員の半数を改選する。

第四十七条　選挙区、投票の方法その他両議院の議員の選挙に関する事項は、法律でこれを定める。

第四十八条　何人も、同時に両議院の議員たることはできない。

日本国憲法

（昭和二十一年十一月三日公布／
昭和二十二年五月三日施行）

朕は、日本国民の総意に基いて、新日本建設の礎が、定まるに至つたことを、深くよろこび、枢密顧問の諮詢及び帝国憲法第七十三条による帝国議会の議決を経た帝国憲法の改正を裁可し、ここにこれを公布せしめる。

御名御璽

昭和二十一年十一月三日

内閣総理大臣兼
外務大臣　　　　　吉田　茂
国務大臣　男爵　幣原喜重郎
司法大臣　　　　木村篤太郎
内務大臣　　　　大村　清一
文部大臣　　　　田中耕太郎
農林大臣　　　　和田　博雄
国務大臣　　　　斎藤　隆夫
逓信大臣　　　　一松　定吉
商工大臣　　　　星島　二郎
厚生大臣　　　　河合　良成
国務大臣　　　　植原悦二郎
運輸大臣　　　　平塚常次郎
大蔵大臣　　　　石橋　湛山
国務大臣　　　　金森徳次郎
国務大臣　　　　膳　桂之助

目次

第一章　天皇（一条～八条）
第二章　戦争の放棄（九条）
第三章　国民の権利及び義務（十条～四十条）
第四章　国会（四十一条～六十四条）
第五章　内閣（六十五条～七十五条）
第六章　司法（七十六条～八十二条）
第七章　財政（八十三条～九十一条）
第八章　地方自治（九十二条～九十五条）
第九章　改正（九十六条）
第十章　最高法規（九十七条～九十九条）
第十一章　補則（百条～百三条）

日本国憲法

日本国民は、正当に選挙された国会における代表者を通じて行動し、われらとわれらの子孫のために、諸国民との協和による成果と、わが国全土にわたつて自由のもたらす恵沢を確保し、政府の行為によつて再び戦争の惨禍が起ることのないやうにすることを決意し、ここに主権が国民に存することを宣言し、この憲法を確定する。そもそも国政は、国民の厳粛な信託によるものであつて、その権威は国民に由来し、その権力は国民の代表者がこれを行使し、その福利は国民がこれを享受する。これは人類普遍の原理であり、この憲法は、かかる原理に基くものである。われらは、これに反する一切の憲法、法令及び詔勅を排除する。

日本国民は、恒久の平和を念願し、人間相互の関係を支配する崇高な理想を深く自覚するのであつて、平和を愛する諸国民の公正と信義に信頼して、われらの安全と生存を保持しようと決意した。われらは、平和を維持し、専制と隷従、圧迫と偏狭を地上から永遠に除去しようと努めてゐる国際社会において、名誉ある地位を占めたいと思ふ。われらは、全世界の国民が、ひとしく恐怖と欠乏から免かれ、平和のうちに生存する権利を有することを確認する。

われらは、いづれの国家も、自国のことのみに専念して他国を無視してはならないのであつて、政治道徳の法則は、普遍的なものであり、この法則に従ふことは、自国の主権を維持し、他国と対等関係に立たうとする各国の責務であると信ずる。

日本国民は、国家の名誉にかけ、全力をあげてこの崇高な理想と目的を達成することを誓ふ。

第一章　天皇

第一条　天皇は、日本国の象徴であり日本国民統合の象徴であつて、この地位は、主権の存する日本国民の総意に基く。

第二条　皇位は、世襲のものであつて、国会の議決した皇室典範の定めるところにより、これを継承する。

第三条　天皇の国事に関するすべての行為には、内閣の助言と承認を必要とし、内閣が、その責任を負ふ。

第四条　天皇は、この憲法の定める国事に関する行為のみを行ひ、国政に関する権能を有しない。

② 天皇は、法律の定めるところにより、その国事に関する行為を委任することができる。

第五条　皇室典範の定めるところにより摂政を置くときは、摂政は、天皇の名でその国事に関する行為を行ふ。この場合には、前条第一項の規定を準用する。

第六条　天皇は、国会の指名に基いて、内閣総理大臣を任命する。

② 天皇は、内閣の指名に基いて、最高裁判所の長たる裁判官を任命する。

第七条　天皇は、内閣の助言と承認により、国民のために、左の国事に関する行為を行ふ。

一　憲法改正、法律、政令及び条約を公布すること。
二　国会を召集すること。
三　衆議院を解散すること。
四　国会議員の総選挙の施行を公示すること。
五　国務大臣及び法律の定めるその他の官吏の任免並びに全権委任状及び大使及び公使の信任状を認証すること。
六　大赦、特赦、減刑、刑の執行の免除及び復権を認証すること。
七　栄典を授与すること。
八　批准書及び法律の定めるその他の外交文書を認証すること。
九　外国の大使及び公使を接受すること。
十　儀式を行ふこと。

第八条　皇室に財産を譲り受け、又は皇室が、財産を譲り渡し、若しくは賜与することは、国会の議決に基かなければならない。

第二章　戦争の放棄

第九条　日本国民は、正義と秩序を基調とする国際平和を誠実に希求し、国権の発動たる戦争と、武力による威嚇又は武力の行使は、国際紛争を解決する手段としては、永久にこれを放棄する。

② 前項の目的を達するため、陸海空軍その他の戦力は、これを保持しない。国の交戦権は、これを認めない。

第三章　国民の権利及び義務

第十条　日本国民たる要件は、法律でこれを定める。

第十一条　国民は、すべての基本的人権の享有を妨げられない。この憲法が国民に保障する基本的人権は、侵すことのできない永久の権利として、現在及び将来の国民に与へられる。

第十二条　この憲法が国民に保障する自由及び権利は、国民の不断の努力によつて、これを保持しなければならない。又、国民は、これを濫用してはならないのであつて、常に公共の福祉のためにこれを利用する責任を負ふ。

第十三条　すべて国民は、個人として尊重される。生命、自由及び幸福追求に対する国民の権利については、公共の福祉に反しない限り、立法その他の国政の上で、最大の尊重を必要とする。

第十四条　すべて国民は、法の下に平等であつて、人種、信条、性別、社会的身分又は門地により、政治的、経済的又は社

編　　者 ● 駒村圭吾 こまむら・けいご

慶應義塾大学法学部教授、博士（法学）
著書『権力分立の諸相──アメリカにおける独立機関問題と抑制・均衡の法理』（南窓社、
　　1999年）、『憲法訴訟の現代的転回──憲法的論証を求めて』（日本評論社、2013年）他

編集協力 ● 横大道聡 よこだいどう・さとし

慶應義塾大学大学院法務研究科教授、博士（法学）
著書『現代国家における表現の自由──言論市場への国家の積極的関与とその憲法的統
　　制』（弘文堂、2013 年）、『憲法判例の射程〔第 2 版〕』（編著、弘文堂、2020 年）他

執筆者（掲載順）

駒村圭吾	第 1 章
横大道聡	第 2 章・第 13 章 ゼミナール編
岡田順太 おかだ・じゅんた 獨協大学法学部教授	第 3 章・第 8 章
岩切大地 いわきり・だいち 立正大学法学部教授	第 4 章・第 9 章
牧本公明 まきもと・きみあき 松山大学法学部准教授	第 5 章・第 11 章
手塚崇聡 てづか・たかとし 千葉大学大学院社会科学研究院専門法務研究科教授	第 6 章・第 7 章
西山千絵 にしやま・ちえ 琉球大学大学院法務研究科准教授	第 10 章・第 14 章
栗田佳泰 くりた・よしやす 新潟大学法学部准教授	第 12 章・第 15 章

シリーズ監修者 ● 渡辺利夫 わたなべ・としお
1939 年生まれ。拓殖大学学事顧問。東京工業大学名誉教授（経済学博士）

プレステップ憲法〈第3版〉

2014（平成 26）年 10 月 15 日	初　版 1 刷発行	
2017（平成 29）年 9 月 30 日	同　 7 刷発行	
2018（平成 30）年 2 月 28 日	第 2 版 1 刷発行	
2020（令和 2 ）年 7 月 15 日	同　 6 刷発行	
2021（令和 3 ）年 3 月 30 日	第 3 版 1 刷発行	
2023（令和 5 ）年 3 月 15 日	同　 6 刷発行	

編　者　駒村　圭吾

発行者　鯉渕　友南

発行所　株式会社 弘文堂　　　101-0062　東京都千代田区神田駿河台 1 の 7
　　　　　　　　　　　　　　　TEL 03（3294）4801　　振替 00120-6-53909
　　　　　　　　　　　　　　　https://www.koubundou.co.jp

デザイン・イラスト　髙嶋良枝
印　刷　三報社印刷
製　本　三報社印刷

© 2021 Keigo Komamura. Printed in Japan
JCOPY 〈（社）出版者著作権管理機構　委託出版物〉
本書の無断複写は著作権法上での例外を除き禁じられています。複写される場合は、そのつど事前に、（社）出版者著作権管理機構（電話 03-5244-5088、FAX 03-5244-5089、e-mail：info@jcopy.or.jp）の許諾を得てください。
また本書を代行業者等の第三者に依頼してスキャンやデジタル化することは、たとえ個人や家庭内での利用であっても一切認められておりません。

ISBN978-4-335-00153-6